SUN ZI

Die Kunst des Krieges

SUN ZI

DIE KUNST DES KRIEGES

SAMUEL B. GRIFFITH

evergreen

Die Kunst des Krieges

EVERGREEN is an imprint of
TASCHEN GmbH

Hohenzollernring 53, D-50672 Köln
www.taschen.com

Originaltitel: The Art of War

Lektorat: Christopher Westhorp
Graphik: Daniel Sturges
Kalligraphie: Yukki Yaura
Bildrecherche: Julia Ruxton

Produktion: Print Company Verlagsges.m.b.H., Wien
Übersetzung: Eva Lepold

Umschlag der deutschen Ausgabe: Elixyz Desk Top Publishing,
Groningen, Niederlande

ISBN: 978-3-8228-5650-5

Printed in China by Regent

Note: Der Text dieser Übersetzung folgt der englischen Ausgabe aus dem Jahr 1963. Zusätzliches Material bezieht sich auf die Illustrationen. Es wurden jedoch nur zwei der vier Appendices der Ausgabe von 1963 wiedergegeben.

INHALT

VORWORT

Sun Zis Essays über „Die Kunst des Krieges" sind die ersten bekannten Abhandlungen über dieses Thema, wurden jedoch nie an Umfang und Tiefe überboten. Man könnte sie ebenso als die konzentrierte Essenz der Weisheit bezüglich der Handlungsweisen während eines Krieges bezeichnen. Unter all den Militärphilosophen der Vergangenheit lässt sich nur Clausewitz damit vergleichen. Doch sogar er ist „überholter" als Sun Zi und teils veraltet, obwohl er sein Werk mehr als tausend Jahre später verfasste. Sun Zi vermittelt eine klarere Einsicht, eine tiefgründigere Erkenntnis und Zeitlosigkeit.

Der Zivilisation wäre viel des Leids während der zwei Weltkriege des 20. Jahrhunderts erspart geblieben, wäre der Einfluss von Clausewitz' monumentalem Band *Vom Kriege,* der das europäische Militärdenken in der Ära vor dem Ersten Weltkrieg maßgeblich prägte, mit der Erkenntnis von Sun Zis Darstellung der „Kunst des Krieges" kombiniert und ausgeglichen worden. Sun Zis Realismus und Mäßigung bilden einen Kontrast zu Clausewitz' Tendenz, das logische Ideal und „das Absolute" hervorzuheben, was seine Anhänger als Entwicklung der Theorie und Praxis eines „totalen Krieges" jenseits aller Grenzen der Vernunft auslegten. Diese fatale Entwicklung wurde durch Clausewitz' Maxime genährt: „Nie kann in der Philosophie des Krieges selbst ein Prinzip der Mäßigung hineingetragen werden, ohne eine Absurdität zu begehen – der Krieg ist ein Akt der Gewalt, und es gibt in der Anwendung derselben keine Grenzen." Obwohl er später diese Aussage durch das Zugeständnis abschwächt: „Ist die ganze Betrachtung ein Wahrscheinlichkeitskalkül, aus bestimmten Personen und Verhältnissen hervorgehend, so muss der politische Zweck als das ursprüngliche Motiv ein sehr wesentlicher Faktor in diesem Produkt werden." Außerdem schließt er letzten Endes, dass die Verfolgung des logischen Extrems dazu führen würde, dass „die Mittel jegliche Verbindung zum Zweck verlieren".

Die schädlichen Auswirkungen von Clausewitz' Lehren entsprangen großteils der zu flachen und extremen Interpretation durch seine Anhänger, die seine relativierenden Aussagen übersahen. Er bot jedoch diesen Fehldeutungen Nährboden, da er seine Theorie zu abstrakt und umständlich formulierte, damit konkret denkende Soldaten seinem Argumentationsfluss folgen konnten, der oftmals von der Richtung, die er scheinbar nimmt, eine Kehrtwendung macht. Beeindruckt, jedoch verwirrt, klammerten sie sich an seine anschaulichen Leitsätze, während ihnen die eigentliche Richtung seines Denkens entging – welches sich nicht so sehr von Sun Zis Schlüssen unterscheidet, wie es, oberflächlich betrachtet, erscheinen mag.

Die Klarheit von Sun Zis Gedanken hätte Clausewitz' Verworrenheit berichtigen können. Unglücklicherweise hatte Sun Zi im Westen nur durch die Übersetzung eines französischen Missionars kurz vor der Französischen Revolution Eingang gefunden. Obwohl sich das Werk in die rationale Strömung der Sichtweise des Krieges des 18. Jh. gut einfügte, wurde seine Aussicht auf Einflussnahme durch die emotionale Flut der Revolution und den darauf folgenden berauschenden Folgen der napoleonischen Siege über konventionelle Gegner und deren zu formalisierten Taktiken weggeschwemmt. Clausewitz begann seine Gedanken unter dem Einfluss dieser Berauschung und starb, bevor er die Überarbeitung seines Werks fertigstellen konnte, sodass dieses „endlosen Fehldeutungen" ausgesetzt ist, wie er in seiner Testamentsaufzeichnung vorhergesehen hatte. Bis zu der späteren

Zeit, in der Übersetzungen des Sun Zi im Westen veröffentlicht wurden, stand die Militärwelt unter der Herrschaft der Clausewitz-Extremisten und die Stimme des chinesischen Weisen fand wenig Widerhall. Weder Soldaten noch Staatsmänner beherzigten seine Warnung: „Es hat noch nie einen langwierigen Krieg gegeben, der einem Land Nutzen gebracht hätte."

Es gibt schon seit langer Zeit einen Bedarf an einer neuen und vollständigeren Übersetzung von Sun Zi, die seine Gedanken angemessen interpretiert. Dieser Bedarf ist mit der Entwicklung nuklearer Waffen mit selbstmörderischem und Völker mordendem Potenzial nur gestiegen. In Anbetracht der zunehmenden militärischen Macht im China unter Mao Zedong erscheint dies umso wichtiger. Es ist daher gut, dass diese Aufgabe von einem derartig fähigen Kriegsforscher und Kenner der chinesischen Sprache und Mentalität wie General Sam Griffith übernommen wurde.

Mein eigenes Interesse an Sun Zi wurde durch einen Brief, den ich im Frühling 1927 von Sir John Duncan erhielt, geweckt. Er kommandierte die Verteidigungskräfte, welche das Kriegsbüro wegen des Notfalls der vorrückenden kantonesischen Truppen unter Jiang Kaishek gegen die nördlichen Warlords nach Shanghai verlegt hatte.

Duncans Brief begann:

Ich habe gerade „Die Kunst des Krieges" gelesen, ein faszinierendes Buch, das 500 v. Chr. in China geschrieben wurde: Dort fand ich einen Gedanken, der mich an Ihre Theorie der wachsenden Sturzflut erinnert: „Eine Armee kann mit Wasser verglichen werden: Wasser lässt die hohen Plätze trocken und sucht die Vertiefungen; eine Armee wendet sich von Stärke ab und greift Lücken an. Der Fluss des Wassers wird von der Form des Geländes bestimmt; Sieg wird durch zweckdienliches Handeln der Lage des Feindes entsprechend errungen." Ein anderes Prinzip in dem Buch wird von den chinesischen Generälen heute angewandt, nämlich: „Die höchste Kunst des Krieges liegt darin, den Feind ohne Gefecht zu unterwerfen."

Bei der Lektüre des Buches fand ich viele andere Punkte, die mit meinen eigenen Gedanken übereinstimmten, besonders seine ständige Betonung, das Unerwartete zu tun und einen indirekten Zugang zu suchen. Es half mir, die Zeitlosigkeit der grundlegenden militärischen Gedanken, auch auf einer taktischen Ebene, zu erkennen.

Etwa 15 Jahre später, mitten im Zweiten Weltkrieg, suchte mich einige Male der chinesische Militärattaché auf, ein Schüler von Jiang Kaishek. Er sagte mir, dass meine und General Fullers Werke zu den wichtigsten Lehrbüchern der chinesischen Militärakademien gehörten – worauf ich fragte: „Und was ist mit Sun Zi?" Er antwortete mir, dass Sun Zis Werk zwar als Klassiker verehrt würde, doch die meisten jüngeren Offiziere es als veraltet und daher in dieser Ära der mechanischen Waffen als nicht mehr lesenswert erachteten. Darauf bemerkte ich, dass es Zeit wäre, wieder auf Sun Zi zurückzugreifen, da dieses eine kurze Buch fast so viel über die Grundlagen der Strategie und Taktik umfasst, wie ich in mehr als 20 Büchern abgedeckt hatte. Kurz gesagt, Sun Zi ist die beste Kurzeinführung in die Studie des Kriegswesens und außerdem als Referenzwerk für die weiterführende Erforschung des Themas geeignet.

B.H. LIDDELL HART

EINLEITUNG

Sima Qian, der sein monumentales *Shi Ji* (*Geschichtliche Aufzeichnungen* oder *Aufzeichnung der Geschichte*) kurz nach dem 1. Jh. v. Chr. vollendete, berichtet, dass Sun Wu aus dem Staate Qi stammt und dem Herrscher des halb-barbarischen Staates Wu, He Lü, seine „Kunst des Krieges" in den letzten Jahren des 6. Jh. v. Chr. vorstellte. Allerdings wird die Glaubwürdigkeit dieser Biographie seit Jahrhunderten von chinesischen Gelehrten angezweifelt; die meisten sind sich darin einig, dass das Buch zu dem Zeitpunkt, den Sima Qian anführte, noch nicht geschrieben sein konnte. Meine Studie des Textes bestätigt diese Meinung und deutet auf eine Entstehungszeit im 4. Jh. v. Chr. hin.

Sun Zis Traktatensammlung verdient unser aufmerksames Interesse nicht nur als antike Kuriosität. „Die Kunst des Krieges" ist viel mehr als das. Es ist ein durchdachtes und umfassendes Werk, das durch die Qualität seiner Wahrnehmung und Vorstellungskraft heraussticht, was seine Vorrangstellung im Kanon der Kriegsliteratur Chinas über Jahrhunderte gesichert hat.

Dieser erste „Kriegsklassiker" fand die Beachtung hunderter chinesischer und japanischer Offiziere und Gelehrter. Darunter befand sich Cao Cao, der berühmte General zur Zeit der Drei Reiche und Gründer der Wei-Dynastie. Seine Kommentare wurden im 11. Jh. gemeinsam mit Anmerkungen zehn anerkannter Kommentatoren der Tang- und Song-Dynastie in einer „offiziellen" Ausgabe gesammelt. Diese wurde im letzten Viertel des 18. Jh. von Sun Xingyan, einem vielseitigen Gelehrten und berühmten Textkritiker, überarbeitet und kommentiert. Diese Edition, auf der auch meine Übersetzung beruht, gilt seitdem in China als Standard.

Sun Zi fand zum ersten Mal durch einen jesuitischen Missionar in Beijing, Pater J.J.M. Amiot, Eingang in die westliche Welt. Amiots Übersetzung der „Kunst des Krieges“ wurde 1772, am Ende einer Epoche, in der sich französische Künstler, Intellektuelle und Handwerker stark von der neu entdeckten Welt der chinesischen Kunst und Literatur inspirieren ließen, publiziert. Zeitgenössische Magazine veröffentlichten begeisterte Rezensionen, und Amiots Werk fand weite Verbreitung. 1782 wurde es erneut in einer Anthologie veröffentlicht, die möglicherweise von Napoleon gelesen wurde. Der zukünftige Kaiser war als junger Offizier ein eifriger Leser. Daher ist es unwahrscheinlich, dass ihm das Werk entgangen wäre.

Neben Amiots Werk gab es vier Übersetzungen ins Russische und eine ins Deutsche. Keine der fünf Übersetzungen ins Englische ist befriedigend, nicht einmal jene von Lionel Giles (1910).

Sun Zi erkennt, dass Krieg als „Angelegenheit von entscheidender Bedeutung für den Staat“ der Untersuchung und Analyse bedarf. Es ist der erste bekannte Versuch, eine rationale Basis für die Planung und Handlungsweisen militärischer Operationen zu formulieren. Im Gegensatz zu griechischen und römischen Schriftstellern interessierte Sun Zi nicht primär die ausführliche Darstellung von Kriegslisten oder oberflächliche und vergängliche Techniken. Sein Ziel war es, eine systematische Abhandlung zu verfassen, um Herrscher und Generäle in der intelligenten Kriegsführung anzuleiten. Er glaubte, dass ein kunstfertiger Stratege die Armee des Feindes unterwerfen könne, ohne sie militärisch anzugreifen, seine Städte einnehmen könne, ohne sie zu belagern, und seinen Staat stürzen könne, ohne dass es blutige Gefechte gab.

Sun Zi war sich bewusst, dass ein Kampf viel mehr erfordert als das Aufeinanderstoßen von bewaffneten Männern. „Zahlen allein", sagte er, „verleihen keinen Vorteil." Ihm waren moralische, intellektuelle und situationsbedingte Grundlagen des Krieges wichtiger als die physischen – und umsichtige Könige und Befehlshaber verließen sich nicht auf bloße Militärgewalt. Er verstand Krieg nicht als Gemetzel und Zerstörung. Das eigentliche Ziel der Strategie war, alles unversehrt oder so unversehrt wie möglich einzunehmen.

Sun Zi war überzeugt, dass die sorgfältige Planung, die auf einer fundierten Kenntnis des Feindes beruht, zu einer schnellen militärischen Entscheidung beitragen würde. Er konnte den Einfluss des Kriegs auf die Wirtschaft einschätzen und war zweifelsohne der erste, der erkannte, dass Preisinflation ein unvermeidbarer Begleiter militärischer Operationen war. „Kein Land", schrieb er, „hat jemals von einem in die Länge gezogenen Krieg profitiert."

Ihm war der wichtige Einfluss, den die Versorgung auf die Abwicklung von Operationen hatte, bewusst. Er erläuterte, neben anderen Faktoren, die Beziehung des Herrschers zu seinem eingesetzten Befehlshaber; die moralischen, emotionalen und intellektuellen Qualitäten eines guten Generals; Organisation, Manöver, Führung, Terrain und Wetter.

Gemäß Sun Zis Sicht war die Armee das Instrument, das einem Feind, der zuvor verwundbar gemacht worden war, den Gnadenstoß versetzte. Vor Kampfhandlungen zersplitterten Geheimagenten die Verbündeten des Feindes und führten im Verborgenen einige staatsfeindliche Aktivitäten durch. Diese Missionen umfassten die Verbreitung falscher Gerüchte und irreführender Information, die Bestechung von Beamten, das Schüren und Verschärfen interner Zwiste und die Förderung von Fünften Kolonnen (im Untergrund arbeitende Gruppierungen). In der Zwischenzeit ermittelten auf allen Ebenen tätige Spione die Lage des Feindes. Basierend auf ihren Berichten wurden „siegreiche" Pläne erstellt. Marschall Schaposchnikow war nicht der Erste, der für den Sieg voraussetzte, „die richtigen Vorbereitungen im Lager des Feindes zu tätigen, sodass das Ergebnis schon im Voraus entschieden ist". Folglich setzt der frühere Stabschef der Roten Armee mit der Umschreibung einer Aussage von Sun Zi fort: „Die siegreiche Armee attackiert einen zermürbten und niedergeschmetterten Feind."

„Die Kunst des Krieges" prägte die chinesische Geschichte und das militärische Denken der Japaner; es ist die Quelle von Mao Zedongs strategischen Theorien und der Taktik der chinesischen Armee. Durch die mongolischen Tartaren gelangte Sun Zis Gedankengut nach Russland und wurde wichtiger Bestandteil seines östlichen Erbes. Das Werk ist daher für alle grundlegend, die ihre Kenntnis über die großen Strategien dieser Länder vertiefen wollen.

S.B. GRIFFITH

DANKSAGUNGEN

Dieses Buch stellt eine umfangreiche Überarbeitung meiner Dissertation dar, die an der Oxford University im Oktober 1960 als Teil der Anforderungen für den Doktorgrad der Philosophie eingereicht wurde.

Während der Vorbereitung dieser Publikation standen mir einige Freunde, die den Erstentwurf lasen und kommentierten, mit Ratschlägen und Ermutigungen bei. Darunter möchte ich Captain B. H. Liddell Hart hervorheben, dem ich außerdem großen Dank für das Vorwort schulde. Ich möchte auch Colonel Saville T. Clark und Colonel Robert D. Heinl, U.S. Marine Corps sowie Captain Robert B. Asprey für ihre wertvolle Kritik danken.

Ich danke Colonel Susuma Nishiura, Leiter der Kriegshistorischen Division, Kaiserliches Verteidigungsamt in Tokyo, dafür, dass er geholfen hat, mir Kopien der verschiedenen japanischen Ausgaben des *Sun Zi* zu besorgen.

Die letzte Version meines Manuskripts wurde von Professor Norman Gibbs und meinem Tutor in Oxford, Dr. Wu Shih-ch'ang, lektoriert, deren Kommentare gleichermaßen hilfreich waren. Dr. Wus enzyklopädische Kenntnis des klassischen Chinesisch und der Geschichte und Literatur seines Heimatlandes erhellte viele Konstruktionen und Andeutungen, die mir andernfalls verborgen geblieben wären.

Des Weiteren danke ich Professor Dirk Bodde und der Princeton University Press für die Erlaubnis, aus seiner Übersetzung von Fung Yu-lans *Geschichte der chinesischen Philosophie zu zitieren*; Professor Robert Hightower und der Harvard University Press für die Erlaubnis, seine Übersetzung des *Han Shi Wai Zhuan* zu verwenden; Dr. Lionello Lanciotti von der Universität Rom und dem Journal *East and West* für die Verwendung eines Absatzes seines wissenschaftlichen Aufsatzes „Sword Casting and Related Legends of China"; und Professor C. P. Fitzgerald und der Cresset Press für Zitate aus *China: A Short Cultural History.*

Außerdem danke ich Kegan Paul, Trench, Trubner & Company für die Autorisierung des Zitats aus Liang Ch'i-ch'aos *Chinese Political Thought*; Dr. Homer Dubs, Professor Emeritus für Sinologie, Oxford University, erlaubte mir, mehrere Absätze seines *Hsün Tze, The Moulder of Ancient Confucianism* und *The Works of Hsün Tze,* beide von Arthur Probsthain, London, zu zitieren. Dr.

Arthur Waley und Messrs. George Allen & Unwin, Ltd. danke ich für ihre Erlaubnis, einen Absatz aus Dr. Waleys Übersetzung der *Analekte des Konfuzius* zu zitieren. Ich möchte hier auch den Herausgebern der Imprimerie Nationale (Paris), die meine Zitate aus der letzten Ausgabe von Masperos Klassiker *La Chine Antique* bewilligt haben, Wertschätzung ausdrücken.

Dr. Joseph Needham aus Cambridge schenkte mir einige Male seine wertvolle Zeit, um mich über technische Fragen hinsichtlich altertümlicher chinesischer Waffen und Metallverarbeitung aufzuklären. Er half mir, mit Dr. Kua Mo-jou und Dr. Ku Chieh-kang der Academia Sinica in Beijing in Kontakt zu treten. Diese Wissenschaftler beantworteten mir zahlreiche Fragen in Verbindung mit dem Entstehungsdatum der „Kunst des Krieges".

Professor Homer Dubs und A. L. Sadler unterstützten mich mit Vorschlägen zum Militärwesen im alten China und mittelalterlichen Japan, und ich möchte ihnen für ihr Interesse am Fortschritt dieses Buchs danken.

Für fehlerhafte Schlussfolgerungen und Fehler in der Übersetzung bin ich allein verantwortlich.

S.B. GRIFFITH

Norcross Lodge, Mt. Vernon, Maine, U.S.A.

Liste der Abkürzungen der in den Fußnoten oft erwähnten Werke

BLS	Book of Lord Shang (Duyvendak)
CA	*La Chine Antique* (Maspero)
CC	Chinese Classics (Legge)
ZGS	*Zhan Guo Shi* (Yang Kuan)
Dubs	*Xun Zi*
Duy	*Dao De Jing* (Duyvendak)
GS	*Grammata Serica Recensa* (Karlgren)
HIWZ	*Han (Shu) Yi Wen Zhi*
HCP	*History of Chinese Philosophy* (Fung Yulan) (Bodde)
HFHD	*History of the Former Han Dynasty* (Dubs)
HFZ	*Han Fei Zi* (Liao)
Mao	*Collected Works of Mao Zedong*
OPW	*On the Protracted War* (Mao Zedong)
BTSC	*Bei Tang Shu Chao*
San I	*Japan, A Short Cultural History* (Sansom)
San II	*A History of Japan to 1334* (Sansom)
SJ	*Shi Ji*
ZZ	*Zuo Zhuan*
TPYL	*Tai Ping Yu Lan*
TD	*Tong Dian*
WSTK	*Wei Shu Tong Kao*

導言

EINFÜHRUNG

I
DER VERFASSER

Über Jahrhunderte haben unzählige chinesische Kritiker der Untersuchung literarischer Werke große Aufmerksamkeit gewidmet, die der „klassischen" Periode zugeschrieben werden. Diese erstreckte sich etwa von 551 v. Chr., dem mutmaßlichen Geburtsjahr von Konfuzius, bis 249 v. Chr., als König Zhao von Qin die Zhou-Dynastie ausrottete.

Eines der Hauptergebnisse der wissenschaftlichen Bemühungen war die Bestätigung oder öfter noch die Widerlegung traditioneller Behauptungen bezüglich der Authentizität der fraglichen Werke. „Die Kunst des Krieges" ist der genauen Untersuchung Dutzender belesener Analytiker nicht entgangen, die darin übereinstimmen, dass „Die Dreizehn Kapitel" nicht, wie der Große Historiograph Sima Qian schreibt, um 500 v. Chr., sondern aus einer späteren Zeit stammen.

Der erste, der die Glaubwürdigkeit von Sima Qians Biographie von Sun Wu anzweifelte, war Ye Zhengze, ein Gelehrter der Song-Zeit (11. Jh.). Er behauptete, Sun Wu hätte nie existiert und die ihm zugeschriebene „Kunst des Krieges" sei „wahrscheinlich eine Erfindung einiger streitsüchtig Sophisten" aus der Zeit der Streitenden Reiche (453–221 v. Chr.[1]). Er stützt sich darauf, dass Sun Wu (der laut Sima

[1] Moderne chinesische Gelehrte nehmen an, dass die Periode der so genannten „Streitenden Reiche" 453 v. Chr. mit der Auflösung des Königreichs von Jin begann. Die orthodoxe Lehre setzte dagegen 403 v. Chr. an, das Jahr, in dem König Wei Lie von Zhou die 50 Jahre zuvor stattgefundene Teilung des Reiches durch die Clans von Wei, Zhao und Han legitimierte.

Qian unter der Herrschaft von König He Lü General in Wu gewesen sei) nicht in Zuo Qiumings Kommentar zu den Frühlings- und Herbstannalen (*Chunqiu*) des Staates Lu erwähnt wird. Weiters bemerkt er, dass die Armeen zur Zeit der Annalen (771–481 v. Chr.) ausnahmslos von Herrschern und deren Familienangehörigen, mächtigen Vasallen oder zuverlässigen Ministern angeführt wurden und erst ab der Zeit der Streitenden Reiche[2] unter dem Kommando professioneller Generäle standen. Demnach, schließt er, stellt sich „die Problematik" der operativen Kontrolle durch die Hauptstädte „in der Frühlings- und Herbstperiode noch nicht und begann erst während der Streitenden Reiche". Sein Zeitgenosse Mei Yaochen (einer der Kommentatoren der „Kunst des Krieges"), spricht ganz offen: „Dies ist ein Buch mit Militärtheorien zur Zeit der Streitenden Reiche, wo jeder seinen Gegner zu überlisten suchte." Diese Sichtweisen werden von Song Lian, einem weiteren Gelehrten der Song-Zeit, angefochten, der die traditionelle Biographie bestätigt, jedoch wenig überzeugende Evidenz zur Untermauerung seiner Position erbringt.

In seiner Studie apokryphischer Werke (*A Study of Apocryphal Books Ancient and Modern)* äußert der Qing-Kritiker Yao Qiheng (1647 v. Chr.) zwei Zweifel hinsichtlich der Authentizität des *Sun Zi*. Erstens bemerkt er (wie schon Ye Zhengze), dass weder der Verfasser noch das Werk in Zuos Kommentar erwähnt werden. Falls Sun Wu tatsächlich „Chu unterwarf, in Ying eindrang und große Verdienste errang", wie kann dann der Verfasser solch „herausragender Leistungen" von Zuo Qiuming, der „am ausführlichsten die Angelegenheiten von Wu beschrieb", ignoriert worden sein?[3] Er stimmt Ye zu, dass die

[2] Als Fürst Wen die Truppen von Jin 636 v. Chr. reorganisierte, unterstellte er jede Kolonne einem mächtigen Vasallen. In Qi wurden die drei Kolonnen jeweils vom Herrscher, dem Erben und dem zweiten Sohn befehligt. Als die Armee von König He Lü 506 v. Chr. in Zhu einfiel, wurde sie vom Premierminister Wu Zixu kommandiert. Es gab während der Streitenden Reiche keine titulierten Generäle. Diese Kritik wird in WSTK, S. 939 zitiert. [3] WSTK, S. 940.

Geschichte von Sun Zis Experiment mit König He Lüs Konkubinen „fantastisch“ und nicht glaubwürdig[4] sei und zitiert billigend Yes Bekundung hinsichtlich der Übung des Militärkommandos, die, wie er hinzufügt, eine „tiefsinnige“ Bemerkung darstellt. Schließlich:

> Nun, existierte dieser Sun Wu oder nicht? Existierte er, jedoch nicht unbedingt wie Sima Qian berichtet? Wurde ihm das Buch zugeschrieben oder von ihm geschrieben? Oder wurde es von einem seiner späteren Schüler geschrieben? Nichts davon kann festgelegt werden.[5]

Chuan Zuwang, ein weiterer Qing-Kritiker, zweifelt daran, dass Sun Wu eine historische Persönlichkeit sei. Er stimmt mit Ye Zhengze überein, dass Sun Wu und sein Buch Erfindungen „streitbarer Denker“ seien, eine Theorie, die ihm zufolge „die Verdächtigungen tausender Generationen zerstreute“. Nachträglich fügt er hinzu: „Natürlich wurden die Dreizehn Kapitel von jemandem verfasst, der in militärischen Angelegenheiten sehr versiert war.“[6]

Yao Nai (1732–1815) räumt ein, dass Sun Wu in Wu gelebt oder den Staat zumindest besucht haben könnte, „auch wenn die Dreizehn Kapitel nicht von ihm stammen“. Sie wurden später, während der Streitenden Reiche, „von jenen verfasst, die militärische Angelegenheiten besprachen und ihm dann zugeschrieben. Das ist alles.“[7] Liang Qichao, ein angesehener moderner Kritiker, pflichtet ihm bei, dass „Die Kunst des Krieges“ während der Streitenden Reiche entstanden sei: „Was das Buch über Kriegsart, Kampftaktik und Planung aussagt, ist in der Frühlings- und Herbstperiode noch nicht wirklich relevant.“[8]

In seiner *Geschichte der chinesischen Philosophie* greift Fung Yi lan das Problem der Authentizität früher literarischer Werke mehrmals auf. In einer Debatte über Mo Zi (479–381 v. Chr.) schreibt er:

---

[4] WSTK. Die Geschichte ist nicht zu „fantastisch“, um glaubwürdig zu sein. Die chinesische Geschichte ist voll solcher fantastischen Geschichten. Diese Art von Kritik ist nicht objektiv und hat daher kein Gewicht. [5] Ibid., S. 941. [6] Ibid. [7] Ibid. [8] Ibid.

> So weit wir heute wissen, ist das früheste Werk, das von jemandem eher in privater als in offizieller Funktion verfasst wurde, das *Lun Yu*, welches eine Niederschrift von Sprüchen des Konfuzius in der einfachsten und kürzesten Art darstellt. Später ... gibt es einen merklichen Fortschritt von unzusammenhängenden Gesprächen dieser Art zu Aufzeichnungen von Gesprächen von beträchtlicher Länge, die eine klare Erzählstruktur aufweisen. Dies war die erste große Entwicklung im Stil der Schriften der Philosophen der Streitenden Reiche. Noch später wurden solche Niederschriften durch richtige Abhandlungen ersetzt ...[9]

Folglich ist die Struktur von beträchtlicher Wichtigkeit, um ein als historisch geltendes chinesisches Werk zu datieren. Die Art der thematischen Entwicklung, die das *Sun Zi* aufweist, ist erstmals in der chinesischen Literatur der Streitenden Reiche zu finden.

Laut Fung Yu-lan verfasste während der Frühlings- und Herbstperiode niemand „Bücher unter seinem eigenen Namen und drückte seine eigene Meinung aus, im Gegensatz zu der Urheberschaft von historischen Werken oder anderen Schriften, die direkt mit einem offiziellen Rang verbunden waren".[10] Frühe Gelehrte waren zum gleichen Schluss gekommen; Fung zitiert zur Untermauerung seiner Argumentation den angesehenen Historiker Zhang Xuecheng:

> In der frühen Periode gab es keine Beispiele (privater) Buchniederschriften. Beamte und Lehrer bewahrten die literarischen Aufzeichnungen, und die Historiker hielten den Lauf der Ereignisse fest. ... Erst als die Zeit aus den Fugen geriet, legten Lehrer und Gelehrte (eigene) Lehrschriften an...[11]

Jene, die mit Song Lian übereinstimmen, dass die *Shi-Ji*-Biographie von Sun Zi glaubwürdig sei, stützen dies primär auf die Referenzen im Text bezüglich der Feindschaft zwischen den Staaten Wu und Yue und folgern, dass Sun Zi gelebt haben musste, bevor Yue Wu 474 v. Chr. auslöschte. In Kapitel VI bemerkt Sun Zi, dass, obwohl die Truppen

[9] HCP i, S. 80–81. [10] HCP i, S. 7. [11] Ibid.

von Yue „zahlreich" waren, ihre Übermacht „ihnen in Bezug auf den Ausgang nichts nützen würde". Und in Kapitel XI erklärt er, als er von der wechselseitigen Zusammenarbeit zwischen Elementen der Armee spricht, dass die Völker von Wu und Yue, auch wenn sie Feinde wären, in einem von Wellen umtosten Boot „wie die rechte mit der linken Hand" zusammenarbeiten würden.

Diese Referenzen erhärten jedoch nicht unbedingt die traditionelle Datierung. Sie könnten mit Absicht eingefügt worden sein, um den Leser irrtümlich glauben zu lassen, dass das Buch älter sei, als es tatsächlich ist. Eine solche historische Anspielung ist eine Technik der literarischen Fälschung, die besonders während der Streitenden Reiche florierte, wenn unbekannte Verfasser versuchten, ihren Werken durch vermeintliche Altertümlichkeit Autorität zu verleihen.

Der erste Vers in Kapitel XIII besagt, dass „die Geschäfte von 700.000 Familien" während des Krieges unterbrochen wurden. Dies deutet für den sowjetischen Sinologen N. Konrad darauf hin, dass der Verfasser in einer Epoche gelebt haben muss, in der das Landwirtschaftssystem *Jing Tian* (井 田), das Konrad als „Sklaven"-Gesellschaft identifiziert, vorherrschte. Konrad stützt seine Theorie, dass der Klassiker der Zeit der *Wu Ba,* der „Fünf Hegemonen", zuzuordnen sei (7. oder frühes 6. Jh. v. Chr.), auf Referenzen zu den Hegemonialen Königen in Kapitel XI. Oberflächlich betrachtet sind dies die schlagendsten Argumente zugunsten der traditionellen Datierung oder, so man Konrad Glauben schenkt, einer noch früheren.

Die Gelehrten sind sich uneinig, ob das Landwirtschaftsmuster, das der Begriff *Jing Tian* (wörtlich „Brunnenfeld") bezeichnet, tatsächlich existierte. Einige Fachleute glauben, es hätte in isolierten Regionen seit der frühen Zhou-Dynastie (im späten 12. Jh. v. Chr.) fortbestanden, bis es durch Shang Yang kurz nach 340 v. Chr. verworfen wurde. Hu Shi meint, es sei ein landwirtschaftliches Utopia, das sich ein idyllischer Chronist ausgedacht hätte. Maspero, der an seine Existenz glaubt, nimmt an, dass es in der Jin-Dynastie vor der Zerschlagung des Staates abgeschafft wurde. Er schreibt:

> ... war auch China das erste Land, wo das alte komplizierte System des *jing* (井) verschwand und durch ein einfacheres System der Grundaufteilung nach Familien und nicht nach Gruppen zu acht Familien ersetzt wurde, ein System, das, wenn es den Bauern auch noch nicht den Besitz des Landes einbrachte, zumindest ein klarer Schritt nach vorne war.[12]

Mencius (398–314 v. Chr.) beschreibt solch ein System, allerdings halten es einige Kritiker für ein Produkt seiner Fantasie. Ein Gelehrter meint: „Mencius könnte dieses selbst als ideales System erdacht haben. Es ist unwahrscheinlich, dass es ein so fest umrissenes System gab.“ Sun Zi bezieht sich aber indirekt auf dieses Agrarmuster und muss es daher selbst gesehen oder davon gelesen haben.

Im *Jing Tian* wurde acht Bauernfamilien Land um ein zentrales Grundstück (siehe das Schriftzeichen *jing)* zugeteilt, welches sie für den Gutsherrn bebauten.[13] Das Erzeugnis der anderen acht, die auch gemeinsam bestellt wurden, war das Eigentum der Bauern. Falls ein kriegstauglicher junger Mann von einem dieser Haushalte abgezogen würde, dann müsste sein Arbeitsanteil am Feld von den sieben Haushalten, von denen keiner eingezogen worden war, übernommen wer-

[12] CA, S. 267. Duyvendak glaubt, dass das System tatsächlich existierte. Siehe BLS, S. 41–42 und Anmerkung I. Professor Dubs beschreibt das System im HFHD (III, S. 519–21). Er meint: „Die Konfuzianische Tradition besagt, dass das System in der Zhou-Zeit in allen flachen Regionen angewandt wurde und andere Geländearten proportional parzelliert wurden.“ Er fügt hinzu, dass es „auf dem Papier“ wunderbar scheint, aber ist skeptisch hinsichtlich der Machbarkeit seiner praktischen Anwendung. Es ist möglich, dass der Verfasser von „Die Kunst des Krieges“ seine Kenntnis des Systems aus den Werken von Mencius bezog. Sowohl Hu Hanmin als auch Liao Chongkai behaupten, dass das *Jing Tian* existierte. Ein von Hu Shi ausgelöster akademischer Krieg wurde über einige Jahre in wissenschaftlichen Zeitschriften ausgetragen, die ganze Frage bleibt jedoch ungeklärt.

[13] Die Bauern waren keine Sklaven. Sie waren Leibeigene und streng überwacht und kontrolliert: Ihr ganzes Leben, öffentlich wie privat, war geregelt, nicht für sie, sondern für die ganze Gemeinschaft auf einmal, durch den Herrscher und im Einzelnen durch seine Beamten. Spezielle Beamte befahlen jedes Jahr, was anzubauen, wann es zu säen und zu ernten sei; andere befahlen ihnen, ihre Winterbleibe zu verlassen, um in den Feldern

den. Wurden demnach 100.000 Männer eingezogen, dann wurden die Geschäfte von 700.000 Familien „unterbrochen". Doch falls das System tatsächlich vor etwa 350 v. Chr. schon Jahrhunderte lang existierte, leuchtet ein, dass allgemeine Bezüge darauf nicht besonders wertvoll für die präzise Datierung von Dokumenten sein können.

Noch bedeutet der Gebrauch des Begriffs „Hegemonialer König" unbedingt, dass „Die Kunst des Krieges" in der historischen Periode der „Fünf Hegemonen" *(Wu Ba)* entstanden ist. Um 250 v. Chr., also deutlich später, schreibt Han Fei Zi, dass das Unternehmen „des Hegemonialen Herrschers das höchste Ziel des Herrn der Menschen" sei.[14] „Hegemonialer König" wird im Sun Zi im Sinne von Han Fei Zis „Hegemonialer Herrscher" verwendet.

Im alten China wurde Krieg als ritterliche Auseinandersetzung gesehen, die durch einen Ehrenkodex geregelt wurde, an den sich generell beide Seiten hielten. Man findet dazu zahlreiche Illustrationen im Zuo Zhuan. So überließ 632 v. Chr. ein Befehlshaber von Jin, nachdem er Chu bei Cheng Pu besiegt hatte, dem geschlagenen Feind Proviant für drei Tage. Diese großzügige Geste wurde später von einer Streitmacht von Chu, die bei Bi siegte, erwidert. Als „Die Kunst des Krieges" geschrieben wurde, war dieser Kodex schon längst nicht mehr gängig.

In der Frühlings- und Herbstperiode waren die Armeen klein, schlecht organisiert, meist dilettantisch angeführt, schlecht ausgestattet und trainiert und aufs Geratewohl versorgt. Viele Feldzüge endeten katastrophal, da die Truppen nichts zu essen finden konnten. Der Einmarsch in Chu durch Wu, der 506 v. Chr. in der Eroberung und

zu arbeiten und die Felder zu verlassen, um sich ins Haus zurückzuziehen; andere wieder kümmerten sich um ihre Ehe; weitere teilten den Grund zu und verteilten zusätzliche Anteile gemäß der Anzahl der Kinder. (CA, S. 95.) Als weiteres Gegenargument gegen Konrads „Sklavenwirtschafthypothese" lässt sich hinzufügen, dass Sun Zis Besorgnis um das Wohl des Volkes und seine Erkenntnis, dass dessen Moral und die der Armee erhalten werden müssen, damit ein Krieg erfolgreich geführt werden kann, unvereinbar mit einer Gesellschaft sind, deren Produktion auf Sklavenhaltung basierte. [14] HFZ II, S. 240.

Zerstörung von Ying, der Hauptstadt von Chu, gipfelte, ist eines der raren Beispiele für einen erfolgreichen und ausgedehnten Feldzug in der ganzen Frühlings- und Herbstperiode, wo Streitfragen normalerweise in einem Tag geklärt wurden.[15] Selbstverständlich wurden auch Städte belagert und Truppen manchmal über längere Zeit im Feld behalten. Allerdings waren solche Operationen nicht gängig, da sie zum einen unpraktisch waren und es zum anderen moralisch untersagt war, die Armee über die Jahreszeit hinaus zu verpflichten.

Der Verfasser der „Kunst des Krieges" lebte zu einer Zeit, als die großen Armeen effizient organisiert, wohltrainiert und von professionellen Generälen befehligt wurden. Im Eröffnungsvers von Kapitel II werden „100.000 gepanzerte Truppen" in einer Diskussion über Kriegsfinanzierung, -versorgung und Lagerauffüllung erwähnt. Vor 500 v. Chr. waren derartig große Armeen in China noch unbekannt.

Das Heer, das Sun Zi diskutiert, setzte sich aus taktischen Elementen zusammen, die unabhängige oder koordinierte Manöver durchführen konnten und auf Kommandos durch Glocken, Gongs, Trommeln, Fahnen und Banner reagieren. Es ist unwahrscheinlich, dass die ungeschulten eingezogenen Bauern der Frühlings- und Herbstperiode solche Manöver beherrschten.

Sun Zis Definition der Qualitäten, die ein guter General aufweisen muss, deutet darauf hin, dass er ein hohes militärisches Amt nicht mehr als Vorrecht des Erbadels sah. Seine Auseinandersetzung mit der Beziehung zwischen General und Herrscher spiegelt sein Interesse wider, die Autorität professioneller Befehlshaber zu festigen. In Kapitel III beschreibt er, wie ein Herrscher Unheil über seine Armee bringen kann, indem er sich in deren Aktionen und Verwaltung einmischt.

[15] Es ist unmöglich, dogmatische Aussagen über die frühe chinesische Militärgeschichte zu machen. Feldzüge wurden häufig durch Aufstände im eigenen Reich, den Versuch eines Staatsstreichs oder eines plötzlichen Angriffs während der Abwesenheit der Armee unterbrochen.

In Kapitel VIII bekräftigt er, dass der General, nachdem er die Befehlsgewalt erhalten hat, nicht blind den Befehlen des Herrschers gehorchen muss, sondern so handeln soll, wie die Umstände es verlangen. Dieses Konzept widerspricht dem traditionellen Gedankengut.

In Kapitel XIII beschreibt Sun Zi die Organisation, Finanzierung und Leitung von Geheimoperationen. Hier beobachtet er, dass das, was einen weisen Herrscher und einen klugen General über die Fähigkeit normaler Menschen hinausgehende Ergebnisse erreichen lässt, ihr Vorwissen ist. Dies kann jedoch nicht durch Befragung von Geistern, übernatürlichen Wesen oder in Analogie zu vergangenen Ereignissen eruiert werden, sondern nur Menschen, die die Lage des Feindes kennen, entlockt werden. Seine Ablehnung von Weissagung und Deutung von Vorzeichen (die er verbieten möchte) ist mit der Frühlings- und Herbstperiode unvereinbar, in der der Glauben an Geister universal war und die Weissagung mittels Schildkrötenpanzer und Schafgarbenstängel eine Vorbereitung jeder Unternehmung, die das Schicksal eines Herrscherhauses betraf, darstellte.[16]

Sun Zis Theorie über Krieg und Strategie und seine taktische Doktrin sind relevant für das Problem der Datierung. Da Krieg für den Staat von entscheidender Bedeutung und eine Frage von Überleben oder Untergang ist, muss er gründlich untersucht werden. Daher umreißen die Eröffnungsverse des Klassikers eine Methode zur Analyse jener Faktoren, die militärische Stärke ausmachen. Dieser Prozess, den man heute als „Einschätzung (oder Beurteilung) der Lage“ bezeichnet, ist rational und steht nicht im Einklang mit der Mentalität, die für die Frühlings- und Herbstperiode typisch ist, in der Herrscher aus einer Laune heraus, um Beute zu machen oder einer Beleidigung wegen militärischen Abenteuern frönten.

[16] Konfuzius hatte zuvor schon Skeptik ausgedrückt, als er über die Geistwelt befragt wurde. Offenbar war er einer der ersten, der dies tat.

Sun Zi schreibt, der Krieg sei eine gefährliche Angelegenheit, der Rückhalt, wenn andere Mittel versagt hatten. Die beste Taktik liege darin, „die Pläne des Feindes zu durchkreuzen"; die zweitbeste, seine Allianzen zu zerschlagen, denn „die feindliche Armee ohne Kampf zu besiegen, ist der Inbegriff des Könnens". Dies deutet darauf hin, dass er den Krieg nicht länger als geregelten Zeitvertreib, sondern als höchstes Instrument der Staatskunst sieht.

Die strategische und taktische Doktrin, die in „Die Kunst des Krieges" erläutert wird, beruht auf Täuschung, dem Erschaffen eines trügerischen Anscheins, um den Gegner zu verwirren und irrezuführen, der indirekten Annäherung, der Anpassungsfähigkeit an die Lage des Feindes, dem flexiblen und koordinierten Manöver von Teilstreitkräften und der raschne Konzentration auf Schwachpunkte. Der effiziente Einsatz dieser Taktiken setzt höchst bewegliche und ausgebildete Stoß- und Elitetruppen voraus. Diese Formationen waren vor den Streitenden Reichen nicht gängig.

In Kapitel II und V findet man spezifische Referenzen zur Armbrust, wie: „Regierungsausgaben wegen kaputter Wagen, abgerittener Pferde, Rüstung und Helme, Pfeile und Armbrüste . . ."; und: „Sein Potenzial ist das einer gespannten Armbrust; seine Zeitplanung das Durchziehen des Abzugs." Es ließ sich bislang noch nicht exakt bestimmen, wann die Armbrust die chinesische Kriegsführung revolutionierte. Die meisten Gelehrten nehmen etwa 400 v. Chr. an. Die erste Referenz findet sich in Sima Qians Beschreibung der Schlacht von Ma Ling 341 v. Chr., wo Sun Bin, Oberster Stratege von Qi, eine Truppe von Wei schlug, die sein ehemaliger Freund Bang Ruan leitete. Sun Bin hatte 10.000 Armbrustschützen im Hinterhalt versteckt, die den Feind fast auslöschten. In Kapitel XI verwendet Sun Zi nochmals „den Abzug durchziehen" als Redewendung zur Beschreibung der plötzlichen Freisetzung der potenziellen Energie einer Streitmacht.

Der Begriff *jin* als Oberbegriff für „Geld“ oder „Metallwährung“ kam in den Streitenden Reichen auf.[17] Obwohl Geld schon während der späten Frühlings- und Herbstperiode (*Chunqiu*) in verschiedenen Formen gegossen wurde, entwickelte sich seine Akzeptanz als Tauschmittel nur schrittweise. Sicherlich würde ein spezifischer Terminus, der eine Metallwährung bezeichnet, nicht fünfmal im Text vorkommen, bevor Geld nicht allgemein verbreitet war.

In Kapitel II im ersten Vers kommt die Wendung „gepanzerte Truppen“ oder „Truppen in Rüstung“ vor.[18] In der Frühlings- und Herbstperiode gab es keine gepanzerten Truppen. Zu jener Zeit hatten nur der *Shi*[19] – der Wagen reitende Adel – und ihre engsten Gefolgsleute primitive Schilder aus lackiertem Leder oder Rhinozeroshaut. Das Fußvolk trug gepolsterte Jacken; erst viel später wurden diese mit Schutzkleidung aus behandelter Haifischhaut oder Leder ausgestattet.

Sun Zi verwendet elfmal das Schriftzeichen *zhu* im Sinne von „Herrscher“.[20] In der Frühlings- und Herbstperiode bedeutete dieses Zeichen „Herr“ oder „Meister“ und wurde als Anrede für Minister verwendet. Die Konnotation „Herrscher“ kam erst später hinzu. Den Anachronismus bemerkte Yao Nai, ein Gelehrter der Qing-Zeit.

In Kapitel VII lesen wir: „Auf einem Zwangsmarsch von 50 *Li* wird der Anführer der Armee der *Shang* (Oberen oder Van) gefangen werden.“ Die Begriffe *Shang Jiang, Zhong Jiang* und *Xia Jiang* als Bezeichnung der Generäle der traditionellen „Drei Heere“ wurden normalerweise nicht vor den Streitenden Reichen verwendet.[21] Ebenso hatten zwei in Kapitel XIII vorkommende Begriffe[22] vor dieser Zeit noch nicht die spezielle Bedeutung, in der sie in diesem Kontext verwendet werden: *Ye zhe*, im Sinn von „Hofmeister“, „Empfangsherr“

---

[17] ZGS, S. 9. Das Zeichen ist *jin* (金) [18] *Tai Jia* (帶 甲)
[19] Nur die *Shi* (士) durften auf Wagen in die Schlacht reiten, ein Vorrecht, das sie auch im Frieden genossen. [20] (S. 28) *zhu* (主) [21] ZGS, S. 9. [22] *Ye zhe* (謁 者); *She jen* (舍 人)

oder „Zeremonienmeister" und *She Ren* im Sinn von „Gefolge" oder „Leibwache".

Sun Zi glaubte, dass das einzig Konstante im Krieg die konstante Veränderung sei, und verwendete zur Illustration einige Redewendungen, wie „von diesen fünf Elementen herrscht nicht immer jedes gleichermaßen vor". Auch die Theorie der konstanten Wandlung der fünf „Elemente" oder „Kräfte" Erde, Holz, Feuer, Metall und Wasser entwickelte sich erst in den Streitenden Reichen zu einem philosophischen Konzept. Zuvor galten diese offenbar als die fünf elementaren Substanzen.

Es ist bedeutsam, dass Sun Zi sich nicht auf die Reiterschaft bezieht. Die Kavallerie wurde erst um 320 v. Chr. von König Wu Ling von Zhao in die chinesische Armee eingeführt – und damit auch Hosen. Sun Zi hätte die Kavallerie, wäre sie damals gängig gewesen, sicher erwähnt. Dies ist ein interessanter Beweis dafür, dass „Die Kunst des Krieges" nicht, wie Maspero meint, aus dem 3. Jh. v. Chr. stammen kann.[23]

Wir erhalten in Bezug auf die Datierung vom Text selbst – der bestmöglichen Quelle – Evidenz, die mit großer Sicherheit darauf hinweist, dass das Werk zumindest ein Jahrhundert (oder eher eineinhalb Jahrhunderte) später geschrieben wurde, als Sima Qian behauptet. Der erste aller Militärklassiker ist also in der Periode um 400–320 v. Chr. entstanden.

Was ist dann der Ursprung der Legende von Sun Zi, die Sima Qian verewigte? Wie lässt sich die Verbindung zwischen dem Sun Zi der Sage und dem Reich Wu erklären? Professor Ku Chieh-kang schlägt folgende Theorie vor:

---

[23] Maspero vermutet, dass „Die Kunst des Krieges" – die er als „un petit opuscule", d.h. kleines Büchlein (CA, S. 328), und „ce petit ouvrage", d.h. dieses kleine Werk (ibid., Anmerkung I), bezeichnet – eine Fälschung aus dem 3. Jh. v. Chr. sein und weder Sun Bin noch seinem „sagenhaften Vorgänger" zugeschrieben werden kann.

> Es ist anzunehmen, dass, als Qi 341 v. Chr. eine Strafexpedition gegen Wei sandte, um Han zu unterstützen, Tian Ji der General und Sun Bin der Stratege war. Tian Ji flüchtete später nach Chu, und Chu ernannte Tian Ji zu einem Feudalherren in Jiangnan, das ins Wu-Territorium fiel. Es ist möglich, dass Sun Bin Tian Ji nach Jiangnan folgte und dort sein *Sun Zi Bing Fa* schrieb. Später machte man einen chronologischen Fehler und behauptete, er habe in der Frühlings- und Herbstperiode gelebt. Außerdem erfand man einen Sun Wu, der He Lü bei seiner Invasion in Chu half, und diese Geschichte wurde von Sima Qian übernommen.[24]

Falls Sun Bin „Die Dreizehn Kapitel" geschrieben hat, hätte es zu seiner Zeit nicht als skrupellos gegolten, das Werk einer Figur, die angeblich eineinhalb Jahrhunderte davor gelebt hatte, zuzuschreiben. Oder machte „man" einfach einen „chronologischen Fehler", wie Professor Ku Chieh-kang meint? Dr. Kuo Mo-jo schreibt: „Die Biographie von Sun Wu ist nicht zuverlässig; sie ist Fiktion. Das *Sun Zi Bing Fa* wurde in der Zeit der Streitenden Reiche geschrieben; sein Verfasser ist unbekannt. Es ist schwer zu sagen, ob Sun Bin der Autor ist."[25]

Eventuell ist das Werk ein Kompendium der Lehren eines unbekannten Strategen der Streitenden Reiche. *Die Analekte* von Konfuzius sind solch eine Sammlung. Wie Fung Yu-lan betont, trotzt die Frage der Urheberschaft alter Werke oft einer Lösung:

> Das Konzept der Urheberschaft war offenbar im frühen China nicht ganz eindeutig. Wenn wir ein Buch finden, das nach einem bestimmten Mann der Periode der Streitenden Reiche oder früher benannt ist, bedeutet dies nicht unbedingt, dass das Buch ursprünglich tatsächlich von diesem Mann geschrieben wurde. Welcher Teil von seinen Anhängern und welcher vom ursprünglichen Autor verfasst wurde, wurde in jener Zeit nicht unterschieden und kann daher heute meist nicht festgestellt werden.[26]

---

[24] Persönliche Korrespondenz. [25] Persönliche Korrespondenz. [26] Siehe folgende Seite.

Daher enden wir in derselben Sackgasse wie Yao Qiheng vor drei Jahrhunderten. Wir wissen nicht, ob dieser Sun Wu existierte; wir wissen nicht, ob das ihm zugeschriebene Werk von ihm verfasst wurde, ‚und sind daher gezwungen, wie der eminente Gelehrte aus der Qing-Zeit, das *Sun Zi* in der Kategorie „Verfasserschaft ungeklärt" abzulegen. Die Originalität, der durchgängige Stil und die thematische Entwicklung lassen darauf schließen, dass „Die Dreizehn Kapitel" kein Sammelwerk sind, sondern von einem einzigen, ungemein ideenreichen Autor mit beträchtlicher praktischer Kriegserfahrung verfasst wurden.

II
DER TEXT

Ist der jetzige Text von Sun Zis Klassiker mit den „Dreizehn Kapiteln", die Sima Qian bekannt waren, identisch? Es gibt keine endgültige Antwort auf diese Frage, da die frühen Aufzeichnungen in Bezug auf „Die Kunst des Krieges" etwas verworren sind.

Im späten 1. Jh. n. Chr. wurde der Gelehrte Liu Xiang vom Kaiser angewiesen, literarische Werke für die Kaiserliche Bibliothek zu sammeln. Nach seinem Tod wurde diese Arbeit von seinem Sohn Liu Xin weitergeführt.[1] In seinen „Sieben Auszügen" hatte Liu Xiang die Existenz einer „Kunst des Krieges" von einem Sun Zi „in drei Rollen"

[26] (Vorige Seite.) HCP, S. 20. Doch Sun Xingyan, dessen Ausgabe des Klassikers über zwei Jahrhunderte als Standard galt, war überzeugt, dass das Werk von Sun Zi verfasst wurde: „Alle Worte der Philosophen wurden, nachdem sie diese Welt verlassen hatten, von ihren Anhängern und Schülern niedergeschrieben und in Bücher gefasst. Nur dieses Buch wurde von Sun Zi eigenhändig geschrieben. Außerdem entstand es früher als das *Lie Zi*, *Zhuang Zi*, *Meng Zi* und *Xun Zi* und ist tatsächlich ein altes Buch." (WSTK, S. 941.) Diese Bücher sind wohl jeweils im 3. Jh. v. Chr. entstanden: zwischen 369 und 286 (?) v. Chr.; zwischen 372 und 289 (?) v. Chr. und Mitte des 3. Jh. v. Chr.

[1] 53 v. Chr.–23. n. Chr.

verzeichnet. Einige Jahre später listete Ban Gu,[2] der Historiker der Frühen Han-Dynastie, „Die Kunst des Krieges von Sun Zi aus Wu in 82 Kapiteln mit neuen Rollen mit Abbildungen" als Werk in der Kaiserlichen Bibliothek auf.[3] Ban Gu schrieb diese Sammlung Ren Hong zu, der als Mitarbeiter von Liu Xiang militärische Werke katalogisiert hatte. Im Vorwort seiner Ausgabe, die wahrscheinlich um 200 v. Chr. erstellt wurde, bezieht sich Cao Cao jedoch auf 13 Kapitel. Folglich tauchten auf rätselhafte Weise 69 Kapitel auf und verschwanden ebenso rätselhaft wieder – in der Zeit, zwischen der Sima Qian das *Shi Ji* (um 100 v. Chr.) und Cao Cao seiner „Kurze Erläuterung" etwa drei Jahrhunderte später verfasste. Hatten diese 69 Kapitel tatsächlich jemals existiert? Ich glaube nicht.

Es gibt einige Erklärungen, warum sich die Zahlen unterscheiden. Eine lautet, dass in der Zeit zwischen dem *Shi Ji* und der Aufzeichnung der 82 Kapitel, die Ban Gu Ren Hong zuschrieb, das beigefügte Material und die Kommentare mit dem Text gleichgesetzt wurden. Ren Hong könnte das Sun Zi betreffende Material ohne Unterscheidung zwischen Originaltext und Zusatztexten kompiliert haben.

Oder die Zahlendifferenz liegt an der Methode, wie Bücher im alten China her- oder zusammengestellt wurden. Zu jener Zeit gab es noch kein Papier, und die Aufzeichnungen wurden normalerweise mit aus Ruß gefertigter Tinte auf Bambusspalten oder dünne Holzstreifen geschrieben, die etwa 20 bis 25 cm lang und 2 cm breit waren. Auf solchen Streifen, von denen es viele Funde gibt, befanden sich zwölf bis 15 Schriftzeichen (je nach der individuellen Schrift). Die Ränder der Streifen wiesen am Rand teilweise zwei Kerben oder Löcher auf, sodass sie mit Leder-, Seiden- oder Hanfriemen gebunden werden konnten. Manchmal wurden die Streifen an einem Ende durchlöchert und anei-

[2] 32–92 n. Chr. [3] Siehe HIWZ.

nander gebunden. Wenn das erste System angewandt wurde, konnten Buchkapitel oder -abschnitte für die Lagerung wie heute zu einer Schriftrolle zusammengerollt werden.[4]

Da der Text des *Sun Zi* über 13.000 Schriftzeichen umfasst, hätte man etwa 1.000 solcher Streifen gebraucht, um es aufzuzeichnen. Hätte man diese zu einer Einheit zusammengefasst, wäre das „Buch" ausgerollt über 18 m lang und nur mit einem Ochsenwagen zu transportieren gewesen. Doch auch damals unterteilte man Bücher in Kapitel und Abschnitte. Diese Abschnitte variierten natürlich in ihrer Länge; manche umfassten ein Dutzend Streifen, andere 20 oder mehr. Dies legt nahe, dass Ren Hong oder ein Abschreiber aus Unachtsamkeit 82 „Rollen" statt 82 „Kapitel" geschrieben haben. Transkriptionsfehler waren durchaus üblich. Aber wie können wir die in den „Sieben Auszügen" verzeichneten drei Rollen mit der Zahl „82" unter einen Hut bringen? Nur indem wir mutmaßen, dass der in den „Sieben Auszügen" genannte Text auf Seide und nicht auf Streifen geschrieben war.

Du Mu[5] versuchte dieses Problem zu lösen, indem er Cao Cao beschuldigte, den Text durch „Beschneiden von Redundanzen" gekürzt zu haben. Tatsächlich bietet Cao Cao einen Angriffspunkt für diese Beschuldigung, da er in seiner Einleitung behauptet, dass er, da die gängigen Texte seiner Zeit „die essenzielle Bedeutung verfehlen", eine „Kurze Erörterung" schreiben wollte. Folglich scheint es, als hätte Cao Cao den Text lektoriert und jene Abschnitte, die er als spätere Zusätze betrachtete, herausgeschnitten. Möglicherweise besaß Cao Cao verschiedene Versionen und erstellte aus deren Vergleich einen seiner Meinung nach authentischen Text. Dies ist jener, der mit seinen Kommentaren versehen erhalten blieb. Und obwohl wir nicht wissen

---

[4] Dies erklärt das Durcheinander einiger alter Werke, als diese wiederentdeckt wurden. Die Riemen oder Schnüre verrotteten und die Schriftstreifen fielen auseinander.

[5] 803–852 n. Chr.

können, ob dieser mit dem Sima Qian bekannten *Sun Zi* identisch ist, so ist es meiner Meinung nach plausibel, dass er im Wesentlichen damit übereinstimmt.

Da dieses Werk im späten 4. Jh. n. Chr. gut bekannt war, muss es schon einige Jahre im Umlauf gewesen sein. Kapitel III des „Buchs des Fürsten Shang" enthält etwa ein halbes Dutzend Paraphrasen von Sun Zis Versen.[6] Auch wenn das Shang Yang (der 338 v. Chr. von Streitwagen zerteilt wurde) zugeschriebene Werk wahrscheinlich von Mitgliedern der Legalistischen Schule kurz nach seinem Tod kompiliert wurde, vermuten die Gelehrten, dass es seine Sprüche und Gedanken reflektiert.

Han Fei Zi, ein weiterer legalistischer Staatsmann und Autor, der am Ende des 3. Jh. v. Chr. starb, war mit dem *Sun Zi* vertraut; in dem „Fünf Ungeziefer" titulierten Kapitel seines Werks merkt er an: „In jeder Familie gibt es Männer, die Kopien des Buchs von Sun Wu und Wu Qi aufbewahren."[7] In „Die Kunst der Staatsführung" meint er, dass in einem legalistischen Utopia „die Taktiken von Sun Wu und Wu Qi aufgegeben werden würden"; vermutlich deswegen, weil es keinen Grund mehr für Krieg geben würde, wenn „Alles-unter-dem-Himmel" unter dem zentralistischen, totalitären Regime stünde, das er propagiert.

Xun Zi (um 320–235 v. Chr.) bezieht sich sowohl auf Sun Zi als auch Wu Qi. In „Eine Debatte über militärische Angelegenheiten" wird eine Diskussion zwischen dem Philosophen und General Linwu in der Gegenwart von König Xiaochen von Zhao aufgezeichnet.[8] Der General hatte offenbar „Die Dreizehn Kapitel" eingehend studiert, denn sein Argumentationsfluss folgt Sun Zi fast wörtlich:

---

[6] BLS, S. 244–52.

[7] HFZ II, S. 290.

[8] Regierte von 265–245 v. Chr.

> In militärischen Angelegenheiten zählen Stärke und Vorteil; wie auf plötzliche Änderungen der Truppenbewegung und Täuschungsmanöver zu reagieren ist. Jener, der am besten eine Armee befehligen kann, ist schnell in seiner Bewegung; seine Pläne sind schlau angelegt und keiner weiß, von wo er angreifen könnte. Als Sun und Wu Armeen führten, besaßen sie keinen einzigen Feind im ganzen Land. [9]

Xun Zi, ein Konfuzianer, argumentiert von einer moralischen und ethischen Warte und widerspricht, wie man sich denken kann, seinem Gegner: „Ein Heer der Guten *(ren)* kann keine Täuschung einsetzen."[10] Allerdings denkt Xun Zi auch praktisch: Er billigt das Heer, „um Gewaltherrschaft aufzuhalten und Beschädigungen zu vermeiden".[11]

Kurz nach der Vereinigung Chinas 221 v. Chr. durch den „Ersten Gottkaiser" Shi Huang Di ordnete dieser die Sammlung und Zerstörung aller Bücher an, die seine legalistischen Ratgeber als verderblich einstuften. Dieses Edikt richtete sich speziell gegen Konfuzius und seiner Schule zugeschriebene Werke. Gewisse Buchtypen, wie etwa technische Werke, wurden davon ausgenommen. Da Qin ein militärisches Reich war (schon seit einem Jahrhundert), ist es logisch, dass Bücher, die sich mit Kriegskunst auseinander setzen, auch verschont blieben (die Bücherverbrennung war keine Massenvernichtung, wie sie später konfuzianische Gelehrte darstellten, da das Edikt nicht allzu heftig verfolgt wurde. Kaiser Hui der Han-Dynastie nahm es 196 v. Chr. zurück, und der spätere Kaiser Wu bot großzügige Belohnungen für all jene, die Abschriften alter Werke vorweisen konnten).

81 v. Chr. wurden einige Gelehrte zu Debatten in die Hauptstadt berufen. Ein wichtiger Punkt auf der Agenda war, wie man die Verwaltung des Kaiserreichs verbessern könnte. Alle Gelehrten waren

---

[9] Dubs, I, S. 158. [10] Ibid., S. 159. [11] Ibid., S. 161.

[12] Übersetzt von Esson M. Gale als „Debate on Salt and Iron" bzw. S. Ludwig „Die Debatte über Salz und Eisen".

sich einig, dass die Regierungsmonopole über Salz, Eisen und vergorene Getränke abgeschafft werden sollten. Dies rief eine große Debatte hervor, der Kaiser Zhao vorstand[12]. Etwas später zeichnete Huan Kuan die wesentlichen Argumente auf, welche ein direktes Zitat aus der „Kunst des Krieges" und Umschreibungen einiger Verse beinhalten. Die ist ein schlagender Beweis dafür, welch hohes Ansehen „Die Dreizehn Kapitel" damals genossen.

Es gibt keine Aufzeichnung von Kommentatoren der Han-Zeit über Sun Zis Werk, doch es muss einige gegeben haben, da es allein schon bis zur Zeit Liu Xiangs 63 anerkannte „Schulen" von Militärtheoretikern gab. 23 n. Chr. „berief" der Usurpator Wang Mang „[diverse] Personen, die in den Methoden der 63 Schulen der Kriegskunst versiert waren und die er zu sich ins Amt zitiert hatte".[13]

Gegen Ende des 2. Jh. n. Chr. und in den Anfangsjahren des 3. Jh. stoßen wir auf Aufzeichnungskommentatoren. Neben Cao Cao schrieben Wang Ling, bekannt als „Meister Wang", Jia Ye und Zhang Zishang Werke, die nicht mehr existieren. Während der Liang-Dynastie (502–556 n. Chr.) erschienen zumindest zwei Ausgaben des Sun Zi. Die Interpretationen eines „Herrn" Meng sind in der Version „Zehn-Schule" erhalten; Shan Yous gingen verloren.

In der Tang-Dynastie zählten Du You, sein Enkel, der Poet Du Mu, Li Quan, Chen Hao und Jia Lin zu den anerkanntesten Kritikern. Es wurden Einzelausgaben veröffentlicht, die die Interpretationen der letzten vier enthielten; Du Yous Kommentare wurden in den Text der „Dreizehn Kapitel" einbezogen, die in seiner monumentalen Enzyklopädie *Tong Dian* (Kapitel 148–163) aufscheinen. Ausgewählte Verse von Sun Zi wurden in der Tang-Zeit auch in andere Anthologien, speziell in die *Bei Tang Shu Chao* (Kapitel 115–116), aufgenommen.

[13] HFHD III, S. 442 n.213.

Das Interesse nahm in der Song-Dynastie zu; „Die Dreizehn Kapitel" wurden in die Enzyklopädie *Tai Ping Yu Lan* (Kapitel 270–337) integriert. Von zahlreichen publizierten Kommentaren wurden jene von Mei Yaochen, Wang Xi, He Yanxi und Zhang Yu sowohl von Qi Tienbao als auch Zheng Youxian in deren Ausgaben inkludiert, die jeweils mit *Shi Chia Zhu* („Zehn-Schule") bzw. *Shi Yi Chia Zhu* („Elf-Schule") betitelt waren.[14] Beide schlossen sowohl Cao Cao und „Herrn" Meng wie auch die zuvor genannten vier Gelehrten der Tang-Zeit ein. In beiden Textvergleichen wurden die Kommentare chronologisch unter den Versen, auf die sie sich beziehen, angeordnet. Da Du Yous Kommentare sich eher in sein *Tong Dian* als in ein separat publiziertes Werk einfügen, erachtete Qi Tienbao, dass er eine „Schule" darstellte. Die unterschiedlichen Titel der beiden Textsammlungen sind daher unwichtig. Qi Tienbaos Ausgabe wurde später in den Daoistischen Kanon aufgenommen; genau diesen schrieb Sun Xingyan ab, als er ihn in einem Daoistischen Kloster in der Provinz Shaanxi fand.

Aber es waren nicht die einzelnen Werke dieser unterschiedlichen Gelehrten, so wichtig diese auch waren, die dem Studium der „Kunst des Krieges" in der Song-Zeit den meisten Auftrieb gaben. Dieser Impuls kam ist eher auf ein Edikt des Kaisers Shengzong (1068–1085), der einen Kanon von „Sieben Klassikern der Kriegsführung" namentlich nannte, den Prüflinge für die Zulassung zur Armee lernen mussten. Cao Caos Ausgabe stand als erste auf der Liste.[15]

Das Edikt verlangte außerdem, dass die Kadetten ihre Studien unter der direkten Leitung eines *Bo Shi,* eines Gelehrten hohen Ranges, durchführten. Der *Bo Shi,* der auf diesen wichtigen Posten berufen wurde, war He Zhufei. Er wählte als erster Leiter der

---

[14] 十家註; 十一家註

[15] Cao Cao galt einige Jahrhunderte lang als einer der herausragenden Meister der Kriegskunst.

Kaiserlichen Militärakademie als Grundtext für seine jungen Schüler eine Ausgabe des Sun Zi mit „Vorlesungsnotizen" des bekannten Kritikers Shi Zimei. Diese „Vorlesungsnotizen" in Form eines Kommentars zu Sun Zis Versen blieben glücklicherweise erhalten.

Es ist nur eine Neuausgabe des *Sun Zi* während der Yuan-Dynastie (mongolisch, 1206–1367) verzeichnet, und diese Ausgabe von Pan Yanwang ging verloren. Nach der Vertreibung der Mongolen aus Beijing wurde, als die Ming-Dynastie (1368–1628) sich fest etabliert hatte, die unterbrochene Arbeit an den Klassikern mit Elan wiederaufgenommen: In diesen drei Jahrhunderten wurden 50 Kommentare, Interpretationsstudien und kritische Essays der „Kunst des Krieges" gewidmet. Das bekannteste Werk, das mehrmals neu verlegt wurde, stammt von Zhao Penxue.

Während der Qing- oder Mandschu-Dynastie galt Sun Xingyan als führender Experte des Sun Zi; seine Ausgabe (die er gemeinsam mit seinem Freund Wu Renji erstellte) gilt seit fast zwei Jahrhunderten als Standard und ist die Basis für diese Übersetzung.

III
DIE STREITENDEN REICHE

Konfuzius, der erste und einflussreichste chinesische Philosoph, starb 479 v. Chr. Fast genau ein Vierteljahrhundert später griffen die Führer der Clans von Wei, Han und Zhao den Herrscher von Jin an, besiegten ihn 453 bei Jing Yang und teilten sein Land untereinander auf.[1] Fürst Zhi wurde enthauptet, seine Familie ausgerottet und sein Schädel, passend verziert, Wu Xu der Zhao übergeben, der ihn als Trinkbecher verwendete. So begann die Zeit der Streitenden Reiche.

[1] Jing Yang befand sich an oder in der Nähe der heutigen Lage von Taiyuan.

Zu jener Zeit gab es einen so genannten Himmelssohn, ein Mitglied des Zhou-Hauses, dessen Autorität außerhalb der ihm von den räuberischen Herrschern zugestandenen Enklave nicht existent war. Tatsächlich stellten die Könige von Zhou über einige Jahrhunderte nur rein symbolische Figuren dar, deren Hauptfunktion es war, den Kalender und die periodischen rituellen Opfer vorzuschreiben, von denen die harmonische Beziehung von Himmel, Erde und Mensch abhängig war.

Der Untergang des Königshauses hatte 770 v. Chr. mit der Verlegung der Hauptstadt von Shaanxi in den Osten des Zhou-Reiches begonnen. Seine Schwäche wird 150 Jahre später durch die Formel deutlich, die der König verwendet, um Fürst Wen von Jin als Schutzherrn (*Ba,* Hegemone) einzukleiden:

> Oh, mein Onkel! Erhaben waren die Könige Wen und Wu; sie wussten ihre glänzende Tugend zu hüten, die mit Pracht in die Höhe (zum Himmel) emporstrebte und die Erde mit ihrem Ruhm erfüllte. Daher bewilligte der Hohe Herrscher die Vollmacht im Fall der Könige Wen und Wu. Habt Mitleid mit mir! Helft mir, meine (die Linie meiner Vorfahren) fortzusetzen; Mich, den Einzigartigen Menschen, und helft (mir und meiner Linie) ewig den Thron zu behalten![2]

Ab 450 v. Chr. gab es acht große Staaten in China, aber Yen im Norden und Yue im Osten spielten in den Kriegen, die fast ohne Pause die nächsten 250 Jahre tobten, keine entscheidende Rolle. Die „Großen Sechs" waren Qi, Chu, Qin und „Die Drei Jins" – Wei, Han, und Zhao. Zusätzlich gab es ein Dutzend kleinerer Fürstentümer, die von großen Staaten absorbiert werden sollten, die sie systematisch „wie Seidenraupen Maulbeerblätter" auffraßen. 447 v. Chr. löschte der Staat Chu Cai, einen kleinen Staat in der heutigen Provinz Honan,

[2] Granet, S. 25–26.

aus; zwei Jahre später schluckte er Qi (nicht das oben genannte Qi) und 431 Zhu. Dieser Prozess beschleunigte sich 414 v. Chr.; in den folgenden 56 Jahren verschwanden ein halbes Dutzend Kleinstaaten aus der historischen Landschaft. Gelegentlich gelang es den Herrschern, Pausen zwischen den heimischen Kriegen einzulegen, die durch ihren unersättlichen Ehrgeiz ausgelöst wurden. Solche Atempausen waren zumindest zur Ausbildung von neuen Bauerntruppen nötig, da diese in regelmäßigen Abständen zerschlagen wurden. Es ist ziemlich unwahrscheinlich, dass zwischen 450 und 300 v. Chr. viele Generäle in ihrem Bett starben.

Es war in der langen Geschichte Chinas sicher eine der chaotischsten Perioden. Die waldigen Hügel, die schilfumrandeten Seen, die vielen Sümpfe und Moore boten gute Verstecke für Räuberbanden und Halsabschneider, die Dörfer überfielen, Reisende entführten und Schutzzölle von jenen Händlern forderten, die das Pech hatten, in ihre Hände zu fallen. Viele dieser Geächteten waren Bauern, die um des Überlebens willen zur Straßenräuberei gezwungen waren. Andere waren entwischte Verbrecher, Deserteure und in Ungnade gefallene Beamte. Insgesamt stellten diese ein erhebliches Problem für die so genannten Streitkräfte für Recht und Ordnung dar. Die Fehden unter den großen Familien wurden von Banden professioneller Schwertkämpfer, die aus den unteren Rängen einer sich auflösenden Erbaristokratie rekrutiert wurden, ausgetragen.

Einige wenige erhoben heftige Einwände gegen die unsittlichen Normen jener Zeit. Der wichtigste darunter war Mo Di oder Mo Zi (um 479–381 v. Chr.), der das Verbrechen und die Sinnlosigkeit der Kriege, in die die Herrscher ihre ganze Energie steckten, anprangerte. „Nehmen wir an", sprach er, „Soldatenheere werden aufgestellt":

> Wenn es Winter ist, ist es zu kalt, und im Sommer zu heiß. Daher sollte es weder im Winter noch im Sommer geschehen. Im Frühling jedoch hält es

> die Menschen vom Säen und Pflanzen ab und im Herbst vom Mähen und Ernten. Würden sie in diesen Jahreszeiten eingezogen, stürben die Menschen an Hunger und Kälte. Und wenn die Armee auszieht, werden Bambus, Pfeile, Hauszelte, Rüstung, Schilder und Schwertgriffe in unzählbarem Ausmaß verrotten und nie wieder kommen. Das Gleiche gilt für Speere, Lanzen, Schwerter, Dolche, Wagen und Karren: Auch von diesen werden unzählige zerstört und nie wieder kommen. Unzählige Pferde und Ochsen werden gut genährt losziehen und mager zurückkommen oder sogar sterben und nie wieder kommen. Und unzählige Menschen werden sterben, da sie von der Nahrung abgeschnitten sind und diese nicht über die großen Entfernungen transportiert werden kann, während weitere unzählige Menschen durch die konstante Bedrohung, die Unregelmäßigkeit von Essen und Trinken und die Extreme von Hunger und Überessen erkranken. Dann ist die Armee zum Großteil oder ganz verloren; in jedem Fall wird der Verlust unzählbar sein.[3]

Mo Di verurteilte aggressiven Krieg mit kompromisslosen Worten:

> Tötet ein Mensch einen anderen unschuldigen Menschen, stiehlt seine Kleider und seinen Speer und sein Schwert, so ist dieses Vergehen schlimmer, als in einen Stall einzubrechen und einen Ochsen oder ein Pferd zu stehlen. Die Verletzung ist größer, das Vergehen ist schlimmer und der Verbrechensgrad höher. Jeder vernünftige Mann weiß, dass es falsch ist, weiß, dass es unrechtmäßig ist. Aber wenn beim Angriff auf ein Land Morde begangen werden, wird es nicht als falsch angesehen; dann heißt man dies gut und gerecht. Kann dies als Wissen von rechtmäßig oder unrechtmäßig angesehen werden? Tötet ein Mensch den anderen, wird dies als unrechtmäßig angesehen und er wird mit dem Tode bestraft. Tötet dann ein Mensch zehn weitere, dann ist sein Verbrechen zehnmal so schlimm und er sollte zehnmal zum Tode verurteilt werden. Genauso sollte ein Mensch, der hunderte tötet, hundertmal so arg bestraft werden. . . . Nennt

[3] HCP, S. 94–95.

> ein Mensch Schwarz Schwarz, wenn er es in kleinem Rahmen betrachtet, doch Schwarz, wenn er es in großem Umfang betrachtet, Weiß, dann ist er jemand, der Schwarz von Weiß nicht unterscheiden kann. . . . Genauso wird ein kleines Verbrechen als Verbrechen behandelt, jedoch ein großes Verbrechen, wie ein anderes Land anzugreifen, als rechtmäßiger Akt gutgeheißen; soll dies heißen, den Unterschied zwischen rechtmäßig und unrechtmäßig zu kennen?[4]

Diese Philosophie war den Herrschern der Streitenden Reiche, die eher von Macht als von Leitsätzen der Moralisten gesteuert wurden, wenig vertraut. Diese Herrscher waren keineswegs unzivilisiert. Die meisten von ihnen waren gebildete Leute, die im Luxus lebten. An ihren Höfen wurde die Langeweile durch gut ausgestattete Harems, Tänzerinnen, Musiker, Akrobaten und vorzügliche Köche vertrieben. Die umherziehenden Sophisten, die mit ihren Schülern von einer Hauptstadt zur anderen zogen (die erfolgreicheren in Wagen, die anderen zu Fuß), wurden an diesen Höfen empfangen und bewirtet.

Die Märkte florierten, und trotz des chronischen Chaos auch der zwischenstaatliche Handel. Gewerbetreibende und Händler erzielten schnellen Profit. In Lin Zi, der Hauptstadt von Qi, gab es im frühen 4. Jh. v. Chr. 70.000 Haushalte. Nimmt man zehn „Münder" (eine plausible Zahl) pro Haushalt an, so muss die Bevölkerung fast eine Dreiviertel Million ausgemacht haben. Diese Stadt, damals die größte und reichste in Jin, dankte ihren Wohlstand dem Handel. Jene, die dorthin kamen, um Salz, Seide, Eisen und getrockneten Fisch zu kaufen, unterhielten sich in Restaurants, Musiksalons und Bordellen, bei Hunderennen und Hahnenkämpfen sowie Fußballspielen. Die sprachlose Landbevölkerung aber, die etwa 90 % der Population ausmachte, hatte nichts von diesen Annehmlichkeiten. Ihr Los war Mühe und Krieg, harte Feldarbeit und stiller Gehorsam.

---

[4] Zitiert von Liang Qi Chao, S. 97.

Diese Gesellschaft wurde von einem beängstigend strengen Rechtskodex beherrscht. Einige tausend Verbrechen wurden mit dem Tod oder Verstümmelung bestraft: Kastration, Brandmarken, Abschneiden der Nase, Abschlagen der Zehen oder Füße, Durchtrennen der Beinsehnen oder das Brechen der Knie waren gängige Strafen. Diese waren nicht auf die unteren Gesellschaftsklassen beschränkt; auch höhere Beamte mussten sie manchmal erleiden. Daher gab es zumindest theoretisch eine Gleichberechtigung in der Rechtsverwaltung. Aber für jene, deren Füße abgetrennt wurden, war die Erwägung dieser rein akademischen Aspekte jenes drakonischen Kodizes sicher kein Trost.

Das politische Umfeld bot selbst ernannten Experten in allen Bereichen und vor allem professionellen Strategen ein weites Betätigungsfeld. Zwischen 450 und 300 v. Chr. wurden einige Generationen mit methodischer Regelmäßigkeit dezimiert, und Krieg wurde zu einer Art „Grundbeschäftigung".[5] Der Anspruch, dem idyllischen Sittenkodex zu entsprechen, der angeblich unter der Regentschaft der Weisen Könige gelebt worden war, war längst passé. Die Diplomatie beruhte auf Bestechung, Heuchelei und Betrug. Spionage und Intrigen florierten. Zudem galt verräterisches Verhalten ehrgeiziger Generäle, die Loyalität und korruptionswillige Minister nach Bedarf wechselten, als normal.

Die Laufbahn des berühmten Soldaten Wu Qi spiegelt die Normen seiner Zeit wider. Er wurde im Staat Wei geboren, wuchs dort auf und bewarb sich für den Militärdienst in Lu. Um den Zweifel des Fürsten an seiner Loyalität zu tilgen, tötete er seine aus Wei stammende Frau. Etwas später brachten eifersüchtige Beamte falsche Anschuldigungen gegen ihn vor. Er ließ einige davon ermorden und floh nach Wey, wo er dem Marquis seine Dienste anbot. Der Erste Minister beschreibt

[5] Dieser Ausdruck wurde durch Shang Yang (Lord Shang), dem Ersten Minister unter Fürst Xiao von Qin, in Umlauf gebracht. Er identifizierte in Krieg und Landwirtschaft zwei „grundlegende Beschäftigungen". Er wird von traditionellen Historikern allgemein verachtet.

ihn als lüstern und süchtig nach Ausschweifungen, doch als kompetenten General. Der Marquis stellte ihn an und machte ihn zum Schutzherrn über den westlichen Fluss. Später verließ er Wey und wurde von König Dao von Chu angeheuert, der ihn 384 v. Chr. zum Ersten Minister bestellte. Er reorganisierte und modernisierte die Reichsverwaltung und machte sich dabei viele Feinde. Nach der Ermordung von König Dao 381 v. Chr. wurde Wu Qi hingerichtet.[6]

Dieses dynamische Zeitalter verlangte nach praktische Lösungen der Probleme von Politik und Krieg. Hunderte von Gelehrten wanderten von einem Staat zum anderen und gingen bei den Herrschern, die „sich um die gefährliche Situation ihrer Länder und der Schwäche ihrer Truppen sorgten", mit ihren Ideen hausieren. Die Herrscher konkurrierten um die Ratschläge professioneller Redner, die in „endloser Diskussion" Könige, Fürsten und wichtige Männer mit Argumenten von „verwirrender Vielfalt" fesselten.[7] Diese umherziehenden Machiavellis waren intellektuelle Glücksspieler. Stellte sich ihr Rat als gut heraus, errangen sie oft hohe Ämter; war er schlecht, wurden sie kurzerhand eingelegt, durchgesägt, gekocht oder von Wagen zerrissen.

Die Belohnungen boten jedoch genug lukrativen Anreiz, um viele Männer dazu zu bringen, ihre Talente der Regierung, Diplomatie und dem Militärwesen zur Verfügung zu stellen; und Herrscher, deren Ziel es war, „Alles-unter-dem-Himmel wie eine Matte aufzurollen" und „die vier Meere in ihre Tasche zu stecken" hörten ihnen gerne zu.

> Der zerstörende Einfluss dieser neuen Klasse auf die feudalen Ideen und Institutionen war von entscheidender Bedeutung. Diese Wandergelehrten waren durch keine dauerhafte Loyalität gebunden, fühlten keinen Patriotismus für die Staaten, denen sie dienten, und wurden nicht durch alter-

[6] Wu Qi wurde in 魏 (Wei) geboren und floh nach 隗; um eine Verwechslung zu vermeiden, hier „Wey".
[7] BLS, S. 95.

> tümliche Ritterlichkeit eingeschränkt. Sie erdachten die verräterischen Pläne und führten diese auch aus. Häufig dienten sie zwei Fürsten gleichzeitig und spielten deren Taktiken gegeneinander aus. Indem sie von Reich zu Reich zogen, immer redegewandt und einige ausgeklügelte Pläne auf den Lippen, bekämpften sie den Partikularismus der alten Feudalherrschaft und sahen Pläne vor, die das ganze Imperium unter den Herrscher, dem sie dienten, bringen sollte. Das war der Köder, mit dem sie ihren temporären Herrn lockten; es ging nicht mehr um Hegemonie, sondern um ein vereintes Imperium, das zum Ziel der Staatenpolitik gemacht wurde.[8]

Das Begehren dieser Fürsten glich jenen, die laut Plutarch die Worte Krieg und Frieden „wie eine Münze gebrauchten, um ihren guten Gelegenheiten nach Bedarf Genüge zu tun". Diese Gelegenheiten konnten sich im damaligen China nur durch Intrigen oder Krieg ergeben. Krieg war als integraler Bestandteil der Machtpolitik jener Epoche zu einer Angelegenheit von „entscheidender Bedeutung" geworden: „der Bereich zwischen Leben oder Tod; der Pfad zum Überleben oder in den Untergang". Um ihn erfolgreich zu führen, verlangte es nach einer kohärenten strategischen und taktischen Theorie und einer praktischen Doktrin, die Intelligenz, Planung, Befehlsgewalt, operative und administrative Abläufe regelte. Der Verfasser der „Dreizehn Kapitel" war der Erste, der eine derartige Theorie und Doktrin darlegte.

Die Wachstumstendenz großer Reiche auf Kosten ihrer kleineren und schwächeren Nachbarstaaten ist ein konstantes Merkmal der geschichtlichen Entwicklung Chinas und gipfelte 221 v. Chr. in der Einrichtung eines monolithischen Staates durch den Ersten Gottkaiser.

In jener Periode trugen viele Faktoren zur Verteilung der politischen Macht auf eine stetig abnehmende Zahl von Herrschern bei. Darunter war die Entwicklung der Eisenverarbeitung besonders wichtig.

---

[8] Fitzgerald, S. 70.

Eisen war in China schon vor 500 v. Chr. bekannt, jedoch extrem selten und wertvoll, da geregelte Schmelzmethoden noch nicht entwickelt waren. Die Schwerter von König He Lü waren in der chinesischen Legende berühmt; bekannte japanische Schwertschmiede führten den Urspruch ihres Handwerks direkt auf Gan Jiang, Mo Ye und deren Sohn Chi Bi zurück, deren Leben, Kunst und Klingen Stoff für viele Volkssagen und neuerdings auch für wissenschaftliche Abhandlungen über das Thema der Eisenverarbeitung im alten China lieferten.[9] Das Schmieden dieser sagenhaften Klingen wurde von einem symbolischen Menschenopfer begleitet; der Vorgang war ritualisiert und nur den Eingeweihten bekannt:

> Gan Jiang, aus dem Reich Wu, hatte denselben Lehrer wie Mo Ye. Sie stellten gemeinsam Schwerter her. He Lü, der König von Wu, bestellte zwei Schwerter; eines wurde Gan Jiang und das andere Mo Ye genannt. Mo Ye war Gan Jiangs Frau. Gan Jiang machte daher das Schwert, nachdem er das Eisen in den fünf Bergen und das Gold (jin?) in den sechs Richtungen gesammelt hatte. Er prüfte Himmel und Erde; Yin und Yang leuchteten gemeinsam. Hunderte von *Shen* kamen herab, um sie zu beobachten; Dampf stieg herab; aber das Eisen und das Gold schmolzen nicht. Gan Jiang konnte den Grund nicht erkennen. Mo Ye sprach zu ihm: „Du bist ein guter Gießer und der König will Schwerter von dir. Drei Monate sind nun vergangen und du kannst sie nicht fertig stellen; was denkst du, ist der Grund dafür?" Gan Jiang antwortete: „Ich verstehe den Grund nicht." Mo Ye sagte: „Dann bedarf die Transformation der göttlichen (*shen*) Dinge einer Person, um sie auszuführen. Nun, welche Person braucht man beim Herstellen der Schwerter, um die Arbeit zu vollenden?" Da sprach Gan Jiang: „In alten Zeiten goss mein Meister das Metall. Das Gold und Eisen schmolzen nicht, und so ging er mit seiner Frau in den Schmelzofen; dann

[9] Siehe Doktor Lionello Lanciottis faszinierendes Essay ,,Sword Casting and related Legends in China" in *East and West* (Jahr VI, Nr. 2 und Nr. 4, Juli 1955 und Januar 1956).

> war es vollbracht. Bis heute steigen die nachfolgenden (Gießer) auf die Berge, schmelzen das Metall mit wohlriechenden Kleidern aus weißem Hanfleinen und wagen erst dann, das Gold in den Schmelzofen zu werfen. Nun stelle ich das Schwert auf dem Berg her, und es findet kein solcher Wandel statt." Mo Ye antwortete: „Der Meister wusste um die Notwendigkeit, einen Körper zu schmelzen, um das Werk zu vollbringen. Was für ein Problem habe ich damit (mich selbst zu opfern)?" Da schnitt Gan Jiangs Frau ihr Haar und ihre Nägel und warf diese in das Feuer. Sie befahl 300 Knaben und Mädchen, den Blasebalg zu betätigen, und Gold und Eisen schmolz. So ließen sich die Schwerter vollenden. Das männliche Schwert hieß Gan Jiang und das weibliche Schwert Mo Ye. . . . Gan Jiang verbarg das männliche Schwert und brachte das weibliche dem König.[10]

Es sollte jedoch noch fast ein Jahrhundert dauern, bis Gan Jiangs Geheimnis allgemeine Verbreitung erfuhr, doch dann fand plötzlich eine schnelle Entwicklung in den Eisen herstellenden Techniken statt. Die einzelnen Stadien sind bislang noch nicht genau bestimmt, werden aber mit Fortschritten in der Metallurgie, der Einführung von Blasebälgen aus Leder und der Verbesserung der Bauweise von Schmelzöfen verbunden. Von etwa 400 v. Chr. an beschäftigten Eisenhersteller hunderte Personen. In einigen Reichen wurde dieses Gewerbe rasch zu einem Monopol der Regierung.[11] Nur kurze Zeit später wurde der Prozess zu Herstellung von minderwertigem Stahl in

---

[10] Zitiert nach Doctor Lanciottis Übersetzung einer Passage im *Wu Yue Chun Qiu* in *East and West* (Jahr VI, Nr. 2, S. 107–8).

[11] In seiner Diskussion der Biographie des *Shi Ji* von Jing Ke in *Statesman, Patriot and General in Ancient China*, vertritt Professor Derk Bodde die Meinung, dass Eisen vor etwa 300 v. Chr. in China nicht sehr gebräuchlich war. Doctor Joseph Needhams Monographie *Development of Iron and Steel Technology in Ancient China* ordnet den Gebrauch von Eisenwaffen und -werkzeugen etwa der Mitte des 4. Jhr. v. Chr. zu. Die Tatsache jedoch, dass die Eisen-Tripoden, auf welche das Strafgesetz in Jin schon 522 v. Chr. eingegossen wurde (ZZ, im 29. Jahr von Fürst Zhao), weist darauf hin, dass den Chinesen grobe Schmelz- und Gusstechniken schon viel früher vertraut waren. Es ist kaum vorstellbar, dass fast eineinhalb Jahrhunderte zwischen der praktischen Kenntnis eines derartigen Vorgangs und seiner allgemeinen Anwendung verstrichen wären.

Chu und in Han perfektioniert, wo so genannte „weiße Klingen" hergestellt wurden. Die Lanzen mit Stahlspitze von Chu waren „so scharf wie Bienenstachel". [12]

Die Folgen dieses Durchbruchs wurden bald deutlich. Nun konnten Eisengeräte für die Landwirtschaft und Waffen mit einheitlicher Qualität billig und in großer Zahl hergestellt werden. Natürlich ließen die Herrscher Gießereien und Waffenlager errichten und nahmen sich das Vorrecht (vormalig das der Vasallen), die bestehenden Truppen und die Eingezogenen auszurüsten. Der Herrscher des „Guo" (Staat/Reich) konnte sich somit effektiver durchsetzen als ohne Waffenmonopol.

Hydraulische Großkonstruktionen, Mauerbau, Erfassung der Bevölkerung und Steuererhebungen benötigten eine ständig wachsende Bürokratie. Die Einberufung und Leitung der Arbeitskräfte, um die grandiosen Vorhaben der Herrscher, die einander durch die Pracht ihrer Paläste, Terrassen, Parks und Türme ausstechen wollten, zu verwirklichen, stellten komplexe Anforderungen an die Verwaltung. Beim Lösen dieser Probleme entstand geradezu eine Wissenschaft der Organisation.

Eine Parallelentwicklung fand im Militärbereich statt, in dem, wie in anderen wachsenden Bereichen staatlicher Aktivität, viel Verwaltungs- und Leitungskompetenz nötig war. Mitte des 5. Jh. n. Chr. zogen große Armeen (mit Trägern und Fuhrmännern einige hunderttausend Mann) auf weite Feldzüge, die auf rationaler Basis geplant und organisiert werden mussten. Wenn sie nicht auf Feldzügen war, arbeitete die Armee (wie noch heute in China) an öffentlichen Projekten mit.

Es war eine wachsende Gesellschaft, in der Intellektuelle, Künstler, Techniker und Verwalter ihre Talente beachtlich einsetzen konnten.

[12] HFZ II, S. 235.

Die Chroniken, welche die großen Naturkatastrophen, Kriege, Ermordungen von Fürsten und Ministern sowie Usurpationen festhalten, merken gelegentlich lakonisch an, dass „Alles-unter-dem-Himmel" im Chaos lag. Diese Wendung beschreibt sehr treffend die Periode, in der die letzten Spuren der alten Struktur verwischt wurden. Die Horden an Experten, Sophisten und streitsüchtigen Gelehrten, die den abgebrühten Herrschern und zynischen Ministern Rat zu jedem erdenklichen Thema anboten, hielten die intellektuelle Welt in ständiger Bewegung. Später verurteilte der Legalist Han Fei Zi die doppelzüngigen Gelehrten, die in Höhlen lebten, „private Studien verfolgten" und in „Intrigen und ausgeklügelte unorthodoxe Ansichten verwickelt" waren.[13] Wir können jedoch davon ausgehen, dass keineswegs alle dieser intellektuellen Unternehmer in Höhlen lebten.

Konfuzius war umsonst von einem Staat zum anderen gewandert, um die Herrscher seiner Zeit davon zu überzeugen, Machtkämpfe aufzugeben und zu dem erleuchteten Weg der Weisen Könige zurückzukehren. Doch die Männer dieser späteren Epoche realisierten, dass die Pilgerschaft zur Förderung von pazifischen und ethischen Zielen eine Zeitverschwendung darstellte. Die dringlichsten Probleme waren jene praktischer Staatskunst, der inneren Verwaltung und Außenpolitik. Die entscheidenden Aspekte letzterer waren die gleichen wie seit jeher: den Staat zu erhalten und zu bereichern und seine Macht und seinen Einfluss auf Kosten tatsächlicher oder potenzieller Feinde zu steigern.

Während folglich Moralisten oft weniger gefragt waren, lebten Strategen im Großen und Ganzen komfortabel – so lange sich ihr Rat als günstig herausstellte. Der Verfasser der „Kunst des Krieges" war einer dieser Männer, auch wenn er nicht wirklich einen Gönner in König He Lü von Wu fand. Wie Sima Qian schreibt, muss er irgendwo auf

---

[13] HFZ II, S. 235.

empfängliche Ohren gestoßen sein. Andernfalls wären seine Worte wie die der meisten seiner weniger originellen Zeitgenossen verblichen.

IV
KRIEG IN SUN ZIS ZEITALTER

Wir können die Originalität von Sun Zis Gedanken nur wertschätzen, wenn wir uns der Qualitätsunterschiede zwischen dem Kriegswesen des 5. und 4. Jh. v. Chr. und jenem der früheren Periode bewusst sind. Bis um 500 v. Chr. war Krieg in gewissem Sinne rituell. Saisonal begrenzte Feldzüge wurden im Einklang mit einem allgemein akzeptierten Kodex gemacht. In den Monaten der Aussaat und Ernte waren Feindseligkeiten untersagt. Im Winter verkrochen sich die Bauern in ihre Lehmhütten; es war zu kalt zum Kämpfen. Im Sommer war es zu heiß. Theoretisch war Krieg auch in den Trauermonaten, die dem Tod eines Feudalherren folgten, verboten.[1] In der Schlacht war es untersagt, auf ältere Männer loszugehen oder einen schon verwundeten Gegner zu verletzen. Ein edelmütiger Herrscher „massakrierte keine Städte" „griff keine Truppen aus dem Hinterhalt an" und ließ „die Truppen nicht über eine Jahreszeit hinaus am Feld". Genauso wenig ließ sich ein rechtschaffener Fürst zur arglistigen Täuschung herab; er zog keinen unfairen Vorteil aus seinem Gegner.[2]

---

[1] Dieses Verbot wurde nicht immer beachtet.

[2] Dubs, I, S. 167. Ein absurdes Beispiel dafür geschah 638 v. Chr., als Fürst Xiang von Song am Fluss Hung der Armee von Chu gegenüberstand. Als die Truppe der Chu diesen halb überquert hatte, drängte sein Minister zum Angriff. Der Fürst lehnte ab. Nachdem die ganze Armee den Fluss überquert, sich jedoch noch nicht zur Schlacht aufgestellt hatte, drängte der Minister wieder zum Angriff. Der Fürst Xiang gebot seinem lästigen Ratgeber zu schweigen: „Der Weise zerstört nicht den Schwachen, noch gibt er den Befehl zum Angriff, bevor der Gegner nicht aufgestellt ist." Der Fürst wurde verwundet und seine Truppen vernichtend geschlagen. In diesem Kontext ist Mao Zedongs oftmals zitierte Aussage „Wir sind nicht der Fürst von Song" interessant.

Als König Zhuang von Chu 594 v. Chr. die Hauptstadt von Song belagerte, ging der Proviant seiner Armee zur Neige. Er sprach zu Zifan, seinem Kriegsminister: „Wenn wir die Vorräte aufbrauchen, ohne die Stadt einzunehmen, müssen wir abziehen und heimkehren." Er befahl Zifan, die Rampe hochzuklettern, die der Beobachtung der Belagerten diente. Der Fürst von Song sandte seinen Minister Hua Yuan zu dem Wall, um ihn abzufangen. Es ergab sich folgendes Gespräch:

> Zifan sprach: „Wie stehen die Dinge in Eurem Staat?" Hua Yuan sprach, „Wir sind erschöpft! Wir tauschen unsere Kinder, wir spalten und kochen ihre Knochen."
>
> Zifan sprach: „Ach! Wahrlich eine arge Not! Ich habe jedoch gehört, dass sie in belagerten Staaten ihre Pferde knebeln, wenn sie ihnen Korn geben, und nur die fetten dem Feind zeigen. Nun, woher kommt es, dass Ihr, mein Herr, so offen seid?„
>
> Hua Yuan sprach: „Ich habe gehört, dass der bessere Mann, wenn er die Not des anderen erkennt, Mitgefühl für diesen zeigt; während der schlechtere Mann, wenn er die Not des anderen erkennt, sich daran erfreut. Ich erkannte Euch als besseren Mann, und daher bin ich so offen."
>
> Zifan sprach: „So ist es. Überzeugt Euch selbst. Unsere Armee hat nur mehr sieben Tagesrationen."
>
> Zifan ging zu König Zhuang und dieser fragte: „Wie geht es Ihnen?"
>
> Zifan sprach: „Sie sind erschöpft. Sie tauschen Kinder und spalten und kochen ihre Knochen."
>
> King Zhuang sprach: „Ach! Wahrlich eine arge Not! Nun brauchen wir sie nur noch einzunehmen und heimzukehren."
>
> Zifan sprach: „Das können wir nicht tun. Ich habe Ihnen schon gesagt, dass unsere Arme selbst nur mehr sieben Tagesrationen hat."
>
> König Zhuang war erzürnt und sprach: „Ich sandte dich aus, um sie zu beobachten. Warum hast du ihnen das erzählt?"
>
> Zifan sprach: „Wenn ein derart kleiner Staat wie Song noch immer einen Untertanen besitzt, der nicht täuscht, wie kann Chu es dann begehren?

Darum war ich ehrlich."

Der König sprach: „Trotzdem sollten wir sie einnehmen und heimkehren."

Zifan sprach: „Bleibt ruhig hier, Eure Hoheit; ich ziehe ab, so ihr erlaubt."

Der König sprach: „Wenn Ihr zurückkehrt und mich zurücklasst, bei wem soll ich bleiben? Ich füge mich daher." Worauf er mit seiner Armee abzog.

Der bessere Mann stimmt ihrem Friedensschluss zu. Hua Yuan und Zifan sagten die Wahrheit, beendeten damit die Belagerung und retteten so das Los zweier Staaten.

Philosophen und Könige unterschieden rechtmäßige und unrechtmäßige Kriege: Ein erleuchteter Fürst war moralisch berechtigt, „ein dunkles und bäuerliches Land" anzugreifen, die Barbaren zu zivilisieren, die Verblendeten zu bestrafen oder mit einem untergehenden Staat kurzen Prozess zu machen. Solche Strafen standen im Einklang mit dem Willen des Himmels und wurden direkt vom Herrscher persönlich oder einem stellvertretenden Minister geleitet. Die Befehlshaber der Kolonnen gehörten dem Erbadel an; ihr Rang in der Militärhierarchie spiegelte ihren Status in der Feudalgesellschaft wider. Maspero zeigt in einer interessanten Studie, wie das Kommando der Armee der Mitte in Jin von 573 v. Chr. mehr als ein Jahrhundert lang wichtige Familien inne hatten.[3]

Die Armeen im alten China waren in dem Sinne privat, wie die Feudalabgaben in Europa es waren. Wenn der Herrscher dazu aufrief, mussten die Mitglieder des Adels eine gewisse Anzahl von Wagen, Pferden, Karren, Ochsen, bewaffnetem Fußvolk, Pferdeknechten, Köchen und Trägern bereitstellen. Die Stärke und Art dieser Kontingente variierten mit der Größe der Lehen, und da diese von wenigen bis zu einigen tausend Familien reichte, waren die Schlachtreihen bei

[3] CA, S. 265

DAS CHUNQIU-ZEITALTER

722–481 v. CHR.

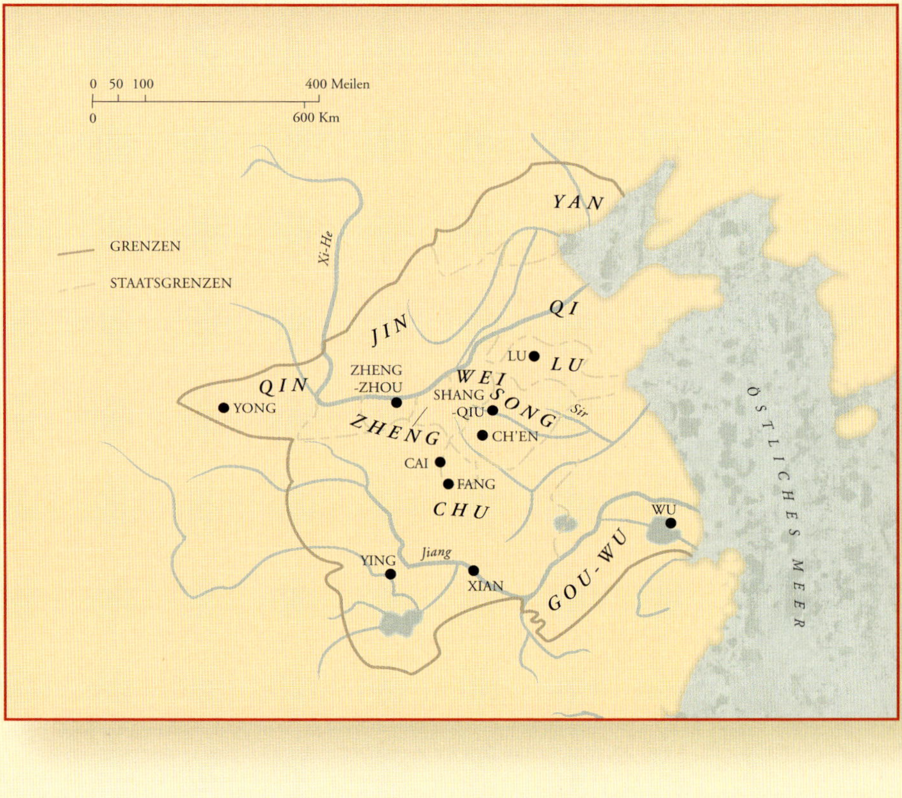

DIE STREITENDEN REICHE

GRENZEN UM 350 V. CHR.

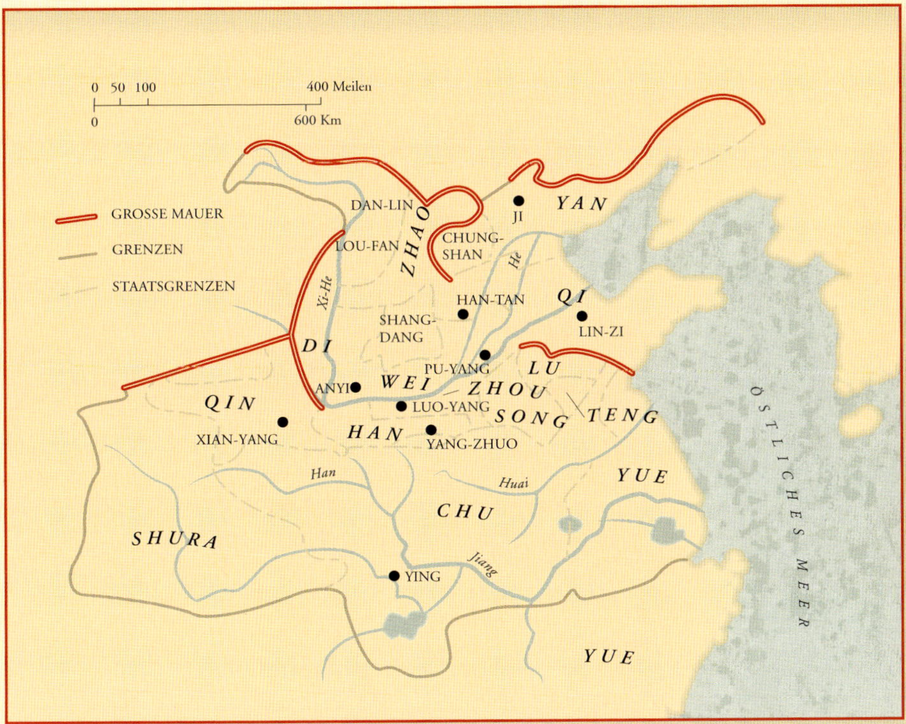

den festgelegten Sammelplätze bunt zusammengewürfelt. Da ein Bauer viel weniger wert war als ein Ochse oder Pferd, interessierte sein Wohl niemanden. Die ungebildeten und fügsamen Leibeigenen spielten jedoch in den Schlachten dieser Zeit eine untergeordnete Rolle. Die Hauptrolle war den vierspännigen Streitwagen vorbehalten, die mit einem Fahrer, einem Lanzenträger und einem adeligen Bogenschützen bemannt waren. Das entbehrliche Fußvolk, das normalerweise nur durch gepolsterte Jacken geschützt war, war um die Wagen gruppiert. Ein geringer Teil auserwählter Männer trug aus Bambus geflochtene Schilder, oder allenfalls etwas sperrigere aus gegerbter Ochsen- oder Rhinozeroshaut. Ihre Waffen waren Dolche und Kurzschwerter, Lanzen mit Bronzespitze und Sicheln oder Klingen, die mit Lederriemen an Holzschafte gebunden wurden.

Für Wagen taugliches Terrain beherrschte und begrenzte die Art der Schlacht; dies wiederum verhinderte die Entwicklung von taktischen Elementen. Die Struktur der Feudalgesellschaft verhinderte zudem das Aufkommen professioneller Offiziere ohne adelige Herkunft.

Die Schlachten im alten China waren primitive Handgemenge, meist ohne endgültige Resultate. Für gewöhnlich lagerten beide Seiten einige Tage einander gegenüber, während die Wahrsager die Vorzeichen studierten und die jeweiligen Befehlshaber Versöhnungsopfer darbrachten. War laut Weissager der glückverheißende Moment gekommen, stürzte die ganze Schlachtreihe mit wildem Geschrei auf den Feind. Eine örtliche Entscheidung war rasch gefallen. Entweder der Angreifer wurde zurückgeschlagen und durfte abziehen, oder er durchbrach die Verteidigungsformationen, tötete jene, die aktiven Widerstand leisteten, verfolgte den fliehenden Rest etwa einen Kilometer lang, plünderte alles Wertvolle und kehrte ins eigene Lager oder in die Hauptstadt zurück. Siege wurden selten ausgenutzt – begrenzte Operationen wurden zum Erreichen beschränkter Ziele eingesetzt.

Knapp vor 500 v. Chr. begann sich das gemäßigte Kriegswesen zu wandeln. Der Krieg wurde grausamer. Eine Schlacht, die 518 v. Chr. zwischen den Truppen von Wu und Chu stattfand, gibt ein makabres Bild davon. Dabei befahl der Herrscher von Wu 3.000 verurteilten Männern, sich vor seiner Formation aufzustellen, wo sie sich im vollen Angesicht des Feindes die eigene Kehle durchschnitten. Die Streitkräfte von Chu und ihre Verbündeten flohen in Schrecken.[4]

Als Sun Zi auf der Bildfläche auftauchte, wurde die feudale Struktur, die sich im letzten Stadium des Verfalls befand, von einem ganz unterschiedlichen Gesellschaftstyp ersetzt, der einem talentierten Menschen viel mehr Spielraum bot. Dieser Prozess ging schrittweise in allen Bereichen vor sich. Sowohl Militärkenntnis und Originalität als auch Unternehmertum wurden belohnt.

Da die temporären Abgabeformen der früheren Zeiten, die sowohl unverlässlich als auch ineffizient waren, nicht länger zweckdienlich waren, bildeten die großen Staaten stehende Armeen, die professionell geleitet wurden. Die Zwangsverpflichtung von Bauern wurde eingeführt; die neuen Armeen bestanden aus disziplinierten und gut trainierten Truppen sowie Zwangsverpflichteten im Alter zwischen 16 und 60. Diese Armeen wurden von Elite- oder Stoßtruppen mit herausragender Tapferkeit, Kompetenz, Disziplin und Loyalität angeführt. Die erste dieser Formationen taucht etwa um 500 v. Chr. auf und zieht genügend Augenmerk auf sich, um Mo Zi berichten zu lassen, dass König He Lü seine Truppen sieben Jahre lang drillen ließ und sein Elitekorps 300 *Li* (etwa 150 km) ohne Rast marschieren konnte. Die „Garde" von Chu trug Rüstung und Helme sowie Armbrüste mit 15 gefiederten Pfeilen, extra Pfeilspitzen, Schwerter und eine

[4] ZZ, 23. Jahr von Fürst Zhao (CC V, II, S. 696). Diese Quelle überliefert nicht, dass die Verbrecher ihre Kehlen durchschnitten, sondern nur, dass sie die alliierten Truppen erbittert angriffen. Eventuell wurde die Geschichte durch einen späteren Chronisten, auf den sich der Kommentator bezieht, ausgeschmückt.

Dreitagesration gerösteten Reis mit sich. Etwa um die gleiche Zeit entstanden auch leichte Truppen. Mit stehenden Truppen, die diese Elemente umfassten, waren Kriegsoperation nicht auf eine bestimmte Zeit im Jahr beschränkt. Eine vorhandene Armee, die auf raschen Befehl hin ausrücken konnte, stellte für politische Feinde eine konstante Bedrohung dar.

Die Tage des Kriegers oder Ritters, der seinen Ruf durch seine eigene Tapferkeit erlangt, waren gezählt. Vorausgehende Gefechte zwischen Einzelnen, ein Merkmal aller Feudalgesellschaften, fanden gelegentlich noch statt, einige Generäle wollten sich jedoch nicht damit abfinden.

> Als Wu Qi gegen Qin kämpfte, gab es einen Offizier, der vor der Schlacht seinen Kampfgeist nicht bezwingen konnte. Er stürmte vor, errang zwei Köpfe und kam zurück. Wu Qi befahl, ihn zu enthaupten.
>
> Der Heeresbevollmächtigte ermahnte ihn: „Dies ist ein talentierter Offizier; Ihr solltet ihn nicht enthaupten."
>
> Wu Qi antwortete: „Ich bin gewiss, dass er ein talentierter Offizier ist, aber er ist ungehorsam."
>
> Daraufhin ließ er ihn köpfen.[5]

Schlachten hatten sich zu gezielten Bemühungen entwickelt; weder stürmten die Tapferen ohne Rückhalt los, noch flohen die Feiglinge.

Die Elemente der neuen Armeen, die koordinierte Bewegung entsprechend genauer Pläne ausführten, reagierten auf systematische Signale. Die Wissenschaft (oder Kunst) der Taktiken war damit geboren. Der Feind, der mit der *Zheng*-Streitkraft (orthodox) ins Gefecht zog, wurde durch die *Qi*-Streitkraft oder -kräfte (unorthodox, einzigartig, selten, wundervoll) bezwungen; das normale Kampfmuster bestand aus einer Stabilisierungs- oder Haltefunktion der *Zheng*, wogegen *Qi*-Gruppen die tiefen Flanken und die Rückseite angriffen. Ablenkung

---

[5] Berichtet von Du Mu in V. 18, Kap. VII.

kam große Bedeutung zu, und die Kommunikation des Feindes war ein primäres Ziel. Obwohl sich viele interessante Fragen zu Details in der Taktik nicht beantworten lassen, wissen wir, dass zeitliche und räumliche Faktoren gut einberechnet wurden. Das Zusammenlaufen mehrerer Kolonnen auf ein bestimmtes Ziel zu vorgegebener Zeit war eine Technik, die die Chinesen in Sun Zis Zeitalter beherrschten.

Das Konzept eines „Generalstabs" hat seinen Ursprung in den Streitenden Reichen. Dieser Stab umfasste diverse Spezialisten: Wettervorhersager, Planzeichner und Versorgungsoffiziere sowie Experten für Graben- und Tunnelbau, Flussüberquerungen, Wassergefechte, Überflutungen, Feuerattacken und den Einsatz von Rauch.

Da der Kern der Armee aus trainierten Berufssoldaten bestand und somit eine beträchtliche Investition darstellte, musste dem Kampfgeist, der Versorgung der Truppen und einer klaren Fixierung und Handhabung von Belohnungen und Strafen viel Augenmerk geschenkt werden. Damit nährte man den Geist der Armee, die auf Geheiß ihres Anführers durch Feuer und Wasser gehen würde. Soldaten, die sich auszeichneten, wurden belohnt und befördert. Dies trug langsam, aber stetig dazu bei, die Position des Erbadels in der Armee zu schwächen.

Wahrscheinlich wurde in dieser Zeit erstmals die Doktrin einer gemeinschaftlichen Verantwortung im Kampf entwickelt. Befehlshaber, die ohne Befehl den Rückzug antraten, wurden exekutiert. Wich eine Abteilung zurück und ihr Anführer kämpfte weiter, wurden die vier, die ihn allein gelassen hatten, ohne Formalitäten enthauptet. Ging der Kommandant einer Brigade oder Kolonne ohne Befehl auf Rückzug, verlor er seinen Kopf. Dennoch war die Verhängung eines (wenn auch strikten) militärischen Kodex ein Schritt vorwärts. Und obwohl manche Generäle diesen strenger als andere vollstreckten, wurde anerkannt, dass man sich zum Aufbau von Kampfgeist auf willkürlichen Terror verlassen konnte. So wie die Professionalisierung der Armee talentierten Männern die Türen geöffnet hatte, so hinderte sie Generäle und Offiziere daran, ungerechtfertigt grausame Strafen zuzufügen.

Selbstverständlich erlangten nicht alle Generäle des 4. Jh. v. Chr. ihre Position wegen ihrer Fähigkeiten. Jedoch war es zu dieser Zeit einem Mann schon möglich, unabhängig von adeliger Abstammung Befehlsrang zu erreichen und in einer zeremoniellen Amtseinsetzung die Streitaxt verliehen zu bekommen, die seinen Status als Oberbefehlshaber symbolisierte und ihm höchste Autorität außerhalb der Hauptstadt verlieh. Die Verwaltung der Armee und ihre operative Beschäftigung lagen ab diesem Moment in seiner Verantwortung; sobald der General die Grenzen überschritt, gab es einige Befehle des Herrschers, die er ignorieren konnte. Doch hinsichtlich seiner Untergebenen war der General an das Militärgesetz gebunden.

Technische Errungenschaften trugen ebenfalls zur Revolution des chinesischen Kriegswesens bei. Die Einführung von Armbrust und Schnittwaffen aus erstklassigem Eisen, die scharf waren und blieben, waren besonders wichtig. Lange bevor die Armbrust auftauchte, war der Kompositreflexbogen verbreitet.[6] Die Armbrust, eine chinesische Erfindung des frühen 4. Jh. v. Chr., feuerte schwere Geschosse ab, die griechische oder mazedonische Schilder zersiebt hätten. Es kann sein, dass geübte Armbrustschützen letztendlich die Streitwagen ersetzten.

Die Sun Zi vertrauten Armeen umfassten Schwertkämpfer, Bogenschützen, Speerträger (oder Hellebardiers), Armbrustschützen und Streitwagen. Die Kavallerie setzte sich erst etwas später durch, man setzte aber schon berittene Männer (ohne Sattel oder Steigbügel) als

---

[6] Reflex- oder so genannte Tartaren-Bögen wurden von dem Volk der Shang (Yin) vor der Eroberung durch Zhou verwendet. Ob diese damals Kompositbögen, d.h. eine Kombination von Horn, Sehne und Holz waren, ist ungeklärt. Doch später wurden diese Bogen in dieser Art hergestellt und es gab Modelle, die oft ein Zuggewicht von mehr als 50 kg (bis zu 70 kg) hatten. Offensichtlich waren diese viel mächtigere Waffen als der einfache Langbogen, der im Westen verwendet wurde. Die Chinesen verwendeten auch „Kugelschnäpper", wahrscheinlich jedoch eher als leichtes Geschoss zur Vogeljagd.

Späher und Boten ein. Fußsoldaten verwendeten zwei Arten von Lanzen, eine etwa 5,5 m und die andere etwa 2,75 m lang. Diese Lanzen kombinierten eine Spitze mit Haken oder Klingen. Lanzen wurden nicht als Wurfgeräte benutzt, da die Chinesen schon in der Armbrust eine Waffe für kurze Strecken mit flacher Flugbahn, großer Zielsicherheit und ungeheurer Wucht besaßen.

Feldoperationen wurden oft von befestigten Lagern aus geleitet, die wie eine chinesische Stadt aufgebaut waren: ein Quadrat, das von fest gestampften Erdmauern und einem Festungsgraben umgeben war. Querstraßen oder Paraden in Nord-Süd- oder Ost-West-Richtung sorgten für ineinander greifende Feuerkolonnen. Im Zentrum wehte das Banner des Oberbefehlshabers über seinem Hauptquartier, das von den dekorierten Zelten seiner Ratgeber und der Elite-Schwertkämpfer seiner Leibgarde umgeben war.

Bevor die Armee aus dem Lager zog, versammelte sie sich und hörte den Ermunterungen des Generals zu, der die Gerechtigkeit des Grundes hervorhob und den barbarischen Feind attackierte. Die Offiziere schlemmten und tauschten Schwüre über blutigen Kriegstrommeln aus. Während die Truppen Wein tranken, wurde ihre Kampflust durch kreisende Schwerttänzer angeregt.

Eine chinesische Armee der Streitenden Reiche in Kampfaufstellung war ein beeindruckendes Spektakel, da ihre Ränge feststanden und zig bestickte Fahnen und Banner im Wind wehten. Die mit Tigern, Vögeln, Drachen, Schlangen, Phönix und Schildkröten verzierten Fahnen markierten den Kommandoposten des Oberbefehlshabers hinter der Mitte und jene der Hilfsgeneräle, die die Flügel befehligten. Ständiges Manövrieren zerstreute den Feind und bot somit Chancen für *Qi*-Operationen auf die tiefen Flanken und die Rückseite.

Die von Sun Zi beschriebene Organisation erlaubte eine beträchtliche Flexibilität in den Marschordnungen, die Gliederung hingegen ermöglichte die rasche Aufstellung in kampftaugliche Formationen. Eine Fünf-Mann-Truppe oder Abteilung konnte in Reih und Glied gehen. Wie war die Verteilung der Waffen? Bildeten Armbrust- und Bogenschützen eigene Fraktionen oder waren sie Teil eines Fünf-Mann-Trupps, der aus einem „Paar" und einem „Trio" bestand? Die Termini weisen auf letzteres hin, doch die dürftige Information lässt darauf schließen, dass diese bei der Schlacht von Ma Ling (341 v. Chr.) schon separat gruppiert waren.

Was war die effektive Reichweite von Bogen und Armbrüsten? Auch hier haben wir keine verlässlichen Daten; die Zahlen, die wir in den Aufzeichnungen finden, sollten kritisch betrachtet werden. Es heißt zum Beispiel, sie hätten eine Reichweite von 600 Schritten. Dies ist eine grobe Übertreibung, falls tödliche Treffer das Beurteilungskriterium sind. Schlagkraft wurde daran gemessen, wie viele Schilder ein Pfeil auf die Distanz von einigen hundert Schritten durchdringen könnte. Da jedoch die Art der Schilder, die für solche Messungen verwendet wurden, nicht genau beschrieben ist, ist diese Tatsache von geringem Wert. Nichtsdestotrotz waren sie mächtige Waffen.

Einige erhaltene Fragmente von Mo Zis Werken, in denen verschiedene Arten spezieller Apparate zum Angriff auf befestigte Städte erwähnt werden, bezeugen, dass die Belagerungsmethoden eine raffinierte Stufe erreicht hatten. Es gab bewegliche Türme mit mehreren Plattformen, die gegen die Stadtmauern gelehnt werden konnten, wie auch in dem Buch der Lieder erwähnte mobile „Schildkröten" zum Schutz von Tunnelgräbern.[7] Zusätzliche Informationen enthält das Buch des Fürsten Shang. In einer belagerten Stadt wurde die ganze Bevölkerung mobilisiert und drei Truppen geschaffen. Diese bestan-

[7] CC IV, II, III, S. 455, Ode 7.

[8] Da es nur wenig spezifische Informationen gibt, kann man über chinesische Belagerungs- und Verteidigungstechniken nur in sehr allgemeinen Begriffen reden.

den jeweils aus kampftauglichen Männern mit reichlicher Versorgung und scharfen Waffen, die den Feind abfingen, eine aus starken Frauen, die Erdbauten, Gruben und Befestigungsgräben errichteten, und Kindern, Alten und Schwachen, die das Vieh versorgten.[8]

Wir finden im *Sun Zi* eine Doktrin, die sich auf taktisches Erkunden, auf Beobachtung und auf Flankenpatrouillen bezieht, die alle Schutzmaßnahmen am Marsch oder im Lager darstellen. Das Sondieren und Erproben des Feindes war eine wesentliche Gefechtsvorbereitung.

Folglich hatte China am Beginn des 4. Jh. v. Chr. oder sogar einige Dekaden davor eine ausgereifte Kriegsform entwickelt; eine Form, die sich in den nächsten Jahrhunderten, abgesehen von der Kavallerie, nicht wesentlich verändern würde. Zu dieser Zeit besaßen die Chinesen Waffen und waren Meister offensiver und defensiver Taktiken und Techniken, die sie befähigt hätten, Alexander dem Großen mehr Schwierigkeiten zu bereiten als die Griechen, Perser oder Inder.

V
SUN ZI ÜBER DEN KRIEG

Die Eröffnungsverse von Sun Zis Klassiker sind der Schlüssel zu seiner Philosophie. Krieg ist eine ernste Staatsangelegenheit, die gut durchdacht werden muss. Dort wird – erstmalig – erkannt, dass bewaffnete Konflikte keine vorübergehende Anomalie, sondern einen wiederkehrenden bewussten Akt darstellen, der daher rational analysierbar ist.

Sun Zi denkt, dass moralische Stärke und das intellektuelle Vermögen des Menschen im Krieg entscheidend sind und dass, so diese richtig einsetzt werden, Krieg mit zuverlässigem Erfolg geführt werden kann. Krieg sollte niemals gedanken- oder rücksichtslos begonnen werden: Ihm müssen Maßnahmen vorausgehen, die den Sieg erleichtern. Ein wahrer Eroberer macht die Pläne seines Feindes zunichte und zerstört seine Allianzen. Er erzeugt Uneinigkeit zwischen Herrscher und Minister, Vorgesetzten, Befehlshabern und Untergebenen. Seine Spione und Agenten sind überall tätig, sammeln Information, säen Zwietracht und fördern Umstürze. Der Feind wird isoliert und entmutigt; seine Widerstandskraft gebrochen. So kann man seine Armee kampflos schlagen, seine Städte und seinen Staat stürzen. Nur wenn man den Feind damit nicht unterwerfen kann, greift man auf bewaffnete Kräfte zurück, die den Sieg folgendermaßen erringen sollten:

(a) in der kürzestmöglichen Zeit;

(b) mit den geringsten Verlusten an Menschenleben und Einsatz;

(c) durch möglichst wenig Zerstörung und Verlusten beim Feind.

Nationale Einheit wird von Sun Zi als wesentliche Bedingung eines siegreichen Krieges angesehen. Diese kann nur eine Regierung, der das Wohl des Volkes am Herzen liegt und die es nicht unterdrückt, erreichen. Sun Xingyans Beobachtung, dass Sun Zis Theorien auf „Güte und Gerechtigkeit" basieren, ist daher gerechtfertigt.

Indem er Krieg in direkte Beziehung zum politischen Kontext setzt, d.h. zu Allianzen oder deren Fehlen, und Einheit und Stabilität der Heimatfront und einen starken Kampfgeist der Armee in Kontrast zu der Uneinigkeit im Land des Feindes und geringer Kampfmoral in der feindlichen Armee, versucht Sun Zi, eine realistische Basis für eine rationale Einschätzung von Machtverhältnissen zu schaffen. Seine Beobachtung, dass geistige, moralische, materielle und situationsbedingte Faktoren im Krieg zusammenwirken, zeugen von bemerkenswertem Weitblick. Nur wenige militärische Verfasser, darunter auch die angesehensten im Westen, haben diese These so klar formuliert wie Sun Zi etwa 23 Jahrhunderte davor. Obwohl Sun Zi nicht der Erste sein mag, der erkannte, dass bewaffneter Kampf das letzte Schiedsgericht bei zwischenstaatlichen Konflikten darstellt, war er der Erste, der den physischen Schlagabtausch in eine angemessene Perspektive rückt.

Sun Zi ist sich der wirtschaftlichen Folgen von Krieg bewusst. Seine Referenzen zu Preisinflation, Verlusten, Versorgungsproblemen und der unvermeidbaren Last, die das Volk tragen muss, zeigen, dass er den Stellenwert dieser Faktoren erkennt, die bislang oft vernachlässigt wurden.

Sun Zi berücksichtigt auch den Unterschied zwischen dem, was wir heute „Staatsstrategie" und „Militärstrategie" nennen. Das zeigt die Erläuterung der Einschätzung der relativen Stärke in Kapitel I. Dort nennt er fünf „Faktoren", die im Tempelrat erwogen werden sollen. Diese sind menschlich (Moral und Generalrang), materiell (Terrain und Wetter) und lehrmäßig (die Doktrin betreffend). Nur bei einer klaren Überlegenheit würde der Rat Berechnungen betreffend numerischer Stärke (für Sun Zi nicht entscheidend), Qualität der Truppen, Disziplin, Gerechtigkeit bei Belohnung und Strafen sowie Training anstellen.

Letztlich sah Sun Zi das Ziel von Militäraktionen nicht in der Vernichtung der feindlichen Armee, der Zerstörung der Städte und der Verwüstung des Landes. „Waffen sind unheilvolle Geräte, die man nur einsetzen sollte, wenn es keine andere Wahl gibt." Zi Lu, ein Schüler des Konfuzius, diskutierte einst mit dem Meister über den Krieg:

> Zi Lu sprach: „Angenommen Ihr hättet das Kommando über die Drei Heere, welchen Mann würdet Ihr zu eurer Hilfe nehmen?" Der Meister sprach: „Den Mann, der bereit ist, einem Tiger entgegenzutreten oder einen Fluss zu stürmen, egal ob er überlebt oder stirbt – diese Sorte Mann würde ich nicht wählen. Ich würde jemanden wählen, der den gegebenen Schwierigkeiten mit angemessener Umsicht begegnet und sie mit Strategie meistert."

[1] *Analekte*, Buch VII, Übersetzung Waley, S.224.

Jegliche Kriegsführung basiert auf Täuschung. Ein fähiger General muss ein Meister der einander ergänzenden Künste der Vortäuschung und Verheimlichung sein. Während er Positionen annimmt, um den Feind zu verwirren und zu täuschen, verbirgt er seine wahre Position und seine wirkliche Absicht. Ist er bereit, so täuscht er Unfähigkeit vor; ist er nah, tut er so, als sei er weit weg. Er bewegt sich unsichtbar wie ein Geist im Sternenlicht, verborgen und lautlos. Sein erstes Ziel ist der Geist des anderen Befehlshabers; die Siegessituation, ein Produkt seiner kreativen Vorstellungskraft. Sun Zi erkennt, dass der Angriff auf den Geist des Feindes eine unerlässliche Kampfvorbereitung ist.

Ein Experte nähert sich seinem Ziel indirekt. Indem er weite Umwege auf sich nimmt, kann er 1.000 *Li* ohne Widerstand marschieren, um den Feind unerwartet zu schlagen. Solch ein Befehlshaber schätzt vor allem Handlungsfreiheit. Er hasst statische Situationen und greift Städte daher nur an, wenn es keine andere Wahl gibt. Belagerungen, die Zeit und Leben kosten, bedingen einen Verzicht auf Initiative.

Ein weiser General kann nicht manipuliert werden. Er kann den Rückzug antreten, doch tut er dies so schnell, dass er nicht eingeholt werden kann. Seine Rückzüge dienen dazu, seinen Feind zu ködern, ihn aus dem Gleichgewicht zu bringen und eine günstige Lage für einen endgültigen Gegenschlag zu schaffen. Sie sind, paradoxerweise, offensiv. Er führt einen Bewegungskrieg; er marschiert in Windeseile; seine Angriffe schlagen wie Blitze „aus neunfachen Himmeln" zu. Er schafft Voraussetzungen, die eine schnelle Entscheidung bringen. Für ihn ist der Sieg das Ziel des Krieges und nicht langwierige Operationen, wie brillant sie auch sein mögen. Er weiß, dass lange Feldzüge die Kassen leeren und die Armee auslaugen; die Preise steigen, das Volk hungert: „Kein Land hat je von einem langwierigen Krieg profitiert."

Ein kompetenter Anführer schlägt nur zu, wenn die Lage Sieg verheißt. Solch eine Lage herzustellen, ist die höchste Verantwortung des

Generals. Bevor er in die Schlacht zieht, sorgt er dafür, dass der Feind zersplittert wird. Ist der Feind zerstreut und versucht, überall zu verteidigen, ist er überall schwach. Dann können an auserwählten Stellen die wenigen von vielen besiegt werden.

Verwundbarkeit wird jedoch nicht allein an materiellen Bedingungen gemessen. Ein gegnerischer Befehlshaber könnte unentschlossen, unbedacht, impulsiv, hochmütig, stur oder leicht täuschbar sein. Gewisse Elemente seiner Armee sind vielleicht schlecht trainiert, unzufrieden, feig oder schlecht kommandiert. Er könnte auch eine unvorteilhafte Lage gewählt haben. Er könnte zu verstreut, die Versorgung schlecht und seine Truppen erschöpft sein. Diese Umstände stellen Lücken dar und bieten einem einfallsreichen General gute Gelegenheiten, sich einen vorteilhaften Handlungsverlauf auszudenken.

Die gleichen Faktoren bestimmen die „Form" der gegnerischen Truppen. Ein umsichtiger Befehlshaber orientiert seine Pläne an der „Form" des Feindes. „Forme ihn", sagt Sun Zi. Indem er ständig seinen Gegner beobachtet und prüft, unternimmt ein weiser General alle möglichen Schritte, um den Feind davon abzuhalten, *ihn* zu „formen".

Die taktischen Instrumente des Generals – die normale, direkte oder *Zheng*-Kraft und die außergewöhnliche, indirekte oder *Qi*-Kraft – sind reziprok und wirken wechselseitig verstärkend. Wir können das Element *Zheng* als fixierend und das *Qi* als flankierend oder einkreisend oder als Kraft (oder Kräfte) der Ablenkung und der Entscheidung bezeichnen. Ihre Züge sind aufeinander abgestimmt. *Zheng* und *Qi* sind mit zwei verbundenen Ringen vergleichbar: „Wer vermag zu sagen, wo einer anfängt und der andere endet?" Ihre Kombinationsmöglichkeiten sind unendlich; ein *Zheng*-Einsatz kann in ein *Qi* verwandelt werden und umgekehrt. Somit lässt sich ein *Qi*-Angriff definieren als einer, mit dem in einer Zone, wo die feindliche Verteidigung Lücken aufweist, mit wenig Aufwand rasch eine Entscheidung erreicht werden kann.

Eine *Qi*-Operation ist immer unerwartet, eigenartig oder unkonventionell; eine *Zheng*-Aktion ist offensichtlicher. Wenn Sun Zi sagt, man solle mit der *Zheng*-Kraft ins Gefecht ziehen, aber mit *Qi* gewinnen, meint er damit, dass Ablenkungseinsätze nötig sind, um sicherzustellen, dass entscheidende Schläge dort ermöglicht werden, wo der Feind sie am wenigsten erwartet und unvorbereitet ist. Es ist jedoch irreführend, die Bedeutung dieser Begriffe nur auf taktische Kampfmanöver einzuschränken. *Qi*- und *Zheng*-Operationen lassen sich auch auf einer strategischen Ebene einsetzen.

Sun Zi sieht die Aufgabe eines Generals teils auch darin, Veränderungen einzuleiten und diese zu seinem Vorteil zu manipulieren. Ein kompetenter General wägt die Situation ab, bevor er agiert. Er tappt nicht ziellos in Fallen. Er ist umsichtig, jedoch nicht zögerlich. Er erkennt, dass es mitunter „Wege gibt, denen man nicht folgen soll, Truppen, die man nicht angreifen soll, Städte, die man nicht belagern soll, Positionen, die man nicht anfechten soll und Befehle des Herrschers, denen man nicht gehorchen soll“. Er geht kalkulierbare, doch niemals unnötige Risiken ein. Er stellt sich keinem „Tiger entgegen oder stürmt einen Fluss, ohne Rücksicht darauf, ob er lebt oder stirbt“. Erkennt er eine Gelegenheit, handelt er schnell und entschlossen.

Sun Zis Theorie der Anpassungsfähigkeit an gegebene Situationen ist ein wichtiger Aspekt seines Denkens. Wie sich Wasser an die Form des Geländes anpasst, so flexibel muss man im Krieg sein; man muss oft seine Taktik an die Lage des Feindes anpassen. Dies ist keinesfalls ein passives Konzept, da der Feind sich häufig selbst erhängt, so man ihm genug Seil lässt. Unter bestimmten Umständen tritt man eine Stadt ab, opfert einen Teil seiner Streitkraft oder gibt etwas Grund ab, um ein wertvolleres Ziel zu erreichen. So eine Form des Nachgebens verdeckt daher einen tieferen Zweck und ist nur ein anderer Aspekt der intellektuellen Flexibilität, die den Experten im Krieg auszeichnet.

Sun Zi erkennt die Risiken und Vorteile des Wetters. Genauso befasst er sich mit den Auswirkungen des Terrains. Ein General, der den Nutzen des Geländes einschätzen kann, manövriert seinen Feind auf gefährlichen Grund und hält sich selbst davon fern. Er wählt das Gelände, auf dem er kämpfen will, und lockt seinen Feind für die Schlacht dorthin. Für Sun Zi war ein General, der das Terrain nicht zweckdienlich einsetzen konnte, nicht befehlstauglich.[2]

Sun Zis Kapitel über Geheimoperationen, das heute noch genauso relevant ist wie zu seiner Zeit, bedarf nur wenig Erläuterung, außer vielleicht den Hinweis, dass er sich der Notwendigkeit der Separierung und des Bedarfs an mehrstufigen Operationen wohl bewusst war. Auch sollte uns seine Betonung von Doppelagenten nicht entgehen. Fünfte Kolonnen waren im altertümlichen China genauso gängig wie in der griechischen Antike, und Sun Zi geht darauf ein. Die westliche Welt hat in den letzten Jahren beträchtliche Erfahrungen mit dieser Technik gemacht. Unsere Bemühungen, diese zu bekämpfen, können nicht als erfolgreich bezeichnet werden. Möglicherweise ist Du Mus Analyse der Menschentypen, die am stärksten zu Umsturzaktivitäten neigen, eine Überprüfung wert.

Mit diesem Essay, der viele orthodoxe Konfuzianer schockierte, schloss Sun Zi seine „Kunst des Krieges“.

---

[2] Die Chinesen hatten immer ein besonderes Empfinden für die Natur; für ihre großartigen Berge, Flüsse, Wälder und Schluchten. Dies spiegelt ihre Malerei, Geschichte, Poesie und andere Literaturgattungen wider. Vielleicht entspringt die Fähigkeit ihrer Soldaten, das Terrain zu ihrem Vorteil zu nutzen, von der offenbar inhärenten Wertschätzung derselben. Chinas berühmtester Militärgeograph, Gu Zuyou (Gu Jinfang) (1631–1692), dessen Vater und Großvater ebenso Geographen waren, schrieb in seinem Vorwort zu seiner *Outline of Historical Geography*, abgeschlossen um 1678: „Jeder, der Militäroperationen in einem Teil des Landes beginnt, sollte die Beschaffenheit des Landes kennen. Solch eine Operation ohne diese Kenntnis zu beginnen, schreit nach Niederlage, egal ob es sich um eine defensive oder offensive Operation handelt.“ (*China's Ancient Military Geography*, S. 4.) Gu hatte großen Respekt für Sun Zis Anerkennung des Einflusses des Terrains, den dies immer auf die Strategie hat: „Niemand kann sowohl Strategie als auch die Vorteile des Terrains besser erörtern als Sun Zi.“ (Ibid., S. 20.)

VI
SUN ZI UND MAO ZEDONG

Mao Zedong wurde von Sun Zis Denken stark geprägt. Dies zeigt sich an seinen Werken, die sich mit Militärstrategie und Taktik auseinander setzen, speziell in *Theorie des Guerillakrieges*, *Über den langwierigen Krieg* und *Strategische Probleme des revolutionären Krieges in China*, lässt sich aber auch in anderen, dem westlichen Leser weniger vertrauten Werken verfolgen. Einige Jahre, bevor der Vorsitzende Mao in Yan'an seine Feder zur Hand nahm, hatten Rote Befehlshaber schon Sun Zis Richtlinien bei ihren Operationen in Jiangxi und Fujian eingesetzt, wo sie zwischen 1930 und 1934 Jiang Kaisheks Nationalisten, welche die Kommunisten vernichten wollten, wiederholte Niederlagen zufügten.

Mao schreibt, seine Jugend sei von gewaltsamen Streitereien mit seinem anmaßenden Vater geprägt gewesen. Er fand schon als Knabe eine Verbündete in seiner Mutter, deren Taktik des „indirekten Angriffs"[1] ihm sehr gefiel. Zu seiner frühen Schulbildung merkt er an, sie hätte ihm genug Kenntnis der klassischen Literatur vermittelt, um ihm Zitate als Munition für sein ständiges Scharmützel zu liefern.

Der klassische Kanon fand folglich bei Mao nur begrenztes Wohlgefallen. Am meisten interessierten ihn „Romane aus dem alten China und besonders jene über Rebellionen".[2] Unter anderem las er immer wieder das *Shui Hu Zhuan* (*Die Räuber vom Liang Schan Moor*), *San Guo* (*Die Drei Reiche;* beide ins Deutsche übersetzt von Franz Kuhn) und wurde von diesen „stark geprägt".[3] Das *San Guo* erzählt Schlachten, Strategeme und Täuschungen so berühmter Figuren der Drei Reiche wie Zhuko Liang, Cao Cao, Lu Sun, Sima Yi und Liu Bei, von denen jeder ein lebenslanger Schüler von Sun Zis Klassiker war.

---

[1] Snow, *Red Star over China*, S. 128. [2] Ibid., S. 130. [3] Ibid., S. 131.

Aus diesen Erzählungen absorbierte Mao viel der militärischen Überlieferungen seines Landes.

Während der fünf Jahre an der Mittelschule in der Provinz Hunan in Changsha las Mao Übersetzungen der wichtigsten westlichen politischen Denker, kehrte aber immer wieder zur Geschichte seines Landes zurück. Der Taiping-Aufstand (1851–1864) blieb immer eines von Maos Lieblingsthemen, und Li Xiuquan, der kompetenteste Anführer, den die Aufständischen hervorbrachten, war einer seiner ersten Helden. Li, ein gelehrter Mann, besaß ein bemerkenswertes Führungstalent. Er und andere Taiping-Generäle waren in den alten militärischen Autoren sehr versiert, deren Richtlinien sie erfolgreich umsetzten. Die Generäle der Aufständischen:

> wählten immer die Stelle aus und rückten dort vor, wo der Widerstand am schwächsten war. Sie wussten, wie sie eine starke Verteidigung vermeiden oder umgehen und eine Schwachstelle angreifen konnten. . . . Sie wussten, wie man Abzweigungen geht, um an der Rückseite oder Flanke der Position des Feindes zuzuschlagen, und wie man den Feind zerstreut, indem man ihn an einer Stelle attackiert, um seine Aufmerksamkeit abzulenken, während man an einer anderen Stelle vorrückt. . . . Sie wussten, wie sie ihre Feinde ausspionieren konnten, und den Aktivitäten ihrer fünften Kolonne ging normalerweise einer formalen Militäroperation voraus. [4]

Von den Taiping-Rebellen erbte Mao auch Ideen, die sich später in seiner Agrarpolitik als auch in den Verhaltensregeln, die er in die „Zehn Gebote“ der Roten Armee einbaute, widerspiegeln sollten.

Mao bemerkte offenbar, dass sich Sun Zis Richtlinien gut auf die heiße oder kalte Kriegsführung anwenden ließen. Obwohl es noch viele Jahre dauern sollte, bevor er die Möglichkeit hatte, sie im kalten Krieg gegen ausländische „Imperialisten“ anzuwenden, musste er nicht

[4] Deng Si You, *New Light on the History of the Tai Ping Rebellion*, S. 65.

lange warten, um sie mit erstaunlichen Auswirkungen gegen Jiang Kaishek in einem heißen Krieg einsetzen zu können.

Kurz nach dem Nanchang-Aufstand im August 1927 wurde Mao von der Regierung von Nanking geächtet und ein Preis auf seinen Kopf ausgesetzt. Im frühen Winter desselben Jahres, erreichte er, arm aber selbstbewusst, den Bergstützpunkt von Jing Gang Shan im Hunan-Jiangxi-Grenzland. Dort wurde er zum Befehlshaber der Roten Armee gewählt, die damals aus wenigen tausend halb verhungerten, elend ausgestatteten Männern, die Nanchang überlebt hatten, bestand. Nach einigen Überzeugungsversuchen vereinten sich zwei lokale mächtige Räuberhauptmänner mit den Kommunisten. Diese drei ungleichen Gruppen, die mit Pfeil und Bogen, Speeren, alten Vogelflinten, ein paar hundert Gewehren und fünf Maschinengewehren ausgestattet waren, formten den Kern der Roten Armee. Im Frühling 1928 erreichte Zhu Deh mit mehreren tausend, etwas besser ausgestatteten Männern die Bergfestung. Kurz danach wurden die halbherzigen Versuche der Nationalisten, die Basis zu erobern, abgeblockt.

Schrittweise bauten diese zwei Männer eine Armee auf. Beide bestanden darauf, dass die freiwilligen Bauern respektvoll und gerecht behandelt wurden. Körperliche Gewalt war ebenso geächtet wie Diskriminierung und Bevorzugung, die in den Mandschu-, Republikanischen und Guomindang-Militärdepartments gängig war. Mao und Zhu Deh (der damals der Armee vorstand) erkannten die Notwendigkeit für eine gebildete und gut geschulte Streitmacht. Das Interesse an Moral, das zumindest teilweise auf Sun Zis Lehren zurückgeht, bestand darin, stattliche Dividenden auszuzahlen, da dies der Hauptfaktor war, der die Rote Armee nach den katastrophalen Rückschlägen in Hunan in August und frühen September 1930 zusammenhielt.

Der Beginn der Strategie und Taktik, die mit dem Namen Mao Zedong assoziiert wird, ist der 13. September 1930. Bis zu dieser Zeit waren Mao und Zhu Deh an Direktiven des Zentralkomitees der Partei gebunden, dem Li Lisan vorstand. Diese verlangten die Konzentration der Roten Streitmacht auf Städte, deren Massen Li – in strikter Anlehnung an das marxistisch-leninistische Revolutionsdogma – als einzige richtige Basis für die Verstaatlichung Chinas hielt.[5]

Es ist hier nicht nötig, genau auf die Ereignisse einzugehen, die zur Zurückweisung der Richtung von Li Lisan durch die Oberbefehlshaber führte. Man muss nur wissen, dass August und September 1930 die kritischsten Monate in der Geschichte der Kommunistischen Partei Chinas waren. Nach dem Angriff auf Changsha und der Übernahme der Stadt für einige Tage wurden die Roten unter Peng Dehuai zurückgedrängt. Auch bei Nanchang, 300 km östlich, wurden wiederholte Angriffe der Haupttruppe unter Mao und des Armeekommandanten Zhu Deh blutig zurückgeschlagen.

Die einfallslose Sturheit von Li Lisan brach der Roten Armee fast das Genick. Doch nicht ganz. Kurz davor trafen Mao und Zhu Deh die Entscheidung, die Nanchang-Aktion abzubrechen und sich zurückzuziehen. Die Li-Lisan-Gruppierung bestand jedoch darauf, dass der Angriff auf Changsha wiederaufgenommen werden sollte und Mao und Zhu Deh akzeptierten widerwillig diese Befehle. Das Resultat des einwöchigen Kampfes war katastrophal. Am Abend des 13. September 1930 zog sich die Rote Armee, die durch einen Monat fast ununterbrochenen Kampfes gegen viel stärkere Truppen geschwächt war, ins zentrale Jiangxi zurück. Im Oktober startete Jiang den ersten so genannten „Vernichtungsfeldzug". Damit begann eine neue Phase.

Obwohl die kommunistischen Veteranen der Feldzüge in Südchina auf die Erfolge ihrer mobilen Kriegsführung stolz sein konnten, müssen diese im Licht der Opposition bewertet werden, der sich die Rote

---

[5] Li Lisan folgte der Moskauer Direktive.

Armee in den ersten vier Feldzügen zur „Unterdrückung der Banditen" stellen musste, die ungeeignet aus Nanking geführt wurde.

Die Mehrheit der nicht-zentralen Divisionen der 1930er Jahre, speziell die „Warlord"-Truppen, bestand aus ungebildeten, zwangsverpflichteten Bauern. Diese Männer waren schlecht geschult und ausgerüstet, unregelmäßig versorgt und bezahlt und der willkürlichen Behandlung der Offiziere ausgesetzt. Unzählige desertierten. Da ausgepolsterte Musterungsrollen gängig waren, war es unmöglich, die tatsächliche Stärke einer Guomindang-Einheit festzustellen. Normalerweise auf etwa 10.000 zusammengefasst, konnten viele Divisionen bestenfalls mit der halben Zahl ausgerückt sein. Veruntreuung war gängig; sie befiel die meisten Offiziere und viele Generäle. Vetternwirtschaft nahm überhand. In vielen Einheiten gab es eine extrem hohe Rate an Geschlechtskrankheiten. Medizinische Versorgung fehlte fast gänzlich. Dementsprechend ließ die Truppenmoral zu wünschen übrig. Ihre schwachen Offiziere trugen wenig zur Verbesserung der Lage bei.

Zu dieser Zeit gab es ein halbes Dutzend „Modell"-Divisionen der Zentralen Armee, die von kompetenten, tapferen und ehrlichen Generälen kommandiert wurden. Doch wurde bis zum Vierten Feldzug keine davon eingesetzt.[6] Glücklicherweise trafen die Kommunisten selten auf derartige Guomindang-Divisionen. Durch den Einsatz von schwachen Einheiten unter unfähigen Befehlshabern bei diesen „Vernichtungsfeldzügen" trug der Generalissimus selbst zum ständigen Wachstum der Roten Streitmacht bei. Zu seiner Taktik gibt es

---

[6] Die ersten Feldzüge wurden von einer materiell in jeder Hinsicht unterlegenen Roten Armee ausgetragen. Diese Armee hatte keine Flugzeuge, keine Kraftfahrzeuge, keine taktischen Radios oder Telefone, keine Artillerie, keine medizinische Versorgung, wenige Mörser, eine begrenzte Anzahl von leichten und schweren Maschinengewehren und litt immer unter Munitionsmangel. Sie überlebte nicht allein auf Grund der schlechten Beschaffenheit der Opposition, sondern bis zu einem gewissen Grad durch die intellektuelle Flexibilität seiner Befehlshaber, der Kampfmoral seiner Truppen und der höheren Intelligenz, die aus der Unterstützung der Landbevölkerung resultiert. Sie war auch in der taktischen Doktrin entscheidend überlegen.

nicht mehr zu sagen, als sowieso ins Auge sticht: Jiang rechnete damit, dass die Roten und die nicht-zentralen Truppen einander vernichten würden. Doch die Truppen sahen die Lage etwas anders. Sie ergaben sich reihenweise den Kommunisten; viele der gefangenen Offiziere und Männer liefen sofort zur Roten Armee über. Auch Zehntausende von Waffen gingen in deren Besitz über. 1936 stellte Mao fest:

> Wir haben Anspruch auf Abgaben aus dem Arsenal von London sowie von Haringa, und darüber hinaus wird es uns durch den Transportkorps des Feindes geliefert werden. Das ist die nüchterne Wahrheit und kein Scherz.[7]

Spätestens 1949 wurden sich die Amerikaner, die einige Milliarden Dollar in die Ausstattung, Training und Unterstützung von Jiangs Armee investiert hatten, bewusst, dass es tatsächlich kein Scherz war.

Erst während des Fünften Feldzuges (der 1933 von seinen Deutschen Ratgebern geplant und bestückt wurde) konnte Jiang den Roten seinen Willen aufzwingen. Nationalistische Truppen, inklusive gut geschulter und ausgerüsteter Zentraler Divisionen, wurden in überwältigender Stärke eingesetzt; sie rückten langsam, bedacht und koordiniert vor. Bei ihrem methodischen Vorrücken nach Süden wandten sie die Politik der verbrannten Erde an. Die Bauern wurden aus dem Bereich der Operationen vertrieben, die Kommunisten von ihren Informationsquellen abgeschnitten. Dic Nationalisten hatten letztendlich gelernt, wie wichtig es war, den Kontakt zwischen angrenzenden Elementen aufrechtzuerhalten. Folglich konnten die Roten sich nicht gegen isolierte Einheiten richten und diese überwältigen. Zum ersten Mal bemerkten sie, dass sie der Initiative beraubt waren. Das Resultat war unerwartet: Die Kommunisten gerieten in Panik und zersplitterten. Zu kompletter Passivität gezwungen, zeigten sie in Maos Worten „keinerlei Initiative oder dynamische Kraft“ und hatten „keine Alter-

[7] Mao Zedong, *Selected Works*, I, S. 253.

native außer Rückzug" aus Jiangxi. Dieser Feldzug, der später Gegenstand unzähliger ausführlicher Autopsien war, zwang das Rote Kommando zum berühmten Langen Marsch nach Nordwestchina.

Wie ihre späteren Operationen zeigen, lernten die Roten daraus: Eine Lektion, die sie mit nach Shensi nahmen, war jene, dass die, denen die Intitiative entzogen wird, normalerweise verlieren und jene, die sie behalten, gewinnen. Der Verlust der Initiative im Fünften Feldzug beruhte teils auf übertriebener Zuversicht. Das rote Oberkommando beging die Todsünde, den Feind zu unterschätzen. In diesem Fall kannten die Roten erstmals weder den Feind noch sich selbst und waren daher ständig in Gefahr. Vielleicht dachte Mao daran, als er schrieb:

> Wir dürfen den Spruch von Sun Wu Zi, dem großen Militärexperten des alten China, nicht unterschätzen: „Kenne deinen Feind und kenne dich selbst, und du kannst hundert Schlachten ohne Disaster kämpfen."[8]

Jiangxi und der Lange Marsch waren die militärischen Praktika der Kommunisten; Yan'an, der ruhige Zufluchtsort, an dem die Erfahrungen analysiert wurden. Kurz darauf zog sich Mao nach Bao'an, der temporären Hauptstadt der Roten, zurück und begann zu schreiben. Er widmete der Erfolgsanalyse nur wenig Zeit; die Erforschung der Versäumnisse war lohnender. Mit entwaffnender Ehrlichkeit beschreibt er den letzten „Vernichtungsfeldzug" als ein Rotes „Fiasko", in welchem die Kommunisten das Prinzip, das alle Militäroperationen beherrschen sollte, sträflich vernachlässigt hatten:

> Die erste Grundlage militärischer Operationen ist, seine eigenen Truppen zu bewahren und den Feind zu zerstören, und um dieses Ziel zu erreichen, ist es nötig, . . . alle passiven und unflexiblen Methoden zu vermeiden. . . .[9]

Die Frage des Angriffs im Kontrast zu passiver Verteidigung machte Mao kein Kopfzerbrechen. Wie Sun Zi erkannte er, dass kein Krieg

[8] Mao Zedong, *Selected Works*, I, S. 187. [9] Mao Zedong, *Selected Works*, II, S. 96.

durch das Annehmen einer statischen Grundhaltung gewonnen werden kann. Über dieses Thema verlor der Vorsitzende Mao keine Worte; er beschreibt jene, die eine solche Position einnehmen, als „Narren".

Die Strategien und Taktiken, die mit solchem Erfolg gegen die Japaner eingesetzt wurden, betonen ständige Bewegung und basieren auf vier in Jing Gang Shan geprägten Parolen:

1. Wenn der Feind angreift, ziehen wir uns zurück!
2. Wenn der Feind anhält, belästigen wir ihn!
3. Wenn der Feind den Kampf meiden will, greifen wir an!
4. Wenn der Feind sich zurückzieht, verfolgen wir ihn!

Mao hielt es nie für nötig, die große Ähnlichkeit seines Spruchs aus 16 Schriftzeichen mit einigen Versen von Sun Zi zu betonen.

Später, als Mao fähig war, über die Lektionen der Schlachten im Süden und auf dem Langen Marsch zu reflektieren, schrieb er in einer umschreibenden Erläuterung von Sun Zi:

> Im Allgemeinen sollte die Verschiebung der Truppen geheim und rasch vor sich gehen. Ausgeklügelte Techniken, wie im Osten Lärm zu machen, während man im Westen angreift, einmal im Süden und dann im Norden aufzutauchen, Angriff-und-Flucht- sowie Nacht-Aktionen sollten konstant eingesetzt werden, um den Feind zu ködern und zu verwirren.
>
> Anpassungsfähigkeit in Verteilung, Konzentration in der Verschiebung ist die konkrete Manifestation der Initiative in Guerillakriegen, wogegen Unflexibilität und Trägheit unausweichlich zu einer passiven Position und unnötigen Verlusten führen. Doch ein Befehlshaber stellt seine Weisheit nicht durch das Wissen um die Wichtigkeit des flexiblen Einsatzes seiner Kräfte unter Beweis, sondern durch seine Fähigkeit, seine Streitkräfte rechtzeitig gemäß den gegebenen Umstände zu verteilen, zu konzentrieren oder zu verschieben. Die Weisheit, Veränderungen vorauszusehen, und die richtige Zeiteinteilung sind nicht einfach zu erwerben, außer für jene, die mit empfänglichem Geist lernen und die Mühe auf sich nehmen, zu recherchieren

> und die Dinge zu durchdenken. Damit die Flexibilität nicht zu einer leichtfertigen Aktion gerät, ist eine reifliche Überlegung der Umstände nötig.[10]

Die kommunistischen Befehlshaber zeigten sich wiederholt fähiger, das Terrain effektiv zu nutzen als ihre Gegner. Grundbesitz an sich war nie ein wichtiger Faktor für die Roten, die Experten im Davonlaufen waren. Mao merkte mehrmals humorvoll an, dass er daran zweifelte, dass irgendeine andere Armee in dieser Hinsicht jemals so bewandert war. Doch dieses Davonlaufen war darauf ausgelegt, den Feind zu ködern und seine Befehlshaber in Zuversicht zu wiegen, die sie hochmütig und träge machte. So wurden die Einheiten der Nationalisten in Jiangxi auf unbekanntes Land gelockt, von der Information isoliert und dann mit dünnen Informationslinien geschickt „abgeschnitten" und einzeln erledigt. Diese Taktik sollte mit gleichem Erfolg im Bürgerkrieg in der Mandschurei und in Nord-China angewandt werden.

Die besseren Geheimdienste der Kommunisten erlaubten ihnen meist, die „Form" des Feindes zu eruieren; gleichermaßen konnten sie ihre eigene sehr gut verheimlichen. Ihre Einschätzungen des Feindes waren fast immer korrekt. Mao schrieb später:

> Manche Menschen sind gut darin, sich selbst zu kennen, aber schlecht in der Kenntnis des Feindes und umgekehrt; keiner davon kann das Problem, die Gesetze des Krieges zu erlernen und anzuwenden, lösen.[11]

Eines der schwierigsten Probleme jeglichen Befehlshabers, der seine Truppen gemäß eines gut durchdachten Plans einsetzt, liegt darin, diesen angesichts der sich wandelnden Umstände zu ändern. Sun Zi erkannte die inhärenten intellektuellen wie auch materiellen Schwierigkeiten und wies wiederholt darauf hin, dass die Natur des Krieges pausenlose Veränderung sei. Daher müssten Militäroperationen ständig neu überdacht und angepasst werden. Mao schreibt:

---

[10] Mao Zedong, *Selected Works*, II, S. 130–131.

[11] Mao Zedong, *Selected Works*, I, S. 187.

> Der Prozess, eine Situation zu erkennen, vollzieht sich nicht nur vor, sondern auch nach der Formulierung eines militärischen Plans. Die Ausführung eines Plans von Anfang an bis zum Abschluss einer Operation bildet einen anderen Prozess der Kenntnis der Situation, z. B. den Prozess seiner Umsetzung. In diesem Prozess ist es nötig, erneut zu überprüfen, ob der zuvor erstellte Plan mit den aktuellen Gegebenheiten übereinstimmt. Stimmt der Plan damit nicht oder nicht vollständig überein, dann müssen wir, gemäß unserer aktuellen Kenntnis, die Lage neu beurteilen und erneute Entscheidungen treffen, um den ursprünglichen Plan der neuen Situation gemäß umzuformen. In fast jeder Operation kommt es zu teilweisen Abänderungen und manchmal zu einem kompletten Wandel. Ein Hitzkopf, der nicht weiß, wie er seinen Plan ändern kann oder will, sondern blind agiert, wird unausweichlich mit dem Kopf gegen die Wand rennen.[12]

Dies scheint zwar unnötig weitschweifig, aber die Geschichte bietet genug Evidenz, dass das Thema endlos wiederholt werden muss. Sich zurückzuziehen, wenn die Umstände es vorgeben, ist richtig; Angriff und Verteidigung sind komplementär. Mao umschreibt Sun Zi folgendermaßen:

> Angriff mag in Verteidigung übergehen und Verteidigung in Angriff; Vormarsch mag sich in Rückzug umwandeln und Rückzug in Vormarsch; Verteidigungstruppen können zu Sturmtruppen und Sturmtruppen zu Verteidigungstruppen werden.[13]

Eine der wichtigsten Aufgaben des Befehlshabers besteht in der „zeit- und sachgerechten Änderung der Taktiken gemäß der Beschaffenheit der Einheiten und des Terrains, sowohl auf der feindlichen als auch unserer eigenen Seite".[14] Nützt es, tritt man etwas ab; man gibt A, um B zu kriegen. Durch zeitgerechten Rückzug bewahrt man seine Stärke und behält die Initiative. Dagegen ist ein verspäteter Rückzug eine passive Aktion: Die Initiative wurde verloren.

---

[12] *Mao Zedong, Selected Works*, S. 185–186.

[13] Mao Zedong, *On the Protracted War (Über den langwierigen Krieg)*, S. 102–103.

Täuschung und Überraschung sind zwei Grundprinzipien. Mao sagt in Anlehnung an Sun Zi, dass im Krieg Täuschung nötig ist. „Man kann durch diverse Täuschungsmaßnahmen den Feind in die Lage bringen, fehlerhaft zu urteilen und zu handeln, und ihm so seine Überlegenheit und Initiative entziehen."[15] Der Feind wird durch das Erschaffen von „Formen" (Sun Zi) oder „Illusionen" (Mao) irregeführt.

Gleichzeitig verbirgt man seine Form vor dem Feind. Die Augen und Ohren von feindlichen Befehlshabern sind zu versiegeln. Täuschung reicht nicht aus – die Anführer des Feindes müssen verwirrt, wenn möglich in den Wahnsinn getrieben werden.[16] Die Kampfmoral des Feindes zu senken, ist eine essenzielle Vorbereitung auf den bewaffneten Zusammenprall. Auch hier findet sich ein deutlicher Widerhall von Sun Zi, dem ersten Verfechter psychologischer Kriegsführung.

Aus Maos Werk geht der Mensch als entscheidender Faktor im Krieg hervor. Waffen sind wichtig, jedoch nicht entscheidend. Es ist die menschliche Führungsintelligenz, die am meisten zählt:

> Im tatsächlichen Leben können wir nicht nach einem unbezwingbaren General suchen; es gab seit alten Zeiten nur sehr wenige solcher Generäle. Wir brauchen einen General, der sowohl tapfer als auch weise ist, der normalerweise im Laufe eines Krieges Schlachten gewinnt – ein General, der Weisheit mit Mut vereint.[17]

Ein weiser General ist umsichtig; er siegt lieber durch Strategie:

> Wir erlauben keinem unserer Kommandanten der Roten Armee, unbesonnene und rücksichtslose Hitzköpfe zu werden, und müssen jeden von ihnen dazu ermutigen, ein Held zu werden, der zugleich tapfer und weise ist und nicht nur den Mut besitzt, alle Hindernisse zu überwinden, sondern auch die Fähigkeit, die Veränderungen und Entwicklungen eines ganzen Krieges zu beherrschen.[18]

---

[14] Ibid., S. 102–103. [15] Mao Zedong, *On the Protracted War*, S. 98. [16] Ibid., S. 100.
[17] Mao Zedong, *Selected Works*, I, S. 183.

Diese Fähigkeit bezeichnet das, was Sun Zi mit seiner Wendung „den Sieg beherrschen“ vermitteln will.

Die Einschätzungen eines achtsamen Befehlshabers „erwachsen aus richtigen Entscheidungen“, die aus „richtigen Beurteilungen“ abgeleitet werden, welche auf einer „umfangreichen und unerlässlichen Untersuchung“ beruhen.[19] Die durch Beobachtung und Berichte zusammengetragenen Daten werden sorgfältig bewertet; Unausgegorenes und Falsches ausgeschieden; Ausgearbeitetes und Wahres berücksichtigt. Das erlaubt einem weisen General, „von außen nach innen vorzudringen“.[20] Ein unvorsichtiger General „stützt seinen Plan auf seine eigenen Wunschgedanken“; dieser stimmt folglich nicht mit der Wirklichkeit überein; er ist in einem Wort gesagt „fantastisch“.[21]

In den frühen Phasen des Bürgerkriegs demonstrierten die Roten wiederholt ihre Meisterschaft in Täuschungsmanövern und in ihrer Beweglichkeit. Die fast unheimliche Fähigkeit, Schwachstellen der Nationalisten zu erkennen, erlaubte ihnen, diese Qualitäten auszuschöpfen, und führte unausweichlich zu einer zunehmenden Auflösung der Position der Nationalisten. Während des gesamten Bürgerkrieges warfen die Kommunisten immer wieder Sun Zis Kriegsbuch auf die entmutigten Befehlshaber des Generalissimos Jiang Kaishek. In der Mandschurei, wo er sich nach dem Hinweis seiner amerikanischen Ratgeber selbst als Köder „auslegte“, wurden „Gimos“ beste Divisionen massakriert und seine Hoffnungen zerstört.

In Korea stationierten die chinesischen Kommunisten fast eine Viertelmillion Männer in Kampfpositionen südlich des Yalu, bevor dem Kommando der Vereinten Nationen bewusst wurde, dass ihre weit verstreuten Truppen ernsthaft bedroht waren. Dieses großartige

[18] Mao Zedong, *Selected Works*, I, S. 188.

[19] Mao Zedong, *Selected Works*, I, S. 185.

[20] Ibid., S. 185. [21] Ibid., S. 185.

Manöver, welches einfallsreich erdacht und geschickt umgesetzt wurde, war die Vorbereitung auf eine Offensive, die die Streitmacht der Vereinten Nationen in Korea hätte zerstören sollen.

Abgesehen von der kurzen Periode, die gleich nach der Intervention folgte, war die chinesische Befreiungsarmee gezwungen, unter stabilisierten Umständen zu kämpfen. Die Voraussetzungen erlaubten der Befreiungsarmee nicht die mobile Kriegsführung, die ihr am besten lag. Mit einem beschränkten Terrain konfrontiert, das einen technisch geschickten Gegner begünstigte, der massive Ressourcen an Feuerkraft stationieren konnte, hatte das Rote Kommando wenig Raum für Einfallsreichtum. Die Wellentaktik erscheint im Rückblick fast wie ein Akt der Hoffnungslosigkeit.

Manche Beobachter aus dem Westen habe aus der späteren Phase der Korea-Erfahrung Schlüsse gezogen, die sich nicht unbedingt auf andere Situationen anwenden lassen. Es ist gefährlich, anzunehmen, dass die Chinesen entsprechend eines früheren Kampfmusters operieren würden. Es ist sicherer, zu unterstellen, dass sie ihre Taktiken „in einer unendlichen Zahl von Möglichkeiten" ändern. Mao sagte:

> Wir sollten die Lektionen, die wir in vergangenen Kriegen auf Kosten unseres Blutes gelernt haben und welche uns vermacht wurden, sorgfältig studieren. . . .Wir müssen daher Schlüsse aus dem, was so zur Prüfung unserer

[22] Mao Zedong, *On the Protracted War* (Über den langwierigen Krieg), S. 186.

[23] Einer der Hauptverantwortlich für das Interesse, das die chinesischen Kommunisten für Sun Zi bekundeten, ist Guo Huarou, dessen Name im Westen praktisch unbekannt ist. Guo schrieb 1939 einen analytischen Kommentar über „Die Dreizehn Kapitel" mit dem Titel *A Preliminary Study of Sun Zi's Art of War* (*Sun Zi Bing Fa Chu Bu Yan Jiu*) (孫子兵法初步研究). Dieser sollte als militärisches Lehrbuch in den von der Roten Armee kontrollierten Zonen dienen. Die Position, die Guo als leitender Militärtheoretiker genießt, scheint aus dieser Zeit zu kommen. Seine letzte Ausgabe von „Die Kunst des Krieges" ist *Jin Yi Xin Pen Sun Zi Bing Fa* (今譯新編孫子兵法). *A Modern Translation with New Chapter Arrangement of Sun Zi's „Art of War"*. Wie der Titel schon andeutet, wurde das Material komplett umgestellt. Sun Zis Verse wurden ins umgangssprachliche Chinesisch übersetzt und es werden durchwegs vereinfachte Schriftzeichen verwendet.

> eigenen Erfahrungen gereicht hat, ziehen und Nützliches aufnehmen, Nutzloses ausscheiden und hinzufügen, was speziell unser eigenes ist.[22]

Es heißt oft, hätten westliche Staatsmänner und Generäle Hitlers *Mein Kampf* gelesen, wären sie etwas besser vorbereitet gewesen, um mit ihm fertig zu werden. Eine gewisse Vertrautheit mit Maos Reden und Schriften in Kombination mit seinen wichtigsten Werken, die einen konzeptuellen Rahmen bieten, würde den Führern der jetzigen Generation gleichermaßen unterstützen. In jeglicher Auswahl solcher Werke dürfte „Die Kunst des Krieges" keinesfalls fehlen.[23]

傳記

BIOGRAPHIE VON SUN ZI[1]

Sun Zi war in Qi heimisch. Aufgrund seines Buches über die Kunst des Krieges wurde ihm bei He Lü, dem König von Wu, eine Audienz gewährt.[2]

He Lü sprach: „Ich habe Eure Dreizehn Kapitel vollständig gelesen.[3] Seid Ihr in der Lage, ein kleines Experiment in der Beherrschung der Truppenbewegung durchführen?"

Sun Zi antwortete: „Das kann ich."

He Lü fragte: „Könntest du diese Prüfung auch mit Frauen durchführen?"

Sun Zi bejahte.

Daraufhin ließ der König hundertachtzig schöne Frauen holen.[4]

Sun Zi teilte diese in zwei Kompanien und machte zwei der Lieblingskonkubinen des Königs jeweils zu Befehlshaberinnen der Kompanie. Er lehrte sie in der Handhabung von Hellebarden. Dann sprach er: „Ihr wisst wohl, wo das Herz, die linke und rechte Hand und der Rücken sind?"

Die Frauen sprachen: „Das wissen wir."

Sun Zi sprach: „Wenn ich sage ‚geradeaus', dann blickt Ihr nach vorne zum Herzen; wenn ich sage ‚links um', dreht Ihr euch zur linken Hand; sage ich ‚rechts um' nach rechts; wenn ich sage ‚kehrt', dann

---

[1] Wie im *Shi Ji* beschrieben als *Sun Zi Wu Qi Lie Zhuan* (孫子吳起列傳).

[2] Eine normale Prozedur, um sich einen mächtigen Gönner zu sichern.

[3] Diese Erklärung beweist, dass es zu der Zeit, als Sima Qian das *Shi Ji* schrieb, nur 13 Kapitel gab.

[4] Nach einer anderen Version waren es 300 Frauen.

dreht Ihr Euch nach hinten."

Die Frauen sprachen, „Verstanden."

Nach der Erklärung dieser Regeln wurden die Waffen des Scharfrichters hergerichtet.[5]

Sun Zi nannte dann dreimal die Befehle und erklärte diese fünfmal. Danach gab er das Trommelzeichen für „Rechts um". Die Frauen brachen in schallendes Gelächter aus.

Sun Zi sprach: „Falls die Richtlinien nicht klar sind und die Befehle nicht genau erklärt sind, so ist es der Fehler des Befehlshabers." Und er wiederholte die Befehle noch dreimal und erklärte sie weitere fünfmal. Dann gab er das Trommelzeichen für „Links um". Wieder wanden sich die Frauen in Lachkrämpfen.

Sun Zi sprach: „Falls die Anweisungen nicht klar und die Kommandos nicht explizit sind, so ist es der Fehler des Befehlshabers, jedoch wenn diese deutlich erklärt wurden und nicht entsprechend des Militärrechts ausgeführt werden, so liegt die Schuld bei den Offizieren." Dann befahl er, die Befehlshaberinnen der linken und rechten Reihe zu köpfen.

Der König von Wu, der das Geschehen vom Balkon beobachtet hatte, sah, dass seine zwei geliebten Konkubinen geköpft werden sollten. Er erschrak sehr und sandte Sun Zi eilige eine Botschaft: „Ich weiß mittlerweile, dass der General in der Lage ist, Truppen zu befehligen. Doch ohne diese zwei Konkubinen wird mir mein Mahl nie wieder schmecken. Ich wünsche, dass sie nicht geköpft werden."

Sun Zi antwortete: „Ich wurde von Euch, Eure Majestät, schon zum Befehlshaber Eurer Streitkraft ernannt, und als Anführer der Armee muss ich nicht unbedingt jeden Befehl der Herrschers akzeptieren."

In der Folge ließ er die zwei Frauen, die die Reihen angeführt hat-

---

[5] Um klar zu machen, dass er es ernst meinte.

ten, als Exempel enthaupten. Dann setzte er die nächstälteren als Befehlshaberinnen der Kompanie ein.

Daraufhin wiederholte er die Signale auf der Trommel und die Frauen drehten sich nach links, rechts, geradeaus, rückwärts, knieten und standen strikt entsprechend der vorgeschriebenen Übung. Sie wagten nicht, den geringsten Laut von sich zu geben.

Daraufhin sandte Sun Zi einen Boten zum König und ließ ihm mitteilen: „Die Truppen sind nun gut ausgebildet. Der König kann zur Inspektion kommen. Sie können eingesetzt werden, wie er es wünscht, und würden sogar durch Feuer und Wasser gehen."

Der König von Wu sprach: „Der General darf sich in sein Gemach zurückziehen und rasten. Der König wünscht nicht zu kommen und die Truppen zu inspizieren."

Sun Zi sprach: „Der König liebt hohle Worte. Er ist nicht fähig, sie in die Praxis umzusetzen."

Da erkannte He Lü Sun Zis Fähigkeit als Heerführer und ernannte ihn daraufhin zum General. Sun Zi unterwarf im Westen den mächtigen Staat Chu und drang nach Ying vor; im Norden bedrohte er Qi und Jin.[6] Es ist teils auf seine Errungenschaften zurückzuführen, dass der Staat Wu unter den Feudalherren so berühmt war. (Das Yue *Jue Shu* sagt: „In Wu außerhalb des Tors von Wu Xie, etwa zehn *Li* entfernt, liegt ein großes Grab. Dies ist jenes von Sun Zi.")[7]

Etwas mehr als ein Jahrhundert nach Sun Zis Tod gab es einen Sun Bin, der zwischen E und Zhuan geboren wurde.[8] Sun Bin war ein Nachfahre von Sun Zi. Er und Pang Juan beschäftigten sich gemeinsam mit Militärtheorie. Pang Juan diente im Staat Wei und wurde von

---

[6] Kein anderer historischer Bericht untermauert diese Behauptungen.

[7] Der in Klammern stehende Satz wurde als Textnotiz von Sun Xingyan hinzugefügt. Das von ihm zitierte Werk ist wahrscheinlich eine Fälschung aus dem 4. Jh. v. Chr. oder später. Wu Xie ist das moderne Soochow.

[8] Im alten Wei lag Zhuan in der Nähe von Po Xian im heutigen Shandong.

König Hui zum General ernannt.[9] Er erkannte, dass sein Wissen nicht an das von Sun Bin heranreichte, und sandte insgeheim einen Boten, um ihn herbeizuzitieren. Als Sun Bin kam, brachte Pang Juan, der eifersüchtig auf ihn war und fürchtete, dass er des Amtes würdiger wäre, falsche Anschuldigungen gegen ihn vor, sodass Sun Bins Füße abgeschnitten und sein Gesicht gebrandmarkt wurde. Er hielt ihn im Verborgenen, wo ihn niemand sehen konnte.[10]

Ein Botschafter von Qi kam nach Da Liang.[11] Sun Bin, der nun als Verbrecher galt, traf ihn heimlich und sprach mit ihm. Der Botschafter von Qi erkannte, dass er ein außergewöhnlicher Mann war und ließ ihn heimlich nach Qi bringen.[12]

Tian Ji, der Oberbefehlshaber von Qi, war hocherfreut und empfing ihn respektvoll als Gast.

Tian Ji wettete häufig bei Pferderennen mit den Fürsten von Qi. Sun Bin bemerkte, dass sich die Pferdemannschaften nicht deutlich unterschieden. Die Pferde wurden generell nach Lauftempo in drei Klassen eingeteilt, die erste und beste, die zweite und die dritte oder langsamste. Als er dies erkannt hatte, sprach Sun Bin zu Tian Ji „Geht bei diesem Durchgang eine Wette ein; ich helfe euch, zu gewinnen."

Tian Ji schenkte ihm Vertrauen und einigte sich mit dem König und den Fürsten auf einen Einsatz von tausend Goldstücken. Als er

---

[9] Wurde 344 v. Chr. König von Wei.

[10] *Bin* (臏) bedeutet „Kniescheibe". Es heißt jedoch auch „die Füße abschneiden". Dies war die dritte der fünf Verstümmelungsstrafen, die in der Reihenfolge des Schweregrades sind: (a) Tätowierung oder Brandmarkung des Gesichts, (b) Abschneiden der Nase, (c) Abschneiden der Füße, (d) Kastration (oder bei Frauen, Einweisung in ein Kloster), (e) Tod. Sun „Der Fußlose" wird wohl erst nach seiner Verstümmelung so genannt worden sein. Ein zur Kastration Verurteilter erlitt manchmal auch die geringeren Strafen der Brandmarkung, Abschneiden der Nase und Verlust der Füße.

[11] Hauptstadt vom Staat Wei, die in der Nähe des heutigen Kaifeng in der Provinz Honan lag. Man bezog sich damals wie heute oft mit den Namen ihrer Hauptstädte auf Staaten.

[12] Diese Behauptung stimmt nicht mit anderen Quellen überein, in welchen wir erfahren, dass er Wahnsinn vortäuschte und nach Qi floh, wo er im Militärwesen eingesetzt wurde. nachdem er die Strafe auf Grund der königlichen Zensur auf Verleumdung von Pang Juan erlitten hatte.

gerade sein Geld einsetzen wollte, sprach Sun Bin: „Lass deine dritte Klasse gegen seine erste, deine beste gegen seine zweite und deine zweite gegen seine schwächste antreten." Die drei Rennen nahmen ihren Lauf. Obwohl Tian Ji das erste verlor, gewann er die letzten beiden und damit tausend Goldstücke vom König. Daraufhin stellte Tian Ji Sun Bin König Wei vor, der mit ihm militärische Angelegenheiten besprach und ihn dann zum Stabsoffizier ernannte.

Später, als der Staat Wei Zhao angriff, bat Zhao dringend um Hilfe.[13] König Wei wollte Sun Bin zum Oberbefehlshaber der Armee von Qi machen. Sun Bin lehnte dankend ab und sprach: „Da ich zuvor als Verbrecher galt, wäre dies nicht angemessen." Tian Ji wurde darauf zum Oberbefehlshaber und Sun Bin zu seinem Stabschef ernannt.

Sun Bin reiste in einem Gepäckwagen und machte seine Pläne im Sitzen. Tian Ji wollte mit der Armee im Staat Zhao einmarschieren. Sun Bin sprach: „Will man etwas Verworrenes und Verstricktes entwirren, so packt man nicht den gesamten Strang. Gleichermaßen packt man nicht die Hellebarden, um einen Kampf aufzulösen. Man schlägt an einem hervorstechenden oder ungeschützten Punkt zu. Sind dann die Gegner einmal im Patt, löst sich die Situation von allein. Derzeit kämpfen Wei und Zhao gegeneinander. Die leichten Formationen und die Stoßtruppen sind daher im Feld und gewiss erschöpft; die Daheimgebliebenen sind alt und schwach. Deshalb ist nichts vorteilhafter, als direkt nach Da Liang zu marschieren, die Hauptrouten und Wege zu belegen und die Hauptstadt anzugreifen, solange sie ungeschützt ist. Dann ist Wei gezwungen, aus Zhao abzuziehen, um sich selbst zu verteidigen. Daher können wir auf einen Schlag die Belagerung von Zhao aufheben und gleichzeitig die Früchte von Weis Niederlage genießen."

---

[13] 356 v. Chr. [14] 341 v. Chr.

Tian Ji beherzigte seinen Rat mit dem Ergebnis, dass die Armee von Wei Han Dai zurückließ und gegen Qi bei Gui Ling in die Schlacht zog, wo die Truppen von Wei eine schwere Niederlage erlitten.

Fünfzehn Jahre später, griff Wei in Allianz mit Zhao Han an.[14] Han bat Qi rasch um Hilfe. Der König von Qi befahl Tian Ji ins Feld zu ziehen und direkt nach Da Liang vorzurücken.

Als der Oberbefehlshaber von Wei, Pang Juan, dies hörte, verließ er sofort Han und zog ins eigene Land zurück. Die Armee von Qi hatte schon die Grenze überschritten und marschierte westwärts.

Sun Bin sagte zu Tian Ji: „Die Truppen der drei Jin sind seit jeher tollkühn und tapfer und schauen geringschätzig auf Qi herab.[15] Sie halten die Truppen von Qi für feige. Ein geschickter Kämpfer wird dies berücksichtigen und in der Planung seiner Strategie ausnutzen. In der ‚Kunst des Krieges' steht, dass, wenn die Armee vordrängt, um einen Vorsprung der anderen von 100 *Li* (etwa 50 km) aufzuholen, der Befehlshaber des Zuges gefangen genommen werden wird ;[16] beim Aufholen von 50 *Li* wird nur die Hälfte der Truppe den kritischen Punkt erreichen." Dann befahl er den Truppen von Qi, nachdem sie die Grenze überschritten und nach Wei gekommen waren, in der ersten Nacht 10.000 Feuerstellen zu graben, in der nächsten Nacht 50.000, und in der dritten nur mehr 30.000 Löcher auszuheben.

Pang Juan marschierte drei Tage lang und sprach erfreut: „Ich wusste immer, dass die Truppen von Qi Feiglinge sind. Nun sind sie erst drei Tage in meinem Land und mehr als die Hälfte ihrer Offiziere und Soldaten sind schon desertiert!" Daraufhin ließ er seine schwere Infanterie und die Wagen zurück und zog mit leicht bewaffneten Stoßtrup-

[15] Han, Wei und Zhao werden immer wieder als „Die Drei Jins" bezeichnet.

[16] Wörtlich „der General des Zuges wird weggezogen werden".

[17] Das SJ schreibt „Infanteriewagen [Streitwagen]" oder „Infanterie und Wagons [Streitwagen]". Ich nehme an, das bedeutet, dass die schwer bewaffnete und gepanzerte Infanterie und die Versorgungswagen zurückgelassen wurden, während Pang Juan vorpreschte.

pen, nur gefolgt von einem Gewaltmarsch, los.[17] Sun Bin hatte einkalkuliert, dass Pang Juan am Abend in Ma Ling ankommen würde. Der Weg nach Ma Ling ist eng und an beiden Seiten mit Schluchten und Pässen gesäumt, wo sich Truppen im Hinterhalt verbergen können.

Sun Bin ließ die Rinde von einem großen Baum abschälen und schrieb darauf: „Pang Juan wird unter diesem Baum sterben." Dann verbarg er die besten Schützen mit zehntausenden von Armbrüsten entlang der Straße und befahl, dass sie alle schießen sollten, wenn sie in der Nacht ein Feuer sehen. Pang Juan kam tatsächlich in dieser Nacht an. Als er Schrift an einem Baum sah, entzündete er eine Fackel, um zu sehen, was dort geschrieben stand. Noch bevor er alles lesen konnte, schossen die Armbrustschießer der Qi ihre Pfeile ab, und die Armee von Wei brach in höchste Verwirrung aus. Pang Juan erkannte, dass seinen Truppen eine Niederlage gewiss war. Während er sich selbst die Kehle durchschnitt und starb, sprach er: „So habe ich auch noch zum Ruhm dieses Schuftes beigetragen!" Sun Bin nutzte diesen Sieg, zerstörte die komplette Armee von Wei und nahm ihren offenkundigen Erben Shen gefangen. Dann kehrte er nach Qi zurück.[18]

Damit erwarb Sun Bin weltweite Anerkennung, und Generationen überlieferten seine Strategie.

---

[18] Diese große Schlacht fand 341 v. Chr. im nord-östlichen Shandong statt.

存神過化豈容嵓穴列千

EINSCHÄTZUNGEN[1]

Sun Zi sprach:

1

Krieg ist für den Staat von entscheidender Bedeutung; die Sphäre von Leben oder Tod; der Pfad zum Überleben oder in den Untergang.[2] Er ist gründlich zu überdenken.

***Li Quan:** „Waffen sind unheilvolle Geräte.“ Krieg ist eine ernste Sache; man sollte Sorge tragen, dass er nicht ohne gebührende Überlegung begonnen wird.*

計划

2

Beurteile ihn daher nach den fünf grundlegenden Faktoren und vergleiche die sieben später genannten Elemente.[3] So kannst du seine Grundlagen einschätzen.

3

Der erste dieser Faktoren ist moralische Führung; der zweite das Wetter; der dritte das Terrain; der vierte die Führung; und der Fünfte die Disziplin.[4]

---

[1] Der Titel bedeutet „Berechnungen“ oder „Pläne“. In der Ausgabe *Seven Military Classics* lautet der Titel „Preliminary Calculations/Vorbereitende Berechnungen“. Wir bezeichnen den ersten Gegenstand, der in dem Prozess untersucht wird, als Einschätzung (oder Beurteilung) der Situation.

[2] Oder „da [das Schlachtfeld] der Ort von Leben und Tod [und Krieg] der Pfad zum Überleben oder zum Untergang ist“.

[3] Sun Xingyan folgt hier dem *Tong Dian* und lässt das Zeichen *shi* (事) aus: „Sachen“, „Faktoren“, oder „Angelegenheiten“. Ohne es macht der Vers nicht viel Sinn.

[4] Hier wird *Dao* (道) als „moralischer Einfluss“ übersetzt und nicht wie meist als „Der Weg“ oder „Der richtige Weg“. Hier bezieht es sich auf das moralische Verhalten der

Zhang Yu: Die genannte systematische Anordnung ist klar. Werden Truppen aufgestellt, um gegen Missetäter vorzugehen, prüft der Tempelrat zuerst die Angemessenheit der Güte der Herrschenden und das Vertrauen ihrer Leute; dann die Eignung der Wetterverhältnisse und schließlich die topographischen Schwierigkeiten. Nach gründlicher Überlegung dieser drei Faktoren wird ein General bestimmt, um den Einsatz zu leiten.[5] *Wenn die Truppe die Grenzen überschritten hat, geht Rechts- und Befehlsgewalt auf den General über.*

4

Unter moralischem Einfluss verstehe ich das, was das Volk in Einklang mit seiner Führung bringt, sodass es sie im Leben und bis in den Tod ohne Angst vor tödlicher Gefahr begleiten wird.[6]

Zhang Yu: Behandelt man die Menschen wohlwollend, redlich und gerecht und bringt ihnen Vertrauen entgegen, wird die Armee im Geiste eins sein und ihre Führung bereitwillig unterstützen. Das Buch der Wandlungen besagt: „Im Glücksgefühl der Überwindung von Schwierigkeiten vergessen die Menschen die Gefahr des Todes."

Regierung, speziell auf das des Herrschers. Regiert dieser gerecht, gütig und rechschaffen, dann folgt er dem Rechten Weg und übt so einen höheren Grad von moralischem Einfluss aus. Das Zeichen *fa* (法), das hier mit „Disziplin" wiedergegeben wird, besitzt eine Hauptbedeutung als „Gesetz" oder „Methode". Im Titel des Werks wird es mit „Kunst" übersetzt. In V. 8 stellt Sun Zi klar, dass er über das, was wir Disziplin nennen, spricht.

[5] Im Chinesischen gibt es präzise Begriffe, die nicht einheitlich mit unserem Wort „Angriff" ausgedrückt werden können. Zhang Yu verwendet hier eine Phrase, die wörtlich „(Kriegs)Verbrecher strafen" heißt, ein Ausdruck, der sich auf den Angriff von Rebellen bezieht. Andere Zeichen haben so spezifische Bedeutungen wie „heimlich angreifen", „plötzlich angreifen", „Aufständische unterdrücken", zur Unterwerfung zwingen" etc.

[6] Oder: „Moralischer Einfluss ist das, was das Volk dazu bringt, im Einklang mit ihren Herrschern zu stehen. . . ." Cao Cao sagt, das Volk könnte durch „Unterweisung" auf den richtigen Weg (des Verhaltens) geführt werden.

天氣

5

Unter Wetter verstehe ich die Wechselwirkung natürlicher Kräfte; die Folgen der Kälte des Winters und der Hitze des Sommers und die militärischen Verfahrensweisen in Übereinstimmung mit den Jahreszeiten.[7]

6

地面

Unter Terrain verstehe ich die Distanzen, ob das Gelände leicht oder nur mit Mühe durchquert werden kann, ob es offen oder eng ist, und die Aussicht auf Leben und Tod.

Mei Yaochen: *. . . Vor dem Truppeneinsatz ist es wesentlich, die Geländebedingungen zu kennen. Kennt man die Distanzen, kann man einen direkten oder indirekten Plan nutzen. Kennt man den Schwierigkeitsgrad des zu überquerenden Geländes, lässt sich der Vorteil des Einsatzes von Infanterie oder Kavallerie einschätzen. Weiß man, wo das Gelände verengt oder offen ist, lässt sich die geeignete Größe der Truppe kalkulieren. Weiß man, wo man kämpfen wird, so weiß man, wann die Truppe zu sammeln oder zu teilen ist.*[8]

7

Unter Führung verstehe ich die Führungsqualitäten von Weisheit, Ehrlichkeit, Menschlichkeit, Mut und Strenge.

Li Quan: *Diese fünf sind die Tugenden des Generals. Daher nennt ihn die Truppe „Die Respektsperson".*

Du Mu: *. . . Ein weiser Befehlshaber erkennt die wechselnden Bedingungen und handelt angemessen. Ist er aufrichtig, so zweifeln seine Männer nicht an der sicheren Anerkennung oder Bestrafung. Ist er*

[7] Es ist klar, dass das Schriftzeichen *tian* (天) (Himmel) in diesem Vers, wie heutzutage, im Sinn von „Wetter" verwendet wird.

[8] „Den Grund von Leben und Tod kennen. . ." wird hier mit „Falls er weiß, wo er kämpfen wird" übersetzt.

menschlich, liebt er die Menschheit, fühlt mit den anderen und schätzt deren Fleiß und Mühe. Ist er mutig, siegt er, da er Gelegenheiten ohne zu zögern ergreift. Ist er streng, so sind seine Truppen diszipliniert, da sie ihn bewundern und Strafe fürchten. Shen Baoxu. . . sagte: „Ist ein General nicht mutig, so kann er weder Zweifel besiegen noch große Pläne schmieden."

8

Unter Disziplin verstehe ich Organisation, Kontrolle, angemessene Pflichtzuteilung der Offiziere, Bestimmung der Versorgungswege und die Ausstattung der Armee.

控制

9

Es gibt keinen Befehlshaber, der diese fünf Faktoren nicht kennt. Wer sie beherrscht, siegt; wer nicht, scheitert.

10

Daher sind beim Erstellen von Plänen die folgenden Elemente zu vergleichen und sorgfältigst auszuwerten.

11

Wenn du mir sagst, welcher Herrscher moralischen Einfluss besitzt, welcher Befehlshaber mehr Kompetenz hat, welche Armee sich die Vorteile der Natur und des Terrains erwirbt, welche Richtlinien und Anordnungen besser befolgt werden, welche Truppen stärker sind;[9]

Zhang Yu: *Starke Streitwagen, schnelle Pferde, scharfe Waffen, tapfere Truppen – wenn sie die Trommeln zum Angriff schlagen hören, sind sie glücklich, und wenn die Gongs zum Rückzug rufen, sind sie erzürnt. Solch einer ist stark.*

12

Welcher die besser trainierten Offiziere und Männer hat;

Du You: *. . . Daher sagte Meister Wang: „Sind die Offiziere keinen harten Drill gewöhnt, so werden sie im Kampf zittern und zaudern; sind die Generäle nicht erstklassig ausgebildet, so werden sie innerlich verzagen, sobald sie dem Feind gegenüberstehen."*

---

[9] In diesem und den folgenden zwei Versen werden die in V. 2 erwähnten sieben Elemente genannt.

13

Und welcher Anerkennungen und Strafen auf vernünftigere Weise handhabt;

Du Mu: *Keine davon sollten übertrieben sein.*

14

Werde ich voraussagen können, welche Seite siegreich sein wird und welche geschlagen wird.

15

Ein Befehlshaber, der diese Strategien beherzigt, wird siegen. Behalte ihn! Ein Befehlshaber, der diese Strategien zurückweist, wird sicher besiegt. Entlasse ihn!

16

利益

Nachdem er die Vorteile gemäß meiner Pläne beherzigt hat, muss er Situationen schaffen, die zu deren Durchführung beitragen.[10] Unter „Situationen" verstehe ich, dass er entsprechend der Vorteile zweckdienlich handelt und so das Gleichgewicht beherrscht.

17

Jegliche Kriegsführung beruht auf Täuschung.

18

Wenn du kompetent bist, täusche Unfähigkeit vor; wenn aktiv, gib dich untätig.

19

Wenn du nahe bist, lass es fern erscheinen; bist du fern, erwecke den Eindruck, als seist du nahe.

---

[10] Änderung von *Yi* (以) zu *Yi* (已). Die Kommentatoren sind sich bei der Interpretation dieses Verses nicht einig.

20

Locke den Feind mit einem Köder an;
täusche Unordnung vor und überwältige ihn.

Du Mu: *Der General der Zhao-Zeit Li Mu ließ Viehherden mit deren Hirten frei; wenn die Xiong Nu näher gerückt waren, täuschte er einen Rückzug vor und ließ einige tausend Männer zurück, als würde er sie sich selbst überlassen. Als der Khan die Neuigkeit hörte, war er entzückt und zog an der Spitze einer großen Streitmacht zu dieser Stelle. Li Mu bildete mit den meisten seiner Truppen Formationen an der rechten und linken Flanke, blies zum Angriff, zwängte die Hunnen ein und metzelte 100.000 der Reiter nieder.*[11]

21

Wenn der Feind sich sammelt, triff Vorkehrungen gegen ihn; ist er übermächtig, dann weiche ihm aus.

22

Bring seinen General in Wut und verwirre ihn.

Li Quan: *Ist sein General cholerisch, ist seine Autorität leicht erschütterbar. Sein Charakter ist nicht fest.*

Zhang Yu: *Ist der feindliche General starrköpfig und jähzornig, beleidige und erzürne ihn, damit er gereizt, verwirrt und planlos gegen dich vorgeht.*

23

Täusche Unterlegenheit vor und nähre seinen Hochmut.

Du Mu: *Gegen Ende der Qin-Dynastie begründete Mo Dun der Xiong Nu seine Herrschaft. Die östlichen Hunnen waren stark und schickten Botschafter zu Friedensverhandlungen. Sie sagten: „Wir wollen Tou*

---

[11] Die Xiong Nu (auch Hunnen oder Hu genannt) waren Nomaden, die über Jahrhunderte in chinesische Gebiete einfielen. Die Große Mauer wurde gegen ihre Angriffe errichtet.

Mas Tausend-Li-Pferd!" Mo Dun befragte seine Berater, die alle riefen: „Das beste Pferd. Es ist das Wertvollste dieses Landes! Gebt es ihnen nicht!" Mo Tun antwortete: „Warum einem Nachbarn ein Pferd missgönnen?" Also entsandte er das Pferd.[12]

Etwas später schickten die östlichen Hunnen Gesandte, die sprachen: „Wir möchten eine der Prinzessinnen." Mo Dun fragte seine Minister um Rat, die erbost sprachen: „Die östlichen Hunnen sind unredlich! Nun wollen sie gar eine Prinzessin! Wir flehen euch an, greift sie an!" Mo Dun sagte: „Wie kann man einem Nachbarn eine junge Frau missgönnen?" Also gab er ihnen die Frau.

Etwas später kehrten die östlichen Hunnen zurück und sprachen: „Ihr besitzt tausend Li *unbenutztes Land, das wir wollen." Mo Dun befragte seine Berater. Manche fanden es vernünftig, den Grund abzutreten, andere nicht. Mo Dun war erzürnt und sagte: „Land ist die Grundlage des Staates. Wie kann man dies hergeben?" All jene, die ihm so geraten hatten, wurden geköpft. Mo Dun sprang auf sein Pferd, befahl, dass alle, die ihm nicht folgten, zu köpfen wären und ritt einen Überraschungsangriff auf das Östliche Hu. Die östlichen Hunnen verachteten ihn und hatten keine Vorkehrungen getroffen. Er löschte sie bei dem Angriff aus. Danach wandte sich Mo Dun westwärts und attackierte die Yue Di. Im Süden annektierte er Lou Fan . . . und fiel in Yan ein. Er gewann all das ehemalige Land der Xiong Nu, das von Qin durch General Meng Tian erobert worden war, zurück.*[13]

[12] Mo Dun oder Tou Ma oder Tumen war der Erste, der die Xiong Nu vereinte. Das Tausend-Li-Pferd war ein Hengst, der den Ruf genoss, tausend *Li* (etwa 500 km) ohne Gras oder Wasser zurücklegen zu können. Der Begriff bezeichnet ein Pferd von außergewöhnlicher Qualität, das ohne Zweifel Zuchtzwecken diente.

[13] Meng Tian bezwang in der Qin-Zeit die Grenznomaden und begann mit dem Bau der Chinesischen Mauer. Es heißt, er erfand die Schreibfeder. Das stimmt wahrscheinlich

Zhen Hao: *Gib dem Feind Knaben und Frauen, um ihn zu betören, und Jade und Seide, um seinen Ehrgeiz zu wecken.*

24

Setze ihn unter Druck und zermürbe ihn.

Li Quan: *Ist dein Gegner gelassen, ermüde ihn.*

Du Mu: *... Gegen Ende der Han-Dynastie, nachdem Cao Cao Liu Bei besiegt hatte, floh Bei zu Yuan Shao, der folglich seine Truppen zum Angriff gegen Cao Cao führen wollte. Tian Fang, einer von Yuan Shaos Stabsoffizieren, sprach: „Cao Cao ist ein Experte im Einsatz von Truppen; man darf nicht unbedacht gegen ihn vorgehen. Es ist besser, die Dinge hinauszuzögern und ihn auf Distanz zu halten. Ihr, General, solltet entlang der Berge und Flüsse Befestigungen errichten und die vier Präfekturen sichern. Außerhalb macht Bündnisse mit mächtigen Führern; innerhalb verfolgt eine agromilitärische Politik.*[14] *Dann erwählt Kerntruppen und bildet daraus Sondereinheiten. Attackiert Stellen, an denen er unvorbereitet ist, wiederholt die Einsätze und stiftet im Land südlich des Flusses Unruhe. Kommt er seiner Rechten zu Hilfe, attackiert seine Linke; kommt er der Linken zu Hilfe, attackiert die Rechte; erschöpft ihn, indem Ihr ihn ständig umherjagt ... Weist Ihr nun diese siegreiche Taktik zurück, um alles in einer Schlacht zu entscheiden, kommt jede Reue zu spät." Yuan Shao befolgte seinen Rat nicht und wurde folglich geschlagen.*[15]

---

nicht ganz, er könnte die bestehende Feder jedoch in irgendeiner Art verbessert haben.

[14] Dies bezieht sich auf die landwirtschaftlichen Militärkolonien in abgelegenen Regionen, in denen Soldaten mit ihren Familien angesiedelt wurden. Ein Teil der Zeit wurde dem Landbau gewidmet, der Rest dem Training und, wenn nötig, dem Kampf. Die Russen kolonisierten mit dieser Taktik, die heute im Grenzland Chinas üblich ist, Sibirien.

[15] Während der Periode der „Drei Reiche" rangen Wei im Norden und Westen, Shu im Südwesten und Wu im Yangze-Tal um die Vorherrschaft.

25

Ist er vereint, so spalte ihn auf.

Zhang Yu: *Manchmal kannst du einen Keil zwischen einen Herrscher und seine Minister treiben, dann wieder seine Allierten von ihm abspalten. Schüre ihr gegenseitiges Misstrauen, sodass sie sich entzweien. Dann kannst du einen Komplott gegen sie schmieden.*

26

Greif dort an, wo er nicht darauf vorbereitet ist, und schlag unerwartet zu.

He Yanxi: *... Li Jing aus der Tang-Dynastie schlug zehn Pläne gegen Xiao Xie vor, und es wurde ihm die gesamte Befehlsgewalt über die Armee anvertraut. Im achten Monat sammelte er seine Streitmächte bei Kui Zhou.*[16]

Es war die Zeit der Herbstflut, als das Wasser des Yangze über die Ufer stieg und die Wege an den drei Schluchten gefahrvoll waren. Daher dachte Xiao Xie, dass Li Jing nicht gegen ihn marschieren würde. Folglich traf er keine Vorkehrungen.

Im neunten Monat übernahm Li Jing das Kommando über die Truppen und sprach folgendermaßen zu ihnen: „Im Krieg ist es von entscheidender Bedeutung, außergewöhlich schnell zu sein; man kann es sich nicht leisten, eine gute Gelegenheit zu verpassen. Nun sind wir versammelt und Xiao Xie weiß noch nicht einmal davon. Wenn wir Nutzen aus der Überflutung des Flusses ziehen, werden wir unerwartet vor der Mauer der Hauptstadt stehen. Es heißt: ‚Wenn es donnert, bleibt keine Zeit, sich die Ohren zuzuhalten.' Auch wenn er uns entde-

---

[16] Kui Zhou ist in Si Chuan.

cken sollte, kann er nicht Hals über Kopf einen Plan aufstellen, um uns zu entgegnen. Daher können wir ihn sicher gefangennehmen."

Er drang nach Yi Ling vor, Xiao Xie bekam Angst und bat um Verstärkung von der Südseite des Flusses, diese kam jedoch nicht rechtzeitig. Li Jing belagerte die Stadt und Xie gab auf.

„Unerwartet hervorbrechen" verdeutlicht die Geschichte, als die Generäle Zhong Hui und Deng Ai gegen Ende der Wei-Dynastie zum Angriff gegen Shu zogen.[17] *... Im zwölften Monat im Winter verließ Ai Yin Ping und marschierte über 700* Li *durch die Wildnis, ließ Pfade in Berge stemmen und Hängebrücken bauen. Die Berge waren hoch, die Schluchten tief und sein Unterfangen extrem schwierig. Außerdem stand die Armee, die kaum noch Proviant hatte, am Rande des Todes. Deng Ai wickelt sich selbst in Filzteppiche und rollte die steilen Berghänge hinunter; Generäle und Offiziere kletterten, sich an Äste klammernd, hoch.*

Deng Ai brach zuerst bei Jiang You in Shu hervor, und der mit der Verteidigung betraute General gab auf. Deng Ai köpfte Zhuge Zhan, der bei Mianzhu Widerstand leistete, und stürmte Cheng Du. Der König von Shu, Liu Shan, gab auf.

---

[17] Dieser Feldzug fand etwa 255 n. Chr. statt.

[18] Ein verwirrender Vers, der schwer in unsere Sprache übertragbar ist. In den vorbereitenden Berechnungen wurde eine Art von Rechengerät verwendet. Das eingesetzte Schriftzeichen repräsentiert so ein Gerät, eventuell einen primitiven Abakus. Wir wissen nicht, wie die diversen genannten „Faktoren" und „Elemente" gegeneinander abgewogen wurden, jedoch war der Vergleichsprozess der relativen Stärken offensichtlich sehr rational. Es scheint, dass zwei separate Kalkulationen angestellt wurden, die erste auf nationaler Ebene und die zweite auf einer strategischen Ebene. Bei erstgenannter wurden die in V. 3 genannten fünf Grundelemente verglichen; wir können annehmen, dass die Militärexperten bei günstigen Ergebnissen Stärke, Training bei der Handhabung von Belohnung und Strafe und so fort (die sieben Faktoren) verglichen.

27

Das sind die strategischen Schlüssel zum Sieg. Es ist nicht möglich, diese im Voraus zu bestimmen.

Mei Yaochen: *Wenn du mit dem Feind konfrontiert wirst, musst du auf die wechselnden Umstände reagieren und dir Notlösungen ausdenken. Wie kann dies im Vorhinein diskutiert werden?*

胜利

28

Falls nun die Einschätzungen, die im Tempel noch vor den Feindseligkeiten gemacht wurden, auf Sieg hindeuten, dann deswegen, weil diese Überlegungen aufzeigen, inwiefern die eigene Stärke der des Gegners überlegen ist; weisen sie auf eine Niederlage hin, dann deswegen, weil die Kalkulationen aufzeigen, dass man schwächer ist. Mit vielen Kalkulationen kann man siegen, mit wenigen kaum. Wieviel geringer ist die Chance auf Sieg, wenn überhaupt keine Kalkulationen angestellt werden! Auf diese Weise analysiere ich die Situation, und das Ergebnis wird klar ersichtlich sein.[18]

KRIEGSFÜHRUNG

Sun Zi sprach:

1

Für Kriegsoperationen braucht man allgemein tausend vierspännige leichte Streitwagen und tausend lederbezogene Wagen sowie 100.000 gepanzerte Truppen.

Du Mu: *. . . Bei den alten Wagenkämpfen gab es sowohl leichte als auch schwere „lederbezogene Streitwagen". Die schwereren wurden für den Transport von Hellebarden, Waffen, Militärausstattung, Wertgegenstände und Uniformen eingesetzt. Das* Sima Fa *besagt: Ein Streitwagen trägt drei Offiziere; 72 Fußtruppen begleiten ihn. Zusätzlich rechnet man zehn Köche und Diener, fünf Männer, die sich um die Uniformen kümmern, fünf Stallknechte, die die Pferde versorgen, und fünf Männer, die Feuerholz und Wasser holen: 75 Männer auf einem leichten Streitwagen und 25 auf einem Güterwagen ergeben zusammen 100 Männer in einer Kompanie.*[1]

戰車

2

Der Transport von Proviant über tausend *Li,* Ausgaben daheim und im Feld, Gehälter für die Bewirtung von Beratern und Besuchern, Kosten für Materialien wie Klebstoff und Lack sowie für Wagen und Rüstung kommen pro Tag auf 1.000 Goldstücke pro Tag.

預备

[1] Das Verhältnis von Kampftruppen zu Verwaltungstruppen war folglich 3:1.

Nachdem das Geld ausgefertigt ist, können 100.000 Truppen aufgestellt werden.[2]

Li Quan: *Wenn nun die Armee ins Feld zieht, dann ist die Staatskasse leer.*

Du Mu: *In der Armee gibt es den Brauch, Feudalherren zu empfangen. Daher erwähnt Sun Zi „Berater und Besucher".*

3

Das Hauptziel des Kriegs ist der Sieg.[3] Wird dieser zu lange hinausgezögert, so werden die Waffen stumpf und die Moral geschwächt. Wenn Truppen Städte angreifen, wird ihre eigene Kraft erschöpft.

4

Verausgabt sich die Armee in langwierigen Feldzügen, werden die Staatsreserven nicht ausreichen.

Zhang Yu: *... Die Feldzüge von Kaiser Wu der Han-Dynastie zogen sich ohne Ergebnis hin, und nachdem die Staatskasse leer war, erließ er ein trauervolles Edikt.*

5

Sind deine Waffen stumpf geworden und der Feuereifer verdampft, deine Kraft und die Staatsreserven erschöpft, dann werden angrenzende Herrscher Profit aus deiner misslichen Lage ziehen.

Selbst wenn du weise Berater hast, werden diesen keine gute Pläne für die Zukunft einfallen.

---

[2] Goldgeld wurde 400 v. Chr. in Chu geprägt, doch tatsächlich verwendet Sun Zi nicht den Begriff „Gold". Er verwendet einen Begriff, der „Metallwährung" bedeutet.

[3] Ich füge gemäß der „Sieben Klassiker der Kriegskunst" das Zeichen *gui* (貴) ein, das in diesem Kontext „was zählt" oder „was gewertet wird" bedeutet.

6

Also, auch wenn wir schon von überstürzter Schnelligkeit im Krieg gehört haben, so haben wir noch nie von einer klugen, aber lang hinausgezögerten Operation gehört.

Du You: *Ein Angriff mag zwar Genialität ermangeln, muss jedoch unglaublich schnell vor sich gehen.*

7

Denn es hat noch nie einen langwierigen Krieg gegeben, der einem Land Nutzen gebracht hätte.

Li Quan: *Die Frühlings- und Herbstannalen besagen: „Krieg ist wie Feuer; jene, die die Waffen nicht niederlegen, werden selbst davon ausgelöscht werden."*

8

Folglich können jene, die die Gefahren, die der Einsatz von Truppen birgt, nicht erkennen, genauso wenig deren zielführenden Einsatz verstehen.

9

Die Meister der Kriegsführung brauchen keine zweite Einberufung von Rekruten und nicht mehr als eine Bevorratung.[4]

10

Sie bringen die Ausrüstung aus ihrem Heimatland mit; sie sorgen für Proviant aus den Beständen des Feindes. So wird die Armee reichlich mit Nahrung versorgt.

---

[4] Die Kommentatoren ergehen sich in langen Diskussionen über die Zahl des Proviants. Diese Version besagt „sie brauchen nicht drei", das ergibt zwei, das heißt einen beim Abmarsch und einen beim Rückmarsch. In der Zwischenzeit leben sie auf Kosten des Gegners. Die TPYL-Version (gemäß Cao Cao) besagt: „sie brauchen nicht *noch einmal* versorgt werden", das heißt während eines Feldzuges. Ich nehme dies an.

11

預备

Verarmt ein Land durch Kriegsoperationen, dann liegt dies an den weiten Transportwegen; denn der Nachschub über lange Strecken macht das Volk mittellos.

Zhang Yu: *. . . Müsste eine Armee über die Strecke von tausend* Li *mit Getreide versorgt werden, so sähe sie hungrig aus.*[5]

[5] Dieser Kommentar erscheint unter V. 10, ist hier jedoch passender.

12

Wo die Truppe lagert, steigen die Preise; steigen die Preise, so sinkt der Wohlstand des Volkes. Ist der Wohlstand erschöpft, dann wird die Bauernschaft Opfer von zwingenden Abgaben.[6]

Jia Lin: *... Wo sich Truppen sammeln, steigt der Preis aller Güter, da jeder den außergewöhnlichen Profit, der sich machen lässt, begehrt.*[7]

13

Mit derartig dezimierter Kraft und aufgebrauchtem Wohlstand verarmen die Haushalte im Kernland, und sieben Zehntel ihres Besitzes zerrinnen.

Li Quan: *Geht der Krieg ohne Unterlass weiter, so verzweifeln Frauen und Männer daran, nicht heiraten zu können und die Last der Versorgung zu tragen.*

柔弱的

14

Die Staatsausgaben machen aufgrund von kaputten Wagen, verbrauchter Pferde, Rüstungen und Helme, Pfeile und Armbrüste, Speere und Schilder, Zugtiere und Versorgungswagen etwa 60 Prozent der Gesamtsumme aus.[8]

15

Daher sorgt ein weiser Befehlshaber dafür, dass seine Truppen vom Feind genährt werden, da eine Wagenladung aus dem Proviant des Feindes 20 Mal so viel zählt wie eine seiner eigenen; und nur ein Zentner Heu mehr als 20 Zentner aus den eigenen Vorräten.

---

[6] Oder „nahe [wo] die Truppe [ist]“, (d.h. im Bereich der Aktionen) „ist Kaufen teuer“. Die „zwingenden [oder schweren] Abgaben“ beziehen sich auf Sondersteuern, wie zwangsläufige Ablieferung von Tieren und Getreide sowie Trägerlohn.

[7] Dieser Kommentar, der unter dem vorigen Vers erscheint, wurde neu positioniert.

[8] Hier verwendet Sun Zi das spezifische Schriftzeichen für „Armbrust“.

Zhang Yu: *. . . Beim Transport von Proviant über eine Distanz von tausend* Li *werden 20 Wagenladungen verbraucht, um der Truppe eine zu liefern. . . . Ist schwieriges Terrain zu überqueren, sogar mehr.*

16

故國

Der Grund, warum die Truppen sich auf den Feind stürzen, liegt darin, dass sie in Kampfstimmung sind.[9]

He Yanxi: *Als die Armee von Yan die Stadt Ji Mo in Qi umlagerten, schnitten sie allen Gefangenen von Qi die Nasen ab.*[10] *Die Männer von Qi waren erzürnt und verteidigten die Stadt. Tian Dan schickte einen Geheimagenten zur Armee der Yan und ließ verkünden: „Wir fürchten, dass ihr die Körper unserer Ahnen aus den Gräbern holt. Dies lässt uns das Herz einfrieren!"*

Die Armee von Yan begann sofort, die Gräber zu plündern und die Leichname zu verbrennen. Die Verteidiger von Ji Mo sahen dies von der Stadtmauer aus und wollten mit Tränen in den Augen hinausbrechen, um zu kämpfen, da der Zorn ihre Kraft zehnmal verstärkte. Tian Dan wusste dann, dass seine Truppen bereit waren, und schlug Yan vernichtend.

17

Sie plündern den Feind, weil sie Reichtum wünschen.

Du Mu: *. . . In der Späten Han-Dynastie griff Du Xiang, der Präfekt von Jin Zhou, die Gui-Zhou-Aufständischen Bu Yang, Pan Hong und weitere an. Er drang in Nan Hai ein, zerstörte drei ihrer Lager und erbeutete viele Schätze. Pan Hong und seine Anhänger waren jedoch noch immer stark und zahl-*

[9] Dies scheint fehl am Platz zu sein.

[10] Diese Belagerung fand 279 v. Chr. statt.

reich, während Du Xiangs Truppen, die nun reich und hochmütig waren, nicht mehr den geringsten Wunsch zu kämpfen verspürten.
Xiang sprach: „Bu Yang und Pan Hong sind seit zehn Jahren aufständisch. Beide sind sehr versiert im Angriff und in der Verteidigung. Wir sollten wirklich die Kraft aller Präfekturen vereinen und sie dann angreifen. Für den Moment sollen sich die Männer an der Jagd erfreuen." Worauf sowohl die hohen als auch die niederen Truppen gemeinsam auf die Jagd gingen.

Sobald diese ausgezogen waren, ließ Du Xiang heimlich ihre Kaserne niederbrennen. Die Schätze, die sie angehäuft hatten, verbrannten allesamt. Als die Männer von der Jagd zurückkehrten, gab es keinen, der nicht klagte.

Du Xiang sprach: „Der Reichtum und die Güter von Bu Yang und seinen Gefährten reichen, um mehrere Generationen zu bereichern. Ihr, meine Herren, habt nicht Euer Bestes gegeben. Was Ihr verloren habt, ist nur ein Bruchteil von dem, was es dort gibt. Warum klagt Ihr also?" Als die Truppen das hörten, wurden sie wütend, und ihr Kampfgeist regte sich. Du Xiang befahl, die Pferde zu füttern und jedem, in seinem Bett zu essen, und im Morgengrauen zogen sie zum Lager des Feindes los.[11] *Yang und Hong hatten keine Vorkehrungen getroffen, und Du Xiangs Truppen ritten einen kühnen Angriff und vernichteten sie.*

Zhang Yu: *. . . In dieser Kaiser-Dynastie, als der bedeutende Gründer seinen Generälen befahl, Shu anzugreifen, verfügte er: „In allen eroberten Städten und Präfekturen sollt Ihr in meinem Namen die*

[11] Sie aßen vorgekochtes Essen, um kein Feuer zur Vorbereitung des Frühstücks entzünden zu müssen?

Staatskassen und -vorräte leeren, um die Offiziere und Soldaten zu unterhalten. Den Staat interessiert allein das Land."

18

Belohne in einer Wagenschlacht jene, die die ersten zehn Wagen erbeutet haben. Ersetze die Flaggen und Banner des Gegners mit deinen eigenen und gliedere die fremden Wagen in deine eigenen Truppen ein.

19

Behandle die Gefangenen würdig und sorge gut für sie.

Zhang Yu: *Alle gefangenen Soldaten sind mit Großmut und Aufrichtigkeit zu behandeln, damit sie von uns nützlich eingesetzt werden können.*

20

Dies nennt man „eine Schlacht gewinnen und stärker werden".

21

Folglich ist das, was zählt, das Siegen, keine lang gezogenen Operationen. Daher sollte der General, der den Krieg versteht, wissen, dass er das Schicksal seines Volkes und der Nation in der Hand hat.

He Yanxi: *Die Schwierigkeiten, einen Befehlshaber zu bestimmen, sind heute die gleichen wie in alten Zeiten.*[12]

[12] He Yanxi schrieb dies wahrscheinlich um 1050 n. Chr.

鎮海縣城
招寶山城
紅線內俱本營洋
汛係鎮海縣管轄
西南首鎮海營洋汛
東北首定標右營洋汛
金塘山
蛟門
陳山
四顧山
長山橋
義成橋
東港汛
老碶
新碶
沙蟹嶺
大嶺
門洋汛界碑
西南首係本營洋汛東北首係定標右營洋汛西至七姊妹一帶洋面南首係本營洋汛西北首係乍浦營洋汛官兵巡哨之汛
孔墅嶺界碑
山崗北鎮海營笠山汛所轄山崗南提標左營汛所轄
佈陣嶺界碑
山崗北鎮海營笠山汛所轄山崗南提標左營汛所轄

III ANGRIFFSSTRATEGIE

Sun Zi sprach:

1

Die beste Kriegsstrategie ist, einen Staat unversehrt einzunehmen; es ist die schlechtere Taktik, ihn zu zerstören.

***Li Quan:** Setze keinen Preis auf das Töten aus.*

2

Es ist besser, über eine ganze Armee Einfluss zu gewinnen, als sie zu vernichten; eine Bataillon, eine Kompanie oder einen Fünfmanntrupp einzunehmen, ist besser, als diese zu vernichten.

3

Denn in hundert Schlachten hundert Siege zu erringen, ist nicht der Inbegriff des Könnens. Der Inbegriff des Könnens ist, den Feind ohne Gefecht zu unterwerfen.

4

Daher ist es im Krieg von entscheidender Bedeutung, die Strategie des Feindes anzugreifen;[1]

***Du Mu:** . . . Der Große Fürst sagte: „Wer Schwierigkeiten überwinden will, tue dies, bevor sie auftauchen. Wer den Triumph seiner Gegner überwinden will, tue dies, bevor die Bedrohung Form annimmt.“*

***Li Quan:** Greife die Pläne gleich zu Beginn an. Kou*

[1] Nicht, wie Giles übersetzt, „die Pläne des Feindes zu durchkreuzen“.

Xun umzingelte in der Späten Han-Dynastie Gao Zhun.[2] *Zhun sandte seinen Planungsoffizier, Huangfu Wen, zu Verhandlungen. Huangfu Wen war stur und unhöflich. Kou Xun köpfte ihn und ließ Gao Zhun wissen: „Euer Stabsoffizier agierte ordnungswidrig. Ich habe ihn geköpft. Wenn Ihr aufgeben wollt, tut es sofort. Ansonsten verteidigt Euch." Am selben Tag noch öffnete Zhun seine Befestigungsanlagen und gab auf.*

Alle Generäle Kou Xuns fragten: „Wie ging das zu? Ihr tötet seinen Gesandten und konntet ihn trotzdem dazu zwingen, seine Stadt aufzugeben."

Kou Xun sprach: „Huangfu Wen war Gao Zhuns Herz und seine rechte Hand, sein intimer Berater. Hätte ich Huangfu Wens Leben geschont, so hätte er seine Pläne durchgeführt. Doch als ich ihn tötete, verlor Gao Zhun seinen Mut. Wie es heißt: ‚Die höchste Kriegskunst, ist die Pläne des Feindes anzugreifen.'"

Alle Generäle sprachen: „Dies übersteigt unser Verständnis."

5

Das Zweitbeste ist, seine Bündnisse zu brechen:[3]

Du You: Erlaube deinen Feinden nicht, sich zu vereinigen.

Wang Xi: . . . Erforsche den Grund seiner Bündnisse und sorge für deren Verschlechterung und Auflösung. Hat ein Feind Allianzen, dann ist es ein schweres Problem und die Lage des Feindes stabil; hat er keine Allianzen, dann ist das Problem gering und die Lage des Feindes instabil.

6

Das Drittbeste ist, seine Truppen anzugreifen.

Jia Lin: . . . *Der Große Fürst sprach: „Wer einen Sieg*

[2] Dies fand im 1. Jh. n. Chr. statt.

[3] Nicht, wie bei Giles, „um die Vereinigung der feindlichen Streitkräfte zu verhindern".

mit nackten Klingen erkämpft, ist kein guter General.“
Wang Xi: *Schlachten sind gefährliche Angelegenheiten.*
Zhang Yu: *Kannst du seine Pläne nicht im Keim ersticken oder seine Bündnisse brechen, dann musst du deine Waffen schärfen, um den Sieg zu erringen.*

7

Die schlechteste Strategie ist es, Städte anzugreifen; greife sie nur an, wenn es keine andere Wahl gibt.[4]

城市

8

Man benötigt mindestens drei Monate, um gepanzerte Wagen und Waffen und Ausrüstung vorzubereiten, sowie weitere drei Monate, um Erdwälle aufzuschütten.

9

Falls der General seine Truppe nicht dazu bringen kann, ihre Ungeduld zu beherrschen, und seinen Truppen befiehlt, wie die Ameisen die Wände zu stürmen, wird ein Drittel von ihnen getötet, ohne die Stadt einnehmen zu können. Solch Unheil ergibt sich aus diesen Angriffen.

Du Mu: *. . . In der späten Wei-Dynastie führte der Kaiser Tai Wu 100.000 Truppen bei You Tai gegen den General Zang Zhi der Song. Der Kaiser ersuchte Zhang Zhi zuvor um etwas Wein.*[5] *Zhang Zhi ließ einen Krug voll Urin versiegeln und sandte ihm diesen. Tai Wu griff in seiner Wut sofort die Stadt an und befahl seinen Truppen, die Mauern zu erklimmen und in Nahkampf zu gehen. Die Mauer war bis zu ihrem Rand mit Leichen gesäumt, und nach 30 Tagen war mehr als die Hälfte seiner Streitmacht tot.*

---

[4] In dieser Versfolge erläutert Sun Zi nicht, wie Giles offenbar dachte, die Kunst der Profession der Generäle. Es handelt sich um Ziele oder Taktiken – *zheng* (政) – in der Reihenfolge des relativen Erfolges.

[5] Austausch von Geschenken und Komplimenten war ein übliches Ritual vor dem Kampf.

捕獲

10

Daher unterwerfen Kriegskundige das feindliche Heer ohne Schlacht, nehmen seine Städte ein, ohne sie zu belagern und stürzen seinen Staat ohne langwierige Gefechte.

Li Quan: *Sie erobern durch Strategie. In der Späten Han-Dynastie umzingelte der Marquis von Zan, Zang Gong, die „Yao"-Rebellen bei Yuan Wu, doch es war über mehrere Monate nicht möglich, die Stadt einzunehmen.*[6] *Seine Offiziere und Soldaten waren krank und von Geschwüren übersät. Der König von Dong Hai sprach zu Zang Gong: „Nun hast du die Truppen geballt und den Feind umzingelt, der sich bis zum Tod verteidigen wird. Das ist keine Strategie! Du solltest die Belagerung aufheben. Lass sie wissen, dass es einen Fluchtweg gibt, und sie werden fliehen und sich zerstreuen. Dann wird jede Dorfwache sie gefangen nehmen können." Zang Gong folgte seinem Rat und nahm Yuan Wu ein.*

11

Dein erstes Ziel ist, alles unversehrt zu lassen. Dann verschleißt du deine Truppen nicht, und du kannst den vollen Gewinn erzielen. Das ist die Kunst der Strategie.

12

Für Strategie des Einsatzes von Truppen gilt daher: Ist deine Truppe dem Feind zehnfach überlegen, dann umzingle ihn;

13

Wenn du fünffach überlegen bist, greife ihn an;

Zhang Yu: *Bin ich dem Feind fünffach überlegen,*

[6] *Yao* (妖) konnotiert das Übernatürliche. Mit „Boxer" könnten Geheimbünde, die eine Fremdherrschaft nicht akzeptierten, gemeint sein.

李永芳

dann stürme ich von vorne, überrasche ihn von hinten, sorge für Aufruhr im Osten und schlage im Westen zu.

14

Bist du ihm zweifach überlegen, spalte ihn.[7]

Du You: *. . . Reicht eine Zwei-zu-eins-Überlegenheit nicht aus, um die Situation zu meistern, dann setzen wir eine Ablenkungstruppe ein, um seine Armee zu splitten. Der Große Fürst sprach: „Wer seinen Gegner nicht dazu bringen kann, seine Truppen zu splitten, kann keine außergewöhnlichen Taktiken erörtern."*

15

Sind die Truppen gleich groß, kann man eine Schlacht erwägen.

He Yanxi: *. . . In dem Fall siegt der bessere General.*

16

Bist du zahlenmäßig unterlegen, plane einen Rückzug ein;

Tu Mu: *Sind deine Truppen kleiner als seine, weiche einige Zeit seinem ersten Ansturm aus. Eventuell kannst du später eine Schwachstelle ausnutzen. Dann erhebe dich und strebe entschlossen den Sieg an.*

Zhang Yu: *Ist der Feind stark und ich schwach, dann weiche ich zeitweise zurück und stelle mich nicht dem Gefecht.*[8] *Dies ist der Fall, wenn Geschick und Mut der Generäle und Effizienz der Truppen einander gleichen.*

Ist meine Truppe in Form und der Feind konfus, sind wir tatkräftig und der Feind fahrlässig, können wir auch bei zahlenmäßiger Unterlegenheit kämpfen.

少數的

---

[7] Manche Kommentatoren denken, dieser Vers bedeute „seine eigene Truppe zu splitten", doch dies ist eine wenig zufrieden stellende Deutung, da sich das Zeichen *zhi* (之) im vorhergehenden Vers auf den Feind bezieht.

[8] Du Mou und Zhang Yu raten beide zu „zeitweiligem" Rückzug und unterstreichen damit den Punkt, dass ein Angriff unter günstigen Umständen wieder aufgenommen werden soll.

17

Bist du in jeder Hinsicht unterlegen, achte darauf, ihm entkommen zu können, da eine kleine Truppe für eine mächtigere Streitmacht leichte Beute darstellt.[9]

***Zhang Yu:** . . . Mencius sagte: „Denn es können sich nicht die Kleinen mit Großen, die Schwachen mit den Starken, noch wenige mit vielen messen.“*[10]

18

Nun ist der General der Schutz des Staates. Ist dieser Schutz allgegenwärtig, dann bleibt der Staat sicher stark; ist er mangelhaft, dann wird der Staat geschwächt.

***Jia Yu:** . . . Der Große Fürst sagte: „Ein Herrscher, der die richtige Person einsetzt, hat Erfolg. Wem dies nicht gelingt, wird untergehen.“*

強壯的

19

Es gibt drei Möglichkeiten, wie ein Herrscher über seine Armee Unglück bringen kann:[11]

20

Wenn er unwissenderweise der Armee befiehlt, vorzurücken oder sich zurückzuziehen, obwohl dies strategisch nicht angebracht ist. Dies nennt man „die Armee behindern“.

***Chia Lin:** Das Vorrücken oder der Rückzug der Armee kann vom General im Einklang mit den vorherrschenden Bedingungen geführt werden. Nichts ist schlimmer als die Befehle des Herrschers vom Hofe aus.*

---

[9] Wörtlich „die Stärke einer kleinen Streitmacht ist. . .“. Dies bezieht sich offenbar auf Waffen und Ausstattung.

[10] CC II (Mencius), I, Kap. 7.

[11] Hier habe ich die Zeichen für „Herrscher“ und „Armee“ ausgetauscht, sonst würde der Vers drei Arten beschreiben, wie die Armee Unglück über ihren Herrscher bringen kann.

21

Wenn er, das Militärwesen nicht kennend, sich in dessen Verwaltung einmischt. Das verwirrt die Offiziere.

Cao Cao: *... Eine Armee kann nicht nach höfischen Sitten geführt werden.*

Du Mu: *Was deren Ordnung, Gesetze und Erlässe angeht, so hat die Armee ihren eigenen Kodex, dem sie normalerweise folgt. Würde man diesen an die staatlichen Regeln angleichen, wären die Offiziere verwirrt.*

Zhang Yu: *Menschlichkeit und Gerechtigkeit sind auf die Regierung eines Staates anwendbar, doch nicht auf die Führung einer Armee. Zweckmäßigkeit und Anpassungsfähigkeit sind nötig, um eine Armee zu leiten, doch lassen sie sich in dieser Form nicht anwenden.*

22

Wenn er die Befehlsstrukturen nicht kennt und in die Aufteilung der Ränge und Verantwortungsbereiche eingreift. Dies verunsichert die Offiziere.[12]

Wang Xi: *... Wenn man jemanden, der die militärischen Bedingungen nicht kennt, damit betraut, an der Leitung der Armee mitzuwirken, kommt es immer zu Uneinigkeiten und gegenseitiger Behinderung, was die ganze Armee lähmt. Daher nahm Bei Du Einfluss auf den Thron, um Heeresoberaufseher zu entlassen; erst dann konnte er Frieden in Cao Zhou schaffen.*[13]

Zhang Yu: *In letzter Zeit wurden Hofbeamte als Oberaufseher der Armee eingesetzt, und das ist genau das Falsche.*

---

[12] Wörtlich „nicht wissend [oder „nicht verstehend" oder „unwissend"] [wo] die Autorität in der Armee [liegt]"; oder „[Angelegenheiten hinsichtlich der [Ausübung von] militärischer Autorität . . .". Das operative Zeichen ist „Autorität" oder „Macht".

[13] Die „Heeresoberaufseher" in der Tang-Dynastie waren tatsächlich politische Kommissare. Bei Du wurde 815 n. Chr. Erster Minister und erhob 817 Anspruch auf den Thron, um die Oberaufseher abzuberufen, die sich in Militäroperationen eingemischt hatten.

23

Ist die eigene Armee verwirrt und verunsichert, werden angrenzende Herrscher daraus Nutzen ziehen. Das erklärt die Wendung: „Eine verunsicherte Armee verhilft einer anderen zum Sieg."[14]

Meng: *. . . Der Große Fürst sprach: „Wer in seinem Ziel nicht klar ist, kann nicht auf seinen Gegner reagieren."*

Li Quan: *. . . Man darf nicht den Falschen als Befehlshaber einsetzen. . . . Lin Xiangru, der Erste Minister von Zhao, sprach: „Zhao Gua kann kaum die Bücher seines Vaters lesen und ist bislang nicht fähig, auf wechselnde Bedingungen einzugehen. Ihr, Eure Majestät, ernennt ihn nun wegen seines Namens zum Oberbefehlshaber. Die ist, als würde man die Wirbel einer Laute verkleben und dann versuchen, sie zu stimmen."*

24

Es gibt fünf Umstände, unter welchen man einen Sieg voraussagen kann:

25

Siegen wird der, der weiß, wann er kämpfen soll und wann nicht.

26

Siegen wird der, der versteht, wie große und kleine Truppen einzusetzen sind.

Du You: *Im Krieg gibt es Umstände, wo große Truppen kleine nicht angreifen und wo die Unterlegenen die Stärkeren schlagen können. Jemand, der diese Umstände meistert, ist siegreich.*

---

[14] „Feudalherren" wird mit „angrenzenden Herrschern" wiedergegeben. Die Kommentatoren sind sich einig, dass eine verwirrte Armee sich selbst des Sieges beraubt.

胜利

27

Siegen wird der, dessen Armee im Geiste einig ist.

Du You: *Daher sprach Mencius: „Die passende Jahreszeit ist nicht so wichtig wie die Vorteile des Terrains, und diese sind wiederum nicht so wichtig wie harmonische menschliche Beziehungen."*[15]

28

Siegen wird der, der vorsichtig ist und den Moment abwartet, um einen unvorbereiteten Feind anzugreifen.

Chen Hao: *Gründe eine unbesiegbare Armee und warte den Moment ab, in dem der Feind verwundbar ist.*

He Yanxi: *. . . Ein Herr sprach: „Sich auf Bauern zu verlassen und sich nicht vorzubereiten, ist das größte Verbrechen; für jede Möglichkeit Vorkehrungen getroffen zu haben, gehört zu den größten Tugenden."*

29

Jener, der fähige Generäle hat, deren Pläne nicht durch den Herrscher durchkreuzt werden, wird siegen.

Du You: *. . . Daher sagte Meister Wang: „Es ist der Bereich des Herrschers, Bestimmungen zu treffen; über die Schlacht zu entscheiden, jener des Generals."*

Wang Xi: *. . . Ein guter und kluger Herrscher setzt die richtige Person ein, überträgt ihr Verantwortung und erwartet Resultate.*

He Yanxi: *. . . Im Krieg ergeben sich bei jedem Zug hunderte Veränderungen. Sieht man eine Möglichkeit, rückt man vor; sieht man Schwierigkeiten, so zieht man sich zurück. Muss ein General unter solchen Umständen die Befehle des Herrschers abwarten, ist es, als müsste man einen Vorgesetzten in Kenntnis setzen, um* *ein Feuer auszulöschen. Die Asche ist kalt, bevor der Befehl kommt. Und es heißt, man müsse den Heeresoberaufseher in solchen Fällen befragen! Es ist, als würde man beim Bau eines Hauses neben der Straße die Vorbeigehenden um Rat fragen. Das Werk würde nie beendet werden![16] Einem fähigen General Zügel anzulegen, während man gleichzeitig von ihm erwartet, einen schlauen Feind zu verdrängen, ist, wie den Schwarzen Hund von Han anzuketten und ihm dann zu befehlen, Hasen zu jagen. Wo liegt der Unterschied?*

30

Diese fünf Überlegungen lassen den Weg zum Sieg deutlich erkennen.

31

Daher sage ich: „Kenne den Feind und dich selbst, und du wirst in hunderten Schlachten kein Risiko eingehen.

32

Wenn du den Feind nicht kennst, aber dich selbst kennst, so ist die Chance auf Sieg oder Niederlage gleich.

33

Falls du weder den Feind noch dich kennst, dann schwebst du in jeglicher Schlacht in Gefahr."

Li Quan: *Solche nennt man „verrückte Banditen". Was können sie außer einer Niederlage erwarten?*

---

[15] CC II (Mencius), II, Kap. 1, S. 85.

[16] Eine Umschreibung einer Ode von Mencius, die Legge wie folgt wiedergibt: Sie beraten sich gerne mit Vorbeiziehenden über den Bau eines Hauses, das folglich nie vollendet wird. (CC IV, II, S. 332, Ode I.)

IV TAKTISCHE AUFSTELLUNGEN[1]

Sun Zi sprach:

1

In früheren Zeiten machten sich die geschickten Krieger zuerst unbesiegbar und warteten dann einen Moment der Verwundbarkeit des Feindes ab.

技巧

2

Unbesiegbarkeit hängt von einem selbst ab; die Verwundbarkeit des Feindes von ihm.

3

Es folgt daraus, dass die Kriegskundigen sich zwar unbesiegbar machen können, jedoch einen Feind nicht mit Sicherheit dazu bringen können, verwundbar zu sein.

Mei Yaochen: *Was von mir selbst abhängt, kann ich steuern; was vom Feind abhängt, ist nicht gewiss.*

4

Daher heißt es, dass einer, der zwar weiß, wie er gewinnen könnte, dies nicht unbedingt auch tut.

---

[1] Das Schriftzeichen *xing* (形) bedeutet „Gestalt", „Form", „Verfassung" oder „Erscheinung" oder, in einem engeren Sinn, „Aufstellung", „Anordnung" oder „Formation". Die Ausgabe der Klassiker der Kriegsführung folgte anscheindend Cao Cao und betitelte das Kapitel *Zhun Xing* (軍 形), „Gestalt [oder „Aufstellung"] der Armee". Es wird in der Folge klar, dass das Schriftzeichen mehr als nur die physischen Anordnungen bezeichnet.

11

Und daher bringen die Siege, die von einem Meister der Kriegskunst gewonnen werden, weder Ruhm für seine Weisheit noch Verdienste für seinen Heldenmut.

Du Mu: *Einen Sieg zu erringen, bevor die Lage sich herauskristallisiert hat, ist etwas, das der einfache Mann nicht versteht. Daher wird sein Urheber nicht für seinen Scharfsinn gerühmt. Bevor seine Klinge blutig wird, hat der gegnerische Staat schon aufgegeben.*

He Yanxi: *. . . Wenn du deinen Feind ohne Gefecht unterwirfst, wer ernennt dich dann zum Helden?*

12

Denn er gewinnt seine Siege, ohne zu irren. „Ohne zu irren" bedeutet, was auch immer er anstellt, sichert seinen Sieg; er besiegt einen schon geschlagenen Feind.

Chen Hao: *In der Planung, keinen unnötigen Zug; in der Strategie, keinen Schritt umsonst.*

13

Daher nimmt ein geübter Befehlshaber eine Position ein, in der er nicht bezwungen werden kann, und lässt keine Gelegenheit aus, seinen Feind zu besiegen.

14

So gewinnt eine siegreiche Armee, bevor sie ins Gefecht zieht; eine Armee, die zur Niederlage bestimmt ist, kämpft in der Hoffnung zu gewinnen.

Du Mu: *. . . Herzog Li Jing von Wei sprach: „Die höchsten Anforderungen an einen General bestehen in einer klaren Wahrnehmung, der Harmonie seines Heers, einer tiefgehenden Strategie mit weitreichenden Plänen, einer Einbeziehung der Jahreszeiten und in der Fähigkeit, menschliche Hintergründe zu erforschen. Denn ein General, der sein Leistungsvermögen* *nicht einschätzen kann oder die Kunst der Zweckmäßigkeit und Anpassungsfähigkeit nicht beherrscht, wird, wenn er die Gelegenheit erkennt, den Feind anzugreifen, nur zögernd vorrücken und ängstlich nach rechts und links blicken, und nicht in der Lage sein, einen Plan aufzustellen. Er wird leichtgläubig unverlässlichen Berichten vertrauen, und einmal dies und dann jenes glauben. Beim Angriff und Rückzug werden sich seine Truppen wie ängstliche Füchse zerstreuen. Was unterscheidet solches Handeln davon, unschuldige Menschen in kochendes Wasser zu werfen? Ist dies nicht genauso, als würde man Kühe und Schafe heranbringen, um sie den Wölfen und Tigern zum Fraß vorzuwerfen?"*

15

Kriegskundige kultivieren das *Dao* und halten die Gesetze aufrecht und können so siegreiche Taktiken formulieren.

Du Mu: *Das* Dao *ist der Weg der Menschlichkeit und Gerechtigkeit; „Gesetze" sind Regelungen und Institutionen. Jene, die sich im Krieg hervortun, kultivieren zuerst deren eigene Menschlichkeit und Gerechtigkeit und halten ihre Gesetze und Institutionen aufrecht. Damit machen sie ihre Regierung unbezwingbar.*

16

Die Elemente der Kriegskunst sind erstens die räumliche Messung, zweitens die Einschätzung der Mengen; drittens die Berechnungen; viertens die Vergleiche und fünftens die Ermittlung der Aussicht auf Sieg.

17

Die räumlichen Messungen ergeben sich aus dem Terrain.

18

Die Mengen leiten sich von den Messungen ab, die Zahlen von den Mengen, die Vergleiche von den Zahlen und die Aussicht auf Sieg aus den Vergleichen.

He Yanxi:[7] *„Terrain" schließt sowohl Entferungen als auch die Beschaffenheit des Geländes mit ein; „Messungen" bestehen aus Berechnungen. Bevor die Armee entsandt wird, werden Berechnungen hinsichtlich des Schwierigkeitsgrads des feindlichen Geländes angestellt: wie zielgenau oder abwegig seine Straßen sind; die Anzahl seiner Truppen; die Menge seiner Waffen und die Verfassung seiner Kampfmoral. Berechnungen werden angestellt, um zu erkennen, ob man in der Lage ist, den Feind anzugreifen. Erst danach wird das Volk eingezogen und die Truppen aufgestellt.*

19

Daher gleicht eine siegreiche Armee einem Zentner Getreide gegen ein Korn; eine geschlagene Armee gleicht einem Korn gegen einen Zentner.

20

Es liegt an den richtigen Anordnungen, damit der siegreiche General seine Leute mit der Kraft eines reißenden Stroms kämpfen lassen kann, der plötzlich entfesselt in eine endlose Schlucht stürzt.

Zhang Yu: *Die Natur des Wassers liegt darin, Höhen zu meiden und in die Tiefe zu stürzen. Wenn ein Damm bricht, so stürzt das Wasser mit unwidersteherKraft hinab. Die Verfassung der Armee gleicht dem Wasser. Nutze die mangelnde Bereitschaft des Feindes aus; greife an, wenn er es nicht erwartet; vermeide seine Stärke und schlage an seinen Schwachstellen zu, und nichts kann dich, gleich dem Wasser, aufhalten.*

[7] Dieser Kommentar erscheint im Text nach V. 18. Die aufgezählten Faktoren sind Qualitäten der „Verfassung" oder „Form".

V ENERGIE[1]

Sun Zi sprach:

1

Generell gleicht die Führung einer Armee der Führung von wenigen. Es ist eine Frage der Organisation.[2]

Zhang Yu: *Um ein Heer zu führen, muss man zuerst die Verantwortung auf die Generäle und ihre Helfer aufteilen und Stärke von Rang und Glied bestimmen.*

Ein Mann ist ein Einzelner; zwei ein Paar; drei ein Trio. Ein Paar und ein Trio ergeben einen Fünf-Mann-Trupp[3]; zwei Trupps ergeben eine Abteilung; fünf Abteilungen eine Kolonne; zwei Kolonnen eine Kompanie; zwei Kompanien ein Bataillon; zwei Bataillonen ein Regiment; zwei Regimente eine Gruppe; zwei Gruppen eine Brigade; zwei Brigaden eine Armee.[4] Jeder ist einem Ranghöheren unterstellt und steht einem Niedrigeren vor. So lässt sich ein Heer von einer Million Männer ebenso führen wie wenige.

---

[1] *Shi* (埶), der Titel dieses Kapitels, bedeutet „Kraft“, „Einfluss“, „Autoritäten“, „Energie“. Die Kommentatoren legen es in manchen Kontexten als „Energie“ oder „Potenzial“ aus, in anderen als „Situation“.

[2] *Fen Shu* (分 數) heißt wörtlich „Division mit [oder durch] Zahlen“ (oder „Division und Nummerierung“). Hier wird es mit „Organisation“ übersetzt.

[3] Deutet an, dass das „Paar“ und das „Trio“ unterschiedlich bewaffnet waren.

[4] Eine Zehn-Mann-Abteilung; jeweils 100 in der Kompanie; 200 im Bataillon; 400 im Regiment; 800 in der Gruppe; 1.600 in der Brigade; 32.000 in der Armee. Dies spiegelt offenbar die Organisation zur Zeit von Zhang Yu wieder. Die englischen Termini für die Einheiten der Armee sind widersprüchlich.

2

Und viele zu befehligen, gleicht dem Kommando über wenige. Es ist eine Frage von Manövern und Signalen.

Zhang Yu: *. . . Werden nun Massen an Truppen eingesetzt, dann sind diese weit auseinander und können weder alles deutlich hören noch sehen. Daher erhalten die Offiziere und Soldaten ihre Angriffs- oder Rückzugsbefehle durch Flaggen und Banner und ihre Bewegungs- oder Haltezeichen durch Glocken- und Trommelzeichen. So darf weder der Tapfere allein angreifen noch der Feigling fliehen.*

3

Dass die Armee feindlichen Attacken ohne Niederlage standhalten kann, liegt am Einsatz von außerordentlichen und normalen Streitkräften.[5]

Li Quan: *Die Streitkraft, die dem Feind entgegentritt, ist die normale; jene, die seine Flanken angreift, die außerordentliche. Kein General kann den Feind ohne außerordentliche Streitkräfte übervorteilen.*

He Yanxi: *Ich lasse meine normale Streitkraft vor dem Feind als außerordentlich erscheinen und die außerordentliche normal. Außerdem kann die normale zur außerordentlichen werden und umgekehrt.*

4

Wenn Truppen auf den Feind wie einen Mühlstein auf Eier prallen, ist dies solides Handeln an einer Lücke.

Cao Cao: *Greife mit den robustesten Truppen die lückenhaftesten an.*

---

[5] Dieses grundlegende wichtige Konzept wird durch *Zheng* „normal" (oder „direkt") (正) und *Qi* (奇), „außergewöhnlich" (oder „indirekt") ausgedrückt. Die normale (*Zheng*) Streitmacht fixiert oder zersplittert den Feind; die außergewöhnlichen (*Qi*) Kräfte greifen dort an, wo sie zu diesen Zeitpunkt nicht erwartet werden. Sollte der Feind ein *Qi*-Manöver erkennen und es abfangen, würde dieses automatisch zu *Zheng*.

5

Generell ziehst du mit der normalen Streitkraft ins Gefecht; und setzt die außergewöhnliche ein, um zu gewinnen.

6

Die Quellen jener, die außergewöhnliche Streitkräfte einzusetzen wissen, sind so unendlich wie Himmel und Erde; unerschöpflich wie der Strom der mächtigen Flüsse.[6]

7

Sie enden und beginnen von Neuem, zyklisch wie die Bahnen der Sonne und des Mondes. Sie ziehen vorüber und entstehen neu; wiederkehrend wie die Jahreszeiten.

8

Es gibt fünf Noten in der Musik, und doch lassen sie mehr Melodien erklingen, als jemals gehört werden können.

9

Es gibt nur fünf Grundfarben, doch ihre Mischung ergibt mehr Schattierungen, als jemals vorstellbar wären.

10

Es gibt nur fünf Geschmacksrichtungen,
doch in der Mischung ergeben sie mehr Aromen,
als jemals geschmeckt werden können.

11

Im Kampf gibt es nur die normalen und außergewöhnlichen Angriffskräfte, jedoch ist ihre Anwendungsvielfalt unbeschränkt; niemand kann alle erfassen.

---

[6] Sun Zi verwendet die Schriftzeichen *jiang* (江) und *he* (河), was ich mit „mächtige Flüsse“ übersetzt habe.

12

Diese zwei Kräfte gehen ineinander über; ihr Zusammenspiel ist endlos, wie jenes zweier verbundenen Ringe. Wer könnte sagen, wo einer endet und der andere beginnt?

13

Wenn Sturzbäche Felsen mitreißen,
dann liegt es an ihrem Kraftimpuls;

14

Wenn der Falke seine Beute mit einem Stoß zermalmt,
liegt es am richtigen Zeitpunkt.[7]

Du You: *Stürze so schnell auf den Feind wie der Falke* *auf sein Ziel. Er bricht seiner Beute mit Gewissheit das Genick, da er den richtigen Moment abwartet. Seine Bewegung ist beherrscht.*

15

Der Kraftimpuls eines geschickten Heerführers ist daher überwältigend und sein Angriff genau reguliert.[8]

16

Sein Potenzial ist das einer gespannten Armbrust; sein Erkennen des richtigen Zeitpunktes das Lösen des Abzugs.[9]

17

Tumult und Getöse mögen das Gefecht chaotisch erscheinen lassen, doch es gibt kein Chaos; die Truppen mögen scheinbar im Kreis laufen, sind jedoch unbezwingbar.[10]

Li Quan: *Eine Schlacht erscheint als wildes Getümmel. Doch die Fahnen und Banner bezeichnen vorgeschriebene Zusammenstellungen; der Klang der Zimbeln fixe Regeln.*

18

Scheinbare Verwirrung ist ein Zeichen guter Organisation; scheinbare Feigheit ein Zeichen von Mut; scheinbare Schwäche ein Zeichen von Stärke.[11]

Du Mu: *Der Vers bedeutet, wenn man Chaos vorgeben will, um den Feind zu locken, „muss man selbst gut diszipliniert sein". Nur dann kann man Verwirrung vortäuschen. Will einer Feigheit simulieren und lauert dabei auf den Feind, dann muss er*

[7] Oder Regulierung der Distanz zur Beute. [8] Gemäß Du Mu.

[9] Hier wird wieder das spezifische Schriftzeichen für „Armbrust" verwendet.

[10] Sun Zis onomatopoetische Begriffe imitieren den Lärm und die Wirren einer Schlacht.

[11] Gemäß Du Mu.

mutig sein, um diese Angst vorzugeben. Einer, der vorgibt schwach zu sein, um seinen Feind stolz zu machen, muss sehr stark sein. Nur dann kann er Schwäche vortäuschen.

19

Ordnung oder Chaos hängen von der Organisation ab;
Mut oder Feigheit von den Voraussetzungen;
Stärke oder Schwäche von den Aufstellungen.

Li Quan: *Wenn nun die Truppen eine vorteilhafte Lage erringen, dann wird der Feigling tapfer; wird sie verloren, werden Mutige zu Feiglingen. In der Kunst des Krieges gibt es keine fixen Regeln. Diese zeigen sich erst anhand der Umstände.*

勇氣

20

Daher lenken jene, die den Feind zu manipulieren verstehen, diesen, indem sie eine Situation schaffen, an die er sich anpassen muss; sie locken ihn mit etwas, das ihm gewiss erscheint, und mit Ködern, die vorgeblichen Gewinn versprechen, erwarten sie ihn mit Schlagkraft.

21

Daher strebt ein geschickter Befehlshaber nach dem Sieg
durch die situationsspezifischen Umstände
und erwartet ihn nicht allein von seinen Untergebenen.

Chen Hao: *Kriegsexperten hängen besonders von Gelegenheiten und Zweckmäßigkeit ab. Sie schieben die Verantwortung nicht allein auf ihre Männer.*

22

Er wählt seine Männer und diese nutzen die Lage aus.[12]

Li Quan: *... Nun, der Tapfere weiß zu kämpfen; der Achtsame zu verteidigen und der Weise zu beraten. So wird kein Talent vergeudet.*

***Du Mu:** . . . Erwarte von niemandem Leistungen, der kein Talent besitzt.*

Als Cao Cao Zhang Lu in Han Zhong angriff, überließ er den Generälen Zhang Liao, Li Dian und Luo Jin das Kommando über 1.000 Männer, um He Fei zu verteidigen. Cao Cao sandte dem Heeresbevollmächtigten Xie Di Anweisungen und schrieb auf den Umschlag: „Dies ist nur beim Anrücken der Aufständischen zu öffnen." Bald danach belagerte Sun Quan von Wu mit 100.000 Mann He Fei. Die Generäle öffneten die Anweisungen und lasen: „Falls Sun Quan anrückt, ziehen die Generäle Zhang und Li hinaus in den Kampf. General Lo übernimmt die Verteidigung der Stadt. Der Heeresbevollmächtigte nimmt nicht am Gefecht teil.[13] *Alle anderen Generäle bekämpfen den Feind."*

Zhang Liao sprach: „Unser Herr ist in der Ferne auf Feldzügen. Wenn wir auf Verstärkung warten, werden uns die Aufständischen sicher zerstören. Daher haben wir die Anweisung, sofort anzugreifen, bevor der Feind sich versammeln kann. So mindern wir seinen Vorteil und stärken die Kampfmoral unserer Truppen. Dann sind wir in der Lage, die Stadt zu verteidigen. Die Möglichkeit des Sieges oder der Niederlage liegt in dieser einen Handlung."

Li Dian und Zhang Liao rückten zum Kampf aus und besiegten Sun Quan und zerstörten damit die Kampfmoral der Armee von Wu. Dann kehrten sie zurück, bauten die Verteidigung auf, und die Truppen fühlten sich sicher. Sun Quan belagerte die Stadt zehn Tage lang, konnte sie nicht einnehmen und zog ab.

[12] Der Text lautet: „Daher ist er in der Lage, Männer auszuwählen. . ." Das heißt, Männer, die jede Situation ausnützen können. Es lässt sich daraus schließen, dass damit ein Auswahlverfahren gemeint ist, das nicht auf Vetternwirtschaft oder Bevorzugung beruht.

[13] Cao Cao sorgte dafür, dass der Staatsbeamte aus dem Krieg herausgehalten wurde!

Der Historiker Sun Sheng bemerkt dazu: „Heute ist der Krieg eine Sache der Täuschung. Die Verteidigung von He Fei hing in der Luft, sie war schwach und ohne Verstärkung. Vertraut man nur tapferen und kampflustigen Generälen, bereitet dies Schwierigkeiten. Vertraut man jedoch nur Generälen, die achtsam sind, werden deren furchtsame Herzen nicht in der Lage sein, die Situation zu beherrschen."

Zhang Yu: *Der richtige Einsatz von Menschen liegt darin, den Gierigen und Dummen ebenso zu nutzen wie den Weisen und Tapferen und ihm in jenen Situationen Verantwortung zu übertragen, die ihm liegen. Beauftrage niemanden mit dem, was er nicht kann. Gib ihnen Verantwortung gemäß ihrer Fähigkeiten.*

23

Wer sich auf die Situation verlässt, setzt seine Männer im Kampf wie rollende Baumstämme oder Steine ein. Nun liegt es in der Natur von Stämmen und Steinen, dass sie sich auf festem Grund nicht bewegen, auf haltlosem schon. Die eckigen bleiben liegen, die runden rollen.

24

Daher lässt sich das Potenzial von geschickt befehligten Truppen in der Schlacht mit runden Felsblöcken, die von den Berghöhen rollen, vergleichen.

Du Mu: *. . . So muss man nur wenig Kraft einsetzen, um viel zu erreichen.*

Zhang Yu: *. . . Li Jing sprach: „Im Krieg gibt es drei Arten von Situationen:*

Wenn der General seinen Feind verachtet, seine Offiziere den Kampf lieben und ihr Ehrgeiz so hoch wie die Wolken hinauswill und ihre Stimmung so wild wie ein Orkan ist, dann ist dies die richtige Situation in Bezug auf die Kampfmoral.

Wenn ein Mann einen Bergpass verteidigt, der so eng ist wie Schafgedärme oder das Tor einer Hundehütte, kann er Tausenden standhalten. Dies ist die richtige Situation in Bezug auf das Terrain.

Wenn man die Trägheit des Feindes, seine Mattheit, seinen Hunger und Durst ausnutzt oder zuschlägt, wenn er sein Lager noch nicht aufgebaut hat oder seine Armee erst halb den Fluss überquert hat, ist dies die richtige Situation in Bezug auf den Feind."

Daher muss man beim Einsatz von Truppen die Situation ausnutzen, ebenso als würde man eine Kugel an einem Steilhang ins Rollen bringen. Der Kraftaufwand ist gering, aber das Ergebnis enorm.

維擒徐質
維与夏侯
須兵於羌
寨外多置
用作為久
之計以擒
質謀何高

徐質破蜀
馬昭命徐
質兵往鐵
山殺出絶
蜀之粮草

蜀大勝

出馬接戰又敗徐質驅兵掩殺蜀兵敗退三十餘里却說姜維與夏侯霸曰徐質何等人也答曰乃司馬細曰用何計可擒之霸曰可来日再退二三十里却司馬昭乃懿之子也曾学父用兵之要見此山勢險果次断吾粮道吾今用計可斬徐質遂喚廖化可喚張翼領計去了維霸自領前兵於路下鐵蒺藜寨久住之計却說徐質逐日領兵搦戰蜀兵堅守司馬能取勝者因断粮之功今哨馬回報蜀兵大車小車山運粮到寨為久遠屯住之計以待羌胡兵汝今夜從山後絶断粮道蜀兵自亂徐質領計去了當夜初遠遠哨之果見無数粮車相接而行徐質領兵自山殺盡棄車而走徐質便分一半軍押送粮車一半追西山客車伏横截馬不堪行下馬步進車仗兩下火

STÄRKEN UND SCHWÄCHEN

Sun Zi sprach:

1

Allgemein ist jener, der zuerst das Schlachtfeld erreicht, gelassen; jener, der später das Geschehen erreicht und in die Schlacht eilt, ermüdet.

強壯的

2

Daher bringt ein erfahrener Feldherr den Feind zum Schlachtfeld und lässt sich nicht von ihm dorthin ziehen.

3

Um den Feind aus freien Stücken kommen zu lassen, muss man ihm einen Vorteil bieten. Um ihn vom Vorrücken abzuhalten, muss man ihn verwunden.

Du You: *. . . Wenn man in der Lage ist, kritische Punkte auf seinen strategischen Routen zu besetzen, kann der Feind nicht anrücken. Daher sagt Meister Wang: „Lauert die Katze vor dem Mäuseloch, so wagen sich zehntausend Ratten nicht hervor; bewacht ein Tiger die Furt, so können zehntausend Rinder diese nicht überqueren."*

4

Ist der Feind gelassen, ermatte ihn; ist er wohlgenährt, hungere ihn aus; ruht er, zwinge ihn zur Bewegung.

te, dies sei ein Hinterhalt, und floh zu den Bergen."
Sima Yi hörte später davon und bereute es bitter.[1]

13

Wenn ich die Aufstellungen des Feindes erkenne, wogegen ich meine eigenen verbergen kann, kann ich meine Kraft sammeln, um ihn zu spalten. Gelingt mir dies, dann kann ich meine ganze Kraft gegen einen Bruchteil seiner Truppen richten.[2] Dort bin ich zahlenmäßig überlegen. Wenn ich an ausgewählter Stelle mit vielen Männern wenige angreife, dann sind jene in Not.[3]

Du Mu: *. . . Teils setze ich leichte Truppen und flotte Reiter ein, um an unerwarteter Stelle anzugreifen, teils kraftvolle Armbrust- oder Bogenschützen, um Schlüsselpositionen an mich zu reißen, seine Linke aufzustacheln, seine Rechte zu überrollen, ihn vorne zu bedrohen und plötzlich hinten zuzuschlagen.*

Bei Tag täusche ich ihn durch den Einsatz von Fahnen und Bannern und nachts durch das Schlagen der Trommeln. Dann wird er aus Furcht seine Streitkräfte für Vorsichtsmaßnahmen aufteilen.

14

Der Feind darf nicht wissen, wo ich den Kampf suche, damit er sich an vielen Stellen darauf vorbereiten muss. Muss er sich an vielen Stellen vorbereiten, dann brauche ich an der gegebenen Stelle nur gegen wenige seiner Truppen antreten.

---

[1] Diese Geschichte ist die Handlung einer berühmten chinesischen Oper. Zhuge Liang saß auf einem Turm beim Tor und spielte Laute, während die Pförtner die Straßen fegten und wuschen. Sima Yis Heer wogte am Stadtrand. Sima Yi war zuvor schon von Zhuge Liang hereingelegt worden und sollte es wieder werden.

[2] Wörtlich „einen Teil seiner".

[3] Karlgren GS 1120m für „Notlage bzw. schrecklicher Engpass".

15

Schützt er sich vorn, so ist seine Rückseite schwach, wappnet er sich hinten, dann ist seine Vorderfront brüchig. Wappnet er sich links, dann ist seine Rechte verwundbar, wenn rechts, dann bleiben nur wenige zu seiner Linken. Muss er sich überall wappnen, so ist er überall schwach.[4]

Zhang Yu: *Er wird weder ergründen können, wo meine Wagen oder meine Kavallerie tatsächlich herkommen noch wo meine Infanterie nachzieht. Daher muss er sich aufteilen und spalten und sich überall gegen mich schützen. So wird seine Kraft aufgesplittert und geschwächt und seine Stärke geteilt und verbraucht, und ich kann an jener Stelle, wo ich gegen ihn antrete, eine große Schar gegen einzelne Einheiten schicken.*

16

Wer wenige hat, muss sich gegen den Feind wappnen; wer viele hat, bewirkt, dass der Feind sich gegen ihn wappnet.

17

Weiß man, wann und wo man kämpfen wird, so kann man 1.000 *Li* marschieren und sich im Schlachtfeld treffen. Kennt man jedoch weder den Ort noch den Tag der Schlacht, dann kann die Linke nicht der Rechten beistehen oder umgekehrt; die Spitze des Zuges kann den Hinteren nicht helfen und umgekehrt. Umso schlimmer, wenn sie zig oder auch nur wenige *Li* auseinander liegen!

Du You: *Nun müssen die Kriegskundigen jedoch wissen, wo und wann eine Schlacht stattfindet. Sie vermessen die Wege und setzen den Tag fest. Dann teilen*

[4] Wörtlich: „Falls es keinen Ort gibt, wo er keine Vorkehrungen trifft, so gibt es keinen Ort, wo er nicht verwundbar ist." Die doppelte Verneinung betont die positive Bedeutung.

sie die Armee und marschieren in mehreren Kolonnen. Jene, die weiter entfernt sind, beginnen zuerst, jene, die nah sind, später. So kommen Truppen, die mehr als 1000 Li *auseinander liegen, gleichzeitig an. Es ähnelt dem Volk, das zu den Märkten in die Stadt zieht.*[5]

18

Trotzdem ich weiß, dass Yue viele Truppen besitzt, worin liegt nun der Vorteil dieser zahlenmäßigen Überlegenheit im Verhältnis zu seinem Ausgang?[6]

19

Ich sage daher, dass ein Sieg möglich ist. Auch wenn der Feind in der Überzahl ist, kann ich ihn am Kampf hindern.

Jia Lin: *Auch wenn der Feind in Überzahl ist, doch*

---

[5] Du Mu erzählt folgende Geschichte, um den Punkt zu verdeutlichen: Kaiser Wu von Song sandte Zhu Lingshi aus, um Qiao Zong in Shu anzugreifen. Kaiser Wu sprach: „Letztes Jahr zog Liu Jingxuan im Gebiet an der Innenseite des Flusses Richtung Huang Wu. Er erreichte nichts und zog ab. Die Aufständischen werden nun denken, dass ich diesmal von außerhalb des Flusses anrücken werde, doch argwöhnen, dass ich sie vielleicht unbemerkt wieder innerhalb des Flusses angreife. Ist dies der Fall, verteidigen sie gewiss Fu Chang mit schweren Truppen und bewachen die inneren Wege. Wenn ich nach Huang Wu ziehe, werde ich ihnen geradewegs in die Falle gehen. Daher lasse ich den Hauptkorps außerhalb des Flusses marschieren, Cheng Du einnehmen und Ablenkungstruppen in Richtung der Innenseite des Flusses einsetzen. Das ist ein guter Plan, um den Feind zu beherrschen." Doch er sorgte sich, dass sein Plan bekannt würde und die Aufständischen erkennen könnten, wo er stark und wo er schwach war. So gab er Ling Shi einen versiegelten Umschlag, worauf stand: „Öffne ihn, sobald du Bai Di erreicht hast". Zu dieser Zeit wusste die Armee noch nicht, wie sie aufgeteilt würde und von wo sie anmarschieren sollte. Als Ling Shi Bai Di erreichte, öffnete er den Brief, der lautete: „Der Hauptkorps der Armee marschiert geschlossen an der Außenseite des Flusses, um Cheng Du einzunehmen. Zang Xi und Zhu Lin werden vom Mittelweg des Flusses Guang Han einnehmen. Die schwachen Truppen schickt in zehn hohen Schiffen Richtung Huang Wu." Qiao Zong setzte schwere Truppen zur Verteidigung des inneren Flussgebiets ein, und Ling Shi siegte.

[6] Diese Referenzen zu Wu und Yue sind für manche Kritiker Hinweise zur Entstehungszeit des Textes. Dieser Punkt wird in der Einführung erläutert.

meine militärische Situation nicht kennt, kann ich ihn dazu bringen, dringende Vorkehrungen gegen mich treffen zu müssen, und so keine Zeit zu haben, seinen Kampf gegen mich zu planen.

20

Ermittle daher die Pläne des Feindes und du weißt, welche Strategie zu Erfolg führt und welche nicht;

21

Errege ihn und bestimme sein Bewegungsmuster.

22

Ermittle seine Stellungen und bestimme so das Schlachtfeld.[7]

间諜

23

Prüfe ihn gründlich, um zu erkennen, wo seine Stärke im Übermaß vorhanden ist und wo sie ihm mangelt.

24

Das Höchste in der eigenen Aufstellung liegt darin, keine ergründbare Form zu haben. Dann können dich weder Spione ausquetschen, noch Weise gegen dich planen.

25

Anhand der Formen schmiede ich meine Siegespläne, doch die meisten verstehen dies nicht. Obwohl jeder die äußerlichen Aspekte wahrnehmen kann, versteht niemand, wie ich den Sieg herbeigeführt habe.

[7] Wörtlich: „das Feld über Leben und Tod".

26

Wenn ich einen Sieg errungen habe, wiederhole ich meine Taktiken nicht, sondern reagiere auf die Umstände in einer endlosen Vielfalt von Möglichkeiten.

27

Eine Armee lässt sich daher mit Wasser vergleichen: Wie der Fluss des Wassers die Höhen meidet und die Tiefen sucht, so meidet die Armee die Stärken und sucht die Schwächen des Feindes.

28

Und so wie Wasser seinen Fluss vollkommen an die Form des Geländes anpasst, so erringt eine Armee einen Sieg durch die Anpassung an die Situation des Feindes.

29

Und so wie Wasser keine beständige Form hat, so gibt es auch im Krieg keine beständigen Bedingungen.

30

Folglich kann einer, der einen Sieg erringen kann, indem er seine Taktiken auf die Situation des Feindes ständig abstimmt, mit Recht ein vom Himmel berufener Anführer genannt werden.

31

Denn von den fünf Elementen herrschen nicht immer alle gleichermaßen vor;
von den vier Jahreszeiten dauert keine ewig an,
von den Tagen gibt es längere und kürzere und
der Mond, er wächst und schwindet wieder.

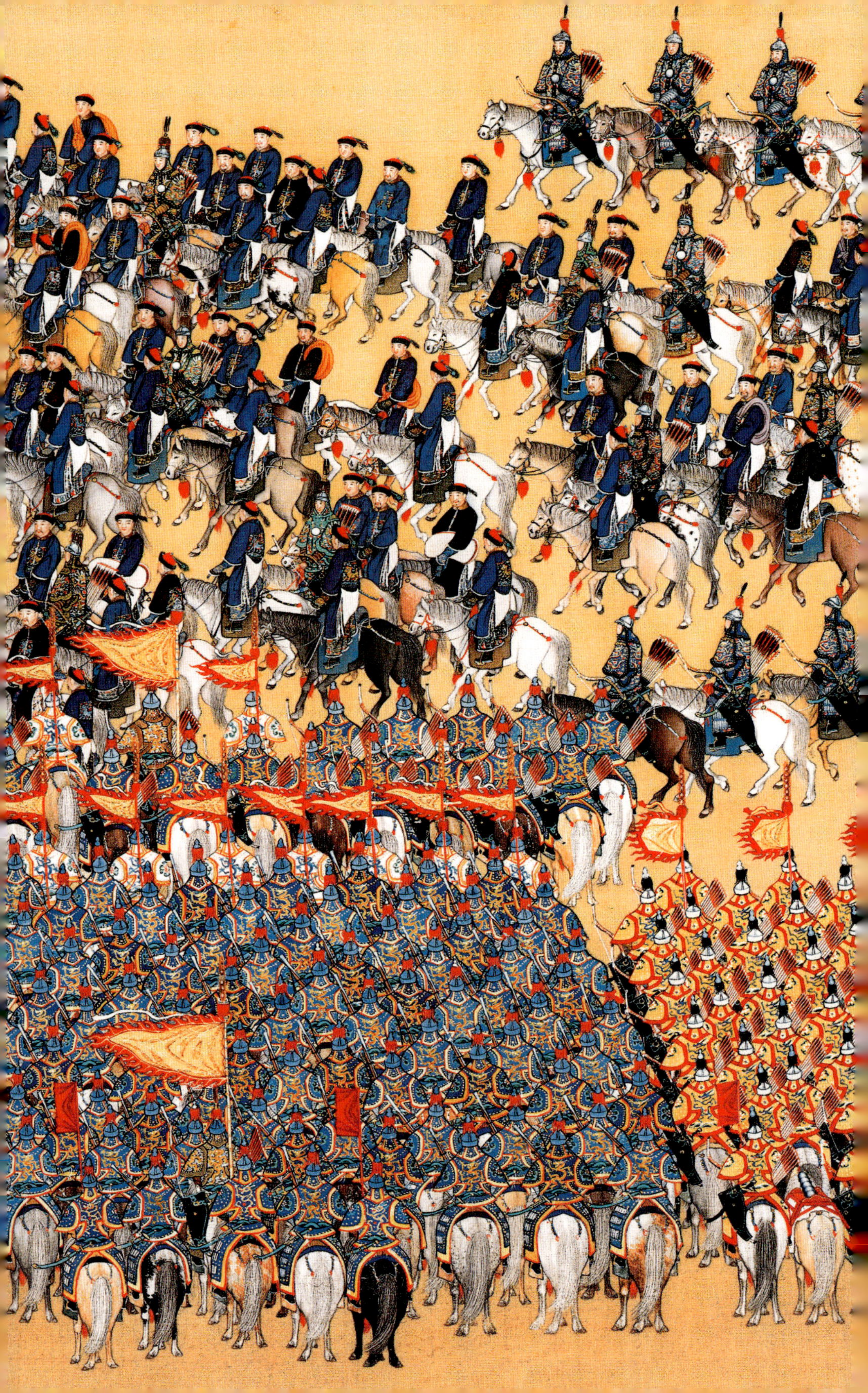

MANÖVER[1]

Sun Zi sprach:

1

Wird eine Armee aufgestellt, so erhält der General zuerst die Befehle vom Herrscher. Er versammelt die Truppen und mobilisiert das Volk. Er verbindet die Armee zu einer harmonischen Einheit und führt sie ins Feldlager.[2]

***Li Quan:** Er erhält die Vollmacht des Herrschers und vollzieht den Überlegungen des Tempelrats gemäß ehrfurchtsvoll die vom Himmel verordnete Strafe.*

2

Nicht ist schwieriger als die Kunst der Manöver. Das Schwierige an Manövern ist, das Abwegige zum Ziel zu führen und das Missgeschick zum Vorteil zu machen.

3

Marschiere daher auf indirektem Weg und lenke den Feind durch einen Köder ab. Gelingt dies, so kannst du später losziehen und trotzdem vor ihm ankommen. Wer dazu in der Lage ist, versteht die Kunst der direkten und indirekten Kriegsführung.

---

[1] Wörtlich „Kampf“ oder „Wettkampf der Armeen“, da jeder danach strebt, eine vorteilhaftere Position zu erringen.[2] Dieser Vers kann, wie ich es tat, gemäß Li Chuan und Jia Lin übersetzt werden, oder nach Cao Cao und Du Mu: „Er lagert die Armee so, dass die Pforten der Harmonie einander gegenüberliegen.“ Nach der Sammlung der Armee war die erste Aufgabe eines Feldherrn, sie zu organisieren oder ihre diversen Elemente zu „harmonisieren“.

***Cao Cao:** . . . Erwecke den Anschein, als wärst du in weiter Ferne. Kannst du Entfernungen einschätzen und berechnen, so kannst du nach dem Feind losziehen und vor ihm ankommen.*

***Du Mu:**[3] Wer einen Vorteil gewinnen will, wählt einen weiten Umweg und macht daraus den kürzeren Weg. Er wendet das Missgeschick zu seinem Vorteil. Er täuscht den Feind, um ihn zum Aufschub zu zwingen und nachlässig zu machen, und eilt dann voran.*

4

Sowohl Gewinn als auch Gefahr gehören zum Manöver.[4]

***Cao Cao:** Dem Erfahrenen bringen sie Gewinn, dem Unerfahrenen Gefahr.*

5

Wer die ganze Armee in Bewegung setzt, um einem Vorteil nachzujagen, wird ihn nicht erzielen.

6

Lässt er das Lager zurück, um den Vorteil zu erzielen, so bringt ihn dies um Ausrüstung und Vorräte.

***Du Mu:** Marschiert man mit der gesamten Ausrüstung, so kommt man nur langsam voran und kann den Vorteil nicht erringen. Lässt man das schwere Gepäck zurück und drängt mit leichten Truppen vorwärts, so geht wahrscheinlich die Ausrüstung verloren.*

---

[3] Dieser Kommentar erscheint unter V. 2 im Text.

[4] Giles Deutung beruht auf dem TD: „Das Manövrieren mit einer Armee ist vorteilhaft; mit einer undisziplinierten Menge gefährlich." Auch Sun Xingyan legte diesen Vers so aus. Diese zu wortgetreue Übersetzung trifft jedoch nicht den Punkt; Cao Caos Interpretation ist gewiss befriedigender. Der Vers ist eine Verallgemeinerung, die das einleitet, was darauf folgt. Eine Vorgehensweise, die vorteilhaft erscheint, trägt meist auch Keime des Nachteils in sich. Das Gegenteil ist genauso wahr.

7

Daraus folgt: Wenn man die Rüstung ablegt und rasch aufbricht, weder Tag noch Nacht rastet und im Sturmschritt hundert *Li* zurücklegt, werden die drei Befehlshaber gefangen. Denn die kraftvolleren Truppen sind zuerst vor Ort, während die schwächeren nachzügeln, sodass bei dieser Methode meist nur ein Zehntel der Truppen tatsächlich ankommen.[5]

行軍

Du Mu: *... Normalerweise marschiert eine Armee 30* Li *am Tag, was sich auf Etappen bezieht. In einem Gewaltmarsch über die doppelte Strecke deckt sie zwei Etappen ab. Man kann 100* Li *nur dann bewältigen, wenn man weder Tag noch Nacht rastet. Führt man den Marsch jedoch so durch, dann werden die Truppen gewiss in Gefangenschaft geraten. ... Wenn Sun Zi sagt, dass auf diese Weise nur ein Zehntel der Männer ankommt, meint er Folgendes: Wenn es keine andere Möglichkeit gibt und du um einen vorteilhaften Standort ringst, wählst du den kräftigsten Mann aus zehn aus, um zuerst loszugehen, während die anderen hinten folgen. So wählst du aus zehntausend Mann tausend aus, die im Morgengrauen ankommen. Der Rest trifft der Reihe nach am Morgen oder am Nachmittag ein und gesellt sich zu jenen, die schon dort sind, sodass niemand erschöpft ist. Der Lärm des Marschierens nimmt kein Ende. Im Ringen um den Vorteil geht es um einen strategisch kritischen Punkt. Daher reichen vorerst Tausend zu seiner Verteidigung, bis die anderen nachkommen.*

---

[5] Wörtlich „die Rüstung aufrollen". Damit meint Sun Zi, dass die schwere Ausrüstung der Einzelnen gebündelt und im Lager gelassen wurde.

8

In einem Gewaltmarsch über 50 *Li* wird der Befehlshaber der Spitze fallen, und es wird mit dieser Methode nur die halbe Armee tatsächlich ankommen. In einem Gewaltmarsch über 30 *Li* erreichen nur zwei Drittel das Ziel.[6]

9

Eine Streitmacht, der es an schwerer Ausrüstung, Vorräten und Proviant fehlt, ist verloren.[7]

Li Quan: *... Der Schutz durch Metallwälle ist weniger wichtig als Korn- und Essensvorräte.*

10

Wer nicht die Lage der Berge und Wälder, von engen Durchgängen und Sümpfen kennt, ist nicht in der Lage, den Marsch einer Streitmacht zu leiten;

11

Wer die Hilfe örtlicher Führer nicht in Anspruch nimmt, kann die Vorteile des Geländes nicht nutzen.

Du Mu: *Der* Guan Zi *sagt: „Der Befehlshaber muss sich zuvor selbst mit den Landkarten beschäftigen, um zu wissen, wo sich gefährliche Stellen befinden, wo das Wasser zu tief für Wagen und Karren ist; wo bekannte Bergpässe,*[8] *die Hauptflüsse, die Lage des Hochlandes und der Hügelketten ist; wo Binsen, Wälder*

---

[6] Dies kann auch so gedeutet werden: „Der General der Oberen Armee [im Unterschied zu den Generälen der Zentralen und Unteren Armeen] wird besiegt" oder „wird geprüft". Hier bezieht sich die Untere Armee auf die Sturmgarde, als die drei Divisionen der Armee in Kolonnen marschierten. Mit anderen Worten: Die Vor- und Nachteile von Gewaltmärschen müssen sorgfältig abgewogen werden, und die Frage, was mitgenommen und was an einem geschützten Stützpunkt gelassen wird, muss ebenso überdacht werden.

[7] Der Vers, der diesem folgt, wiederholt einen früheren Vers und ist hier ein *non sequitur*. Daher wurde er ausgelassen.

[8] „Bekannt" aufgrund ihrer strategischen Bedeutung.

und Schilf üppig wachsen; er muss die Entfernungen, die Größe der Städte, bekannte und verlassene Städte und blühende Obstgärten kennen. All dies muss ihm bekannt sein, genauso der Verlauf der Grenzen. All dies muss der General in seinem Gedächtnis behalten; nur dann kann er die Vorteile des Geländes nicht aus den Augen verlieren."

Li Jing sprach: „. . . Wir wählen die tapfersten, klügsten und schnellsten Offiziere, durchqueren mit Hilfe von ortskundigen Führern heimlich Berge und Wälder und verwischen unsere Spuren. Manchmal fertigen wir künstliche Tierpfoten an, die wir an den Füßen tragen; oder wir stecken falsche Vögel auf unsere Hüte und verbergen uns still im Unterholz. Dann lauschen wir entfernten Geräuschen und kneifen, um klar zu sehen, die Augen zusammen. Wir sammeln unseren Geist, damit uns keine gute Gelegenheit ent-

geht. Wir achten auf Hinweise in der Umgebung, suchen nach Spuren im Wasser, ob der Feind den Fluss überquert hat, und prüfen die Bewegungen der Bäume, die sein Vorrücken anzeigen."

He Yanxi: *... Nach dem Befehl, einen Feldzug zu beginnen, dringen wir eilig in unbekanntes und unbesiedeltes Land vor, wo wir keine Möglichkeit der Verständigung nach außen haben, und hetzen dort die Pässe hoch. Falls ich mit nur einer Truppe losziehe, wird der Feind mich wachsam erwarten. Denn die Situationen des Angreifers und Verteidigers sind grundverschieden. Viel mehr noch, wenn der Feind Täuschungen einsetzt und viele Fallen gelegt hat! Gehen wir planlos vor, fallen wir kopfüber hinein. Wenn wir den Gefahren trotzen und gefährliche Plätze betreten, können wir gefangen oder überschwemmt werden. Marschieren wir wie im Rausch, können wir in einen unerwarteten Kampf verwickelt werden. Wenn wir in der Nacht rasten, schreckt uns falscher Alarm hoch; falls wir unvorbereitet dahineilen, könnten wir in einen Hinterhalt geraten. Dies wäre, als schicke man eine Armee aus Bären und Tigern in das Land des Todes. Wie können wir die Befestigungen des Feindes überwinden und ihn aus seiner trügerischen Höhle fegen?*

Wir müssen das feindliche Gebiet daher genau kennen: Berge, Flüsse, Hochland und Tiefland sowie Hügel, die er als strategische Punkte verteidigen kann; Wälder, Schilf und üppige Gräser, in denen er sich verbergen kann; die Entfernungen der Straßen und Wege, die Größe der Städte, die Ausdehnung der Dörfer, Fruchtbarkeit oder Dürre der Felder, die Tiefe der Brunnen, die Anzahl der Lager, die Größe der gegnerischen Truppen und die Schärfe seiner Waffen. Dann haben wir den Feind vor Augen und können ihn leicht besiegen.

12

Krieg beruht auf Täuschung. Setze dich in Bewegung, wenn es vorteilhaft ist, und leite Veränderungen der Lage durch Teilung oder Sammlung deiner Truppen ein.[9]

13

Sei bei einem Feldzug so schnell wie der Wind; in gemäßigtem Schritt erhaben wie der Wald; beim Angriff wie Feuer; beim Stillstand reglos wie die Berge.[10] Sei so unergründbar wie die Wolken und schlage zu wie der Blitz.

14

Wenn du das Land plünderst, teile deine Truppen.[11]
Wenn du ein Gebiet einnimmst, teile die Gewinne.[12]

分配

15

Wäge zuerst die Lage ab und bewege dich erst dann.

16

Jener, der die Kunst der direkten und indirekten Annäherung beherrscht, wird siegen.
Das ist die Kunst des Manövers.

17

Das Buch der Militärverwaltung besagt: „Da die Stimme in der Schlacht nicht hörbar ist, setzt man Trommeln und Gongs ein. Da die Truppen einander im Kampf nicht sehen können, setzt man Fahnen und Banner ein."[13]

---

[9] Mao Zedung umschreibt diese Verse mehrere Male.

[10] Dies übernahm der japanische Krieger Takeda Shingen als seinen Leitspruch.

[11] Yang Bingan verbessert und schreibt: „Folglich wird der Feind, wo immer deine Banner hinzeigen, geteilt." Es scheint keine Rechtfertigung für diese Veränderung zu geben.

[12] Statt „teile die Gewinne" deutet Yang Bingan: „Verteidige es zu bestem Vorteil." Der Text untermauert diese Auslegung nicht.

[13] Dieser Vers ist interessant, da Sun Zi ein Werk nennt, das seinem eigenen vorausgeht.

18

Gongs und Trommeln, Fahnen und Flaggen verwendet man, um die Aufmerksamkeit der Truppen zu bündeln. Sind die Truppen derartig vereint, kann weder der Tapfere allein angreifen noch der Feigling sich zurückziehen. Das ist die Kunst, die Streitmächte einzusetzen.

Du Mu: *. . . Das Militärgesetz besagt: „Jene, die unerlaubt angreifen, und jene, die unerlaubt den Rückzug antreten, sind zu enthaupten."*

Als Wu Qi gegen Qin kämpfte, gab es einen Offizier, der vor der Schlacht seinen Kampfgeist nicht bezwingen konnte. Er stürmte vor, erbeutete zwei Köpfe und kam zurück. Wu Qi befahl, ihn zu enthaupten. Der Heeresbevollmächtigte ermahnte ihn: „Dies ist ein begabter Offizier; ihr solltet ihn nicht köpfen." Qi antwortete: „Ich weiß, dass er begabt ist, aber er gehorcht nicht." Darauf ließ er ihn köpfen.

19

Bei Nachtgefechten sind Fackeln und Trommeln,
bei Tag Banner und Fahnen zur Lenkung
der eigenen Truppen einzusetzen.[14]

Du Mu: . . . *So wie größere Formationen kleinere beinhalten, so beinhaltet ein großes Lager kleinere Einheiten. Die vordere, hintere, rechte und linke Einheit der Streitmacht besitzt jeweils ein eigenes Lager. Diese bilden einen Kreis um das zentrale Hauptquartier des Oberfehlshabers. Alle Lager umschließen das Hauptquartier. Sämtliche Ecken sind so miteinander verkeilt, dass das Lager der* Bi-Lei-*Konstellation gleicht.*[15]

Die Lager liegen höchstens 100 oder weniger als 50 Schritte auseinander. Die Straßen und Wege sind miteinander verbunden, damit die Truppen aufmarschieren können. Die Befestigungsanlagen liegen einander gegenüber, damit man die anderen mit Bogen und Armbrust unterstützen kann.

An jeder Kreuzung wird ein kleines Kastell errichtet; darauf wird Feuerholz aufgeschichtet; im Inneren

[14] Oder „die des Feindes". Es ist nicht klar, welcher; eventuell beide. Du Mus Kommentar ist nicht sonderlich relevant für den Vers, wird jedoch angeführt, da er eine bemerkenswerte Kenntnis der Wissenschaft des Lageraufbaus dokumentiert.

[15] Markal? *Bi* bezeichnet den Stern Alpheratz bzw. Sirrah.

befinden sich verborgene Gänge, die man mit Leitern erklimmen kann. Hört ein Wachposten in der Dunkelheit Trommelschläge an allen vier Seiten des Lagers, entzündet er das Leuchtfeuer. Falls der Feind in der Nacht angreift, kann er zwar durch die Tore dringen, jedoch befinden sich überall kleine, gut verteidigte Lager, und er weiß nicht, in welcher Richtung er angreifen soll.

Im Lager des Oberbefehlshabers oder in den kleineren Lagern lassen jene, die den Feind zuerst bemerkt haben, alle herein; dann schlagen sie die Trommeln, und alle anderen Lager antworten. An allen kleinen Kastellen werden die Feuer entzündet und erleuchten das Lager taghell. Daraufhin schließen

die Offiziere und Truppen die Tore, bemannen die Befestigungsanlagen und blicken auf den Feind herab. Starke Armbrüste und Bogen schießen in alle Richtungen . . . .

Unsere einzige Sorge ist, dass der Feind nicht in der Nacht angreift, da er dann gewiss unterliegen würde.

20

Nun kann es sein, dass eine Streitmacht ihre Tapferkeit verliert und ihr Anführer seinen Kampfgeist einbüßt.[16]

He Yanxi: *. . . Wu Chi sprach: „Die Verantwortung für eine Armee von einer Million liegt in der Hand*

[16] Oder „seinen Geist", ich bin nicht sicher, welcher.

勇氣

eines Mannes. Er ist der Auslöser für ihren Mut.“
Mei Yaochen: *... Verliert eine Armee ihre Kampfmoral, dann wird auch ihr General den Mut verlieren.*
Zhang Yu: *Herzensmut ist das, wodurch ein General die Lage bewältigt. Denn Ordnung und Chaos, Mut und Feigheit sind Qualitäten, die das Herz beherrscht. Daher verbittert ein geschickter Feldherr seinen Feind und geht dann gegen ihn vor. Er verbittert ihn, um ihn zu verwirren, und belästigt ihn, um ihn zu verstören. So raubt er dem Feind sein Herz und seinen Mut und damit seine Fähigkeit, Pläne zu schmieden.*

21

Am Morgen ist der Kampfgeist kühn, am Tag erlahmt er, und am Abend ziehen die Gedanken heimwärts.[17]

22

Daher meidet ein erfahrener Heerführer den Feind, solange dieser voll Kampfgeist ist, und greift erst an, wenn dieser träge wird und es seine Soldaten heimwärts zieht. Dies ist die Beherrschung der moralischen Umstände.

23

In guter Ordnung erwarten sie einen ungeordneten Feind; in Gelassenheit einen gröhlenden Feind. Dies ist die Beherrschung der geistigen Verfassung.
Du Mu: *Mit Gelassenheit und Standhaftigkeit können äußere Ereignisse sie nicht erschüttern.*
He Yanxi: *Für den einsamen General, der mit Feingefühl ein Heer von einer Million gegen einen erbitterten Feind lenken muss, sind Vor- und Nachteile vermischt. Angesichts der zahllosen Veränderungen muss er weise*

[17] Mei Yaochen meint, dass „Morgen“, „Tag“ und „Abend“ die verschiedenen Phasen eines langen Feldzuges versinnbildlichen.

混乱的

und anpassungsfähig sein und alle Möglichkeiten bedenken. Wenn er kein entschlossenes Herz besäße und sein Urteil unklar bliebe, wie könnte er auf die Umstände eingehen, ohne ans Ende seiner Weisheit zu stoßen? Und wie die Angelegenheiten ordnen, ohne sich verunsichern zu lassen? Wenn er unerwartet auf ernste Schwierigkeiten stößt, wie vermag er sich nicht beunruhigen zu lassen? Wie kann er die zahllosen Umstände berücksichtigen, ohne in Verwirrung zu geraten?

24

Erfahrene Feldherren erwarten beim Schlachtfeld den von fern kommenden Feind; mit Ruhe den ermatteten Feind; mit gut genährten dessen hungrigen Truppen. Das ist die Beherrschung der körperlichen Umstände.

25

Erfahrene Feldherren greifen nicht an, wenn der Feind mit wohlgeordneten Bannern und eindrücklichen Truppen in Reih und Glied anrückt. Das ist die Beherrschung der sich verändernden Umstände.[18]

26

Daher liegt die Kunst im Einsatz von Truppen darin, den Feind nicht bergauf anzugreifen und sich ihm nicht entgegenzustellen, wenn er den Hang herabkommt.

27

Wenn er vorgibt zu fliehen, folge ihm nicht.

28

Greife nie seine Elitetruppen an.

---

[18] Oder der „umstands- oder situationsspezifische Faktor".

29

Schlucke keine ausgeworfenen Köder.

Mei Yaochen: *Ein Fisch, der den Köder schluckt, wird gefangen; Truppen, die den Köder schlucken, besiegt.*

Zhang Yu: *Die „Drei Strategien" besagen: „Unter einem wohlriechendem Köder hängt gewiss ein gefangener Fisch."*

30

Hindere den Feind nicht daran, heimzuziehen.

31

Einem umzingelten Feind
musst du einen Fluchtweg offen lassen.

Du Mu: *Zeige ihm, dass es einen Weg gibt, zu entkommen, und nähre so die Hoffnung, dass es einen Weg gibt, dem Tod zu entrinnen. Dann schlage zu.*

He Yanxi: *Als Cao Cao die Stadt Hu Guan belagerte, erließ er den Befehl: „Wenn die Stadt eingenommen wird, sind alle, die diese verteidigt haben, zu begraben." Doch die Stadt konnte Monat um Monat nicht eingenommen werden. Cao Jen sprach: „Wenn eine Stadt umzingelt ist, muss man den Belagerten zeigen, dass es einen Weg des Überlebens gibt. Da Ihr, General, ihnen nur gesagt habt, sie müssten bis zum Tode kämpfen, um sich selbst zu retten, wird jeder versuchen, seine Haut zu retten. Die Stadt ist stark befestigt und hat reichlich Vorräte. Wenn wir sie angreifen, werden viele Offiziere und Männer verwundet werden. Falls wir ausharren, wird uns dies viele Tage kosten. Unter den Mauern einer starken Stadt zu lagern und Aufständische anzugreifen, die bis zum bitteren Tod kämpfen, das ist kein guter Plan!" Cao Cao folgte seinem Rat, und die Stadt ergab sich.*

死

32

Zwinge den Feind nicht dazu, sich zu verteidigen.

Du You: *Fürst Fu Chai sprach: „Drängt man wilde Tiere in die Enge, so kämpfen sie hoffnungslos. Wieviel stärker trifft dies auf Menschen zu! Wenn sie wissen, dass es keinen Ausweg gibt, kämpfen sie bis in den Tod."*

Während der Herrschaft von Kaiser Xuan der Han-Dynastie unterdrückte Zhao Chongguo einen Aufstand vom Stamm der Qiang. Die Stammesleute der Qiang sahen seine große Armee, entledigten sich ihres schweren Gepäcks und brachen auf, um den Gelben Fluss zu durchwaten. Der Weg führte durch enge Pässe. Chongguo trieb sie gemächlich voran.

Jemand sagte: „Wir verfolgen ein wichtiges Ziel, doch kommen nur langsam voran."

Chongguo antwortete: „Sie sind hoffnungslos. Ich kann sie doch nicht hetzen. Falls ich gemächlich gehe, werden sie weiterziehen, ohne sich auch nur umzudrehen. Wenn ich sie hetze, werden sie sich gegen uns wenden und bis in den Tod kämpfen."

Alle Generäle sprachen: „Wunderbar!"

33

Das ist die richtige Strategie im Einsatz von Truppen.

五老峰
匡廬山
圓通寺
東林寺
西林寺
濂溪祠
山川壇
接官亭
龍池寺
德化縣
府學
九江府
琵琶亭
九江關

DIE NEUN VARIABLEN

Sun Zi sprach:

1

Beim Aufstellen der Truppen erhält gewöhnlich der Heerführer vom Herrscher die Vollmacht, Männer einzuziehen und die Armee zusammenzustellen.[1]

2

Lagere nicht in Niederungen!

地面

3

Versammle dich mit deinen Verbündeten auf vermittelndem Gelände.

4

Verweile nicht auf verlassenem Gelände.

5

In eingekesseltem Gelände brauchst du Einfallsreichtum.

---

[1] Da Sun Zi Kapitel VII nahezu mit den gleichen Worten beginnt, würde Yang Bing-an diesen Vers auslassen. Er würde ebenso V. 2–6 weglassen, da diese in der Diskussion der „Neun Arten von Gelände" auftauchen, und sie mit V. 26–32 aus Kapitel VII ersetzen. Die in V. 2–6 von Sun Zi verwendete Verneinung ist nicht die gebieterische Form, die er zuvor verwendet. Daher halte ich die vorgeschlagene Verbesserung nicht für gerechtfertigt. Die „Neun Variablen" werden folglich in V. 2–7 ausgedrückt.

6

In hoffnungsloser Lage musst du kämpfen.

7

Es gibt Straßen, denen man nicht folgen darf;
Truppen, die man nicht angreifen darf;
Städte, die man nicht belagern darf;
und Gebiete, die man nicht umkämpfen darf.

Wang Xi: *Meiner Meinung sollte man Truppen, die als Köder dienen, Elitetruppen und einen Feind in wohlgeordneter und eindrucksvoller Aufstellung nicht angreifen.*

Du Mu: *Wahrscheinlich bezieht sich dies auf einen Feind in einer strategischen Position hinter hohen Mauern und tiefen Schutzgräben mit einer Fülle an Korn und Vorräten, dessen Ziel es ist, meine Armee aufzuhalten. Sollte ich die Stadt angreifen und einnehmen, würde sich daraus kein beachtlicher Vorteil ergeben; sollte ich sie nicht einnehmen, würde der Angriff sicherlich die Kraft meiner Truppen schmälern. Daher sollte ich die Stadt nicht attackieren.*

8

Es gibt Bedingungen, unter denen man den Befehlen des Herrschers nicht Folge leisten muss.[2]

Cao Cao: *Wenn es in einer Operation zielführend ist, muss sich der General nicht durch die Befehle des Herrschers einschränken lassen.*

Du Mu: *Das* Wei Liao Zi *besagt: „Waffen sind unheilvolle Geräte; strebe andernorts nach Tugend; der General ist der Minister über den Tod, der weder den Himmeln über ihm, noch der Erde unter ihm, weder dem Feind vor ihm, noch dem Herrscher hinter ihm, verantwortlich ist."*

Zhang Yu: *König Fu Chai sprach: „Erkennst du den Weg, dann handle; warte nicht auf Anweisungen."*

9

Ein General, der den Nutzen der neun variablen Umstände begreift, weiß, wie er die Truppen einsetzen muss.

Jia Lin: *Der General muss sich auf seine Fähigkeit, die Lage zu seinem Vorteil zu lenken, wie es ihm die Begebenheiten gebieten, verlassen. Er ist nicht an feststehende Vorgehensweisen gebunden.*

10

Ein General, der die Vorteile der neun variablen Umstände nicht begreift, kann das Gelände nicht zu seinen Gunsten nutzen, selbst wenn es ihm vertraut ist.

Jia Lin: *. . . Ein General kann günstige Veränderungen der Lage einschätzen.*

11

Ein Feldherr, der in der Kriegsführung nicht die passenden Taktiken zu den neun variablen Situationen kennt, ist nicht in der Lage, seine Truppen wirkungsvoll einzusetzen, selbst wenn er die „fünf Vorteile" begreift.[3]

Jia Lin: *. . . Die „fünf Abweichungen" sind folgende: Man soll eine Straße, die zwar die kürzeste sein mag, nicht einschlagen, wenn man weiß, dass sie gefährlich ist und dort ein Hinterhalt lauern könnte.*

Eine Armee, die man zwar angreifen könnte, soll man nicht angreifen, wenn sie in einer verzweifelten Lage ist, da der Feind dann möglicherweise bis in den Tod kämpft.

---

[2] Eine allumfassende Aussage, die die zuvor aufgezählten variablen Umstände abdeckt.

[3] Ein verwirrender Vers, der alle Kommentatoren irritiert. Falls Jia Lin richtig liegt, so müssen sich die „fünf Vorteile" auf die unter V. 2–6 genannten Situationen beziehen.

Eine Stadt, die zwar abgeschottet und leicht zu umzingeln wäre, sollte nicht angegriffen werden, wenn man gewiss ist, dass sie reichlich mit Vorräten ausgestattet ist, von Kerntruppen unter dem Kommando eines weisen Generals verteidigt wird, ihre Minister ergeben und ihre Pläne unergründlich sind.

Ein Gebiet, das zwar erobert werden könnte, sollte nicht umkämpft werden, wenn man weiß, dass es nach der Eroberung schwer zu verteidigen sein oder man keinen Nutzen aus seinem Gewinn ziehen wird, sondern einen Gegenangriff und Verluste zu erwarten hat.

Die Befehle eines Herrschers, die allgemein befolgt werden sollten, sind dann nicht zu berücksichtigen, wenn der General weiß, dass diese die Gefahr einer unvorteilhaften Oberaufsicht der Hauptstadt-Angelegenheiten bergen.

Diese fünf möglichen Fälle müssen zu dem Zeitpunkt ihres Auftretens gemäß der Umstände gelöst werden, da diese sich nicht im Voraus planen lassen.

12

Aus diesem Grund muss ein weiser General in seinen Überlegungen sowohl günstige als auch ungünstige Umstände berücksichtigen.[4]

Cao Cao: *Er wägt die Gefahren, welche die Vorteile mit sich bringen, und die Vorteile, welche die Gefahren in sich tragen, gegeneinander ab.*

[4] Sun Zi sagt, diese seien „gemischt“.

13

Indem er die günstigen Umstände berücksichtigt, kann er seine Pläne umsetzen; indem er die ungünstigen berücksichtigt, kann er die Schwierigkeiten lösen.[5]

Du Mu: *. . . Will ich den Feind übervorteilen, dann muss ich nicht nur den Vorteil darin erkennen können, sondern ebenso berücksichtigen, wie er mir dabei Schaden zufügen könnte.*

He Yanxi: *Vorteil und Nachteil verstärken einander wechselseitig. Der Erleuchtete durchdenkt sie wohl.*

14

Will er seine benachbarten Feinde bedrohen, dann beeinträchtigt er sie.

Jia Lin: *Pläne und Vorhaben, die der Schwächung des Feindes dienen, sind in keiner Weise beschränkt. Manchmal kannst du seine weisen und tugendhaften Männer abwerben, sodass er keine Berater mehr hat. Oder du schickst Verräter in sein Land, um seine Verwaltung zu ruinieren. Oder du setzt listenreiche Täuschungen ein, um dem Herrscher seine Minister abspenstig zu machen. Oder du entsendest kunstfertige Handwerker, die seinem Volk den Reichtum aus der Tasche ziehen. Oder du beschenkst ihn mit zügellosen Musikerinnen und Tänzerinnen, die seine Sitten ändern. Oder schöne Frauen, die ihn verwirren.*

15

Er schwächt sie, indem er sie ständig beschäftigt und sie scheinbaren Vorteilen hinterherjagen lässt.

---

[5] (siehe S. 176) Sun Zi sagt, dass der Plan durch die Berücksichtigung der günstigen Umstände „vertrauenswürdig“ oder „verlässlich“ wird. Ich übersetze im Sinne von „umsetzbar“ (oder „bewerkstellbar“).

勇氣

16

Es ist eine Kriegsdoktrin, nicht anzunehmen, dass der Feind nicht anrücken wird, sondern sich auf die eigene Bereitschaft zu verlassen, ihm entgegenzutreten; nicht anzunehmen, dass er nicht angreifen wird, sondern Vorkehrungen zur eigenen Unbesiegbarkeit zu treffen.

He Yanxi: *. . . Die „Strategien von Wu" lauten: „Ist die Welt friedlich, behält der Ehrenmann sein Schwert an seiner Seite."*

17

Es gibt fünf Eigenschaften, die im Charakter eines Generals gefährlich sind.

18

Ist er unachtsam, so kann er getötet werden;

Du Mu: *Ein dummer und mutiger General ist eine Katastrophe. Wu Qi sprach: „Wenn die Menschen über einen General sprechen, beachten sie immer nur seinen Mut. Mut ist jedoch nur eine notwendige Eigenschaft eines Generals. Ein tollkühner General aber zieht rücksichtslos in die Schlacht und achtet nicht darauf, was zielführend ist."*

19

Ist er feige, so kann er in Gefangenschaft geraten;

He Yanxi: *Das* Sima Fa *sagt: „Jemand, der das Leben über alles stellt, wird von Unschlüssigkeit befallen. Bei einem General ist Unschlüssigkeit eine Katastrophe."*

20

Ist er ein Hitzkopf, mach einen Narren aus ihm;

Du You: *Ein gefühlsbeherrschter Mann kann leicht in Wut geraten und somit dem Tode näher gebracht wer-*

den, da er jähzornig, starrsinnig und übereilt handelt und daher Schwierigkeiten nicht berücksichtigt.
Wang Xi: *Was beim Temperament eines Generals zählt, ist Standfestigkeit.*

21

Ist sein Ehrgefühl übermäßig ausgeprägt,
dann kannst du ihn verleumden;

Mei Yaochen: *Liegt jemandem zu viel daran, seinen Ruf zu verteidigen, berücksichtigt er nichts anderes.*

22

Hat er ein leidenschaftliches Wesen,
so kannst du ihn belästigen.

Du Mu: *Wer menschenfreundlich und mitfühlend ist und nur Verluste befürchtet, kann keinen vorübergehenden Vorteil für einen langfristigen Nutzen opfern und ist nicht in der Lage, dieses loszulassen, um jenes damit zu gewinnen.*

23

Diese fünf Charakterzüge stellen bei einem General
schwerwiegende Schwächen dar und
können im Krieg fatale Folgen haben.

24

Der Untergang der Armee und der Tod des Generals
sind unausweichliche Folgen dieser Mängel.
Sie müssen daher eingehend erwogen werden.

IX MÄRSCHE

Sun Zi sprach:

1

Wenn die Streitmacht eine Stellung einnimmt und auf den Feind trifft, dann bleibe, nachdem du die Berge überquert hast, nah bei den Tälern. Lagere auf hoher Ebene mit dem Gesicht gegen die Sonne.[1]

2

Kämpfe bergab; greife nicht bergauf an.[2]

3

Soviel zur Stellung der Streitmacht im Gebirge.

4

Verweile nicht in der Nähe eines Flusses, nachdem du ihn überquert hast.

5

Überquert ein Feind einen Fluss, stelle ihn nicht am Ufer. Lass die Hälfte seiner Truppe das Wasser überqueren, dann schlag zu.

---

[1] Wörtlich: „Lagere an einer hohen Stelle in der Wachstumsrichtung." Die Kommentatoren erklären, dass *sheng* (生) „Wachstum", *yang* (陽) „sonnig", bedeutet d.h. Süden.

[2] Die Deutung des TD wird übernommen. Ansonsten: „Beim Kriegführen im Gebirge, greife nicht bergauf an."

He Yanxi: *Während der Frühlings- und Herbstperiode zog der Fürst von Song nach Hong, um gegen die Armee von Chu zu kämpfen. Die Armee von Song war schon aufgestellt, bevor die Truppen von Chu den Fluss überquert hatten. Der Kriegsminister sprach: „Der Feind ist in der Überzahl. Ich bitte um Erlaubnis, anzugreifen, bevor sie die Überquerung abgeschlossen haben." Der Fürst von Song wies dies zurück.*

Als die Armee der Chu den Fluss ganz überquert, aber ihre Truppen sich noch nicht fertig aufgestellt hatten, bat der Minister wieder um Erlaubnis zum Angriff, doch der Fürst sprach: „Noch nicht. Erst wenn sie die Truppen fertig aufgestellt haben, greifen wir an."

Die Armee der Song wurde besiegt, der Fürst am Schenkel verwundet und die Offiziere an der Spitze des Zuges ausgelöscht.[3]

6

Suche nicht den Kampf mit dem Feind in der Nähe eines Gewässers.[4] Nimm eine höhere Position flussaufwärts gegen die Sonne ein, niemals jedoch flussabwärts.

迅速的

7

Soviel zu Stellungen im Umkreis von Gewässern.

8

Verweile nicht in Salzsümpfen und überquere sie in Windeseile. Triffst du dort auf den Feind, halte dich an Grasbänke und Wasser, die hinten an Bäume grenzen.[5]

[3] Die Quelle von Mao Zedongs Anmerkung: „Wir sind wie nicht der Fürst von Song."

[4] Die Kommentatoren meinen, dass der Zweck, sich von den Ufern und Stränden zurückzuziehen, darin liegt, den Gegner in die Falle der Flussüberquerung zu locken.

[5] Wahrscheinlich zeitweise überflutete Salzebenen, wie man sie in Nord- und Ostchina vorfindet, nicht die nur per Schiff zugänglichen Salzsümpfe, die uns vertrauter sind.

9

Soviel zu Aufstellungen in Salzsümpfen.

10

Auf ebenem Gelände nimm eine Position ein, die deinen Angriff erleichtert. Anhöhen hinter und rechts von deinen Truppen grenzen das Schlachtfeld nach vorne hin ein und sichern die Hinterseite.[6]

11

Soviel zur Aufstellung in ebenem Gelände.

12

Diese Aufstellungsformen sind vorteilhaft für das Lagern unter den vier zuvor genannten Situationen.[7] Mit ihrer Hilfe bezwang der Gelbe Kaiser vier Herrscher.[8]

日光

13

Eine Armee sucht Anhöhen und meidet Niederungen; schätzt das Sonnenlicht und meidet Schatten. Um wieder zu Kräften zu kommen, nimmt die Armee eine befestigte Stellung ein. Es heißt, einer Armee, die nicht unter zahllosen Seuchen leidet, ist der Sieg gewiss.[9]

14

An Hügeln, Vorbergen, Deichen oder Ufern lagert man die Armee an der Sonnenseite, wo das Gelände hinter und rechts von dir ansteigt.

---

[6] Sun Zi sagt: „Vorne Tod; hinten Leben." Die rechte Flanke war die verwundbarere, da die Schilder am linken Arm getragen wurden.

[7] Das heißt, die beschriebenen Methoden sind bei der Lagerung einer Armee zu berücksichtigen. Zhang Yu deutet die Verse zuerst hinsichtlich Lagerung, doch zitiert er in der Folge Zhuge Liang, der über den Kampf an solchen Plätzen schreibt.

[8] Vom den man annimmt, dass er 2697–2597 v. Chr. gelebt hat.

[9] Wörtlich „die hundert Seuchen". [10]

15

All diese Methoden sind für die Armee von Vorteil, um die Hilfestellungen, die das Gelände bietet, zu nutzen.[10]

16

Die abschüssigen Sturzbäche, „Himmlischen Brunnen", „Himmlischen Verließe", „Himmlischen Netze", „Himmlischen Fallen" und „Himmlischen Brüche" lasse schnell hinter dir. Komme ihnen nicht zu nahe.

Cao Cao: *Reißende Ströme im tiefen Gebirge sind „abschüssige Sturzbäche". Eine niedrige Stelle, die von Anhöhen umringt ist, nennt man „Himmlischer Brunnen". Wenn du ein Gebirge durchquerst und dabei ein Gebiet kreuzt, das wie ein geschlossener Käfig aussieht, dann ist dies ein „Himmlisches Verließ". Stellen, wo Truppen in die Falle gelockt und abgeschnitten werden können, nennt man „Himmlische Netze". Wo das Land einsinkt, befindet sich eine „Himmlische Falle". Enge Bergschluchten und Wege, die einige Dutzend Fuß eingesunken sind, nennt man „Himmlische Brüche".*

17

Ich halte Abstand zu diesen und locke den Feind dorthin. Ich stelle mich gegenüber auf und zwinge den Feind, ihnen den Rücken zuzukehren.

18

Wenn sich an den Flanken der Armee gefährliche Pässe oder mit Wasserpflanzen bedeckte Teiche, die von Binsen

[10] Der Vers, der im Text nach diesem folgt, lautet: „Wenn es am Oberlauf eines Flusses regnet und schäumendes Wasser herabstürzt, müssen jene, die den Fluss überqueren wollen, warten, bis das Wasser weicht." Dies passt offensichtlich nicht hierher. Ich vermute, es ist ein Kommentar, der in den Text eingeflossen ist.

und Schilf umgeben sind, oder bewaldete Gebirge mit dichtem Unterholz befinden, musst du diese sorgfältig durchsuchen, da an diesen Orten oft ein Hinterhalt und Späher lauern könnten.

19

Wenn der Feind in der Nähe ist, jedoch eine tiefere Lage einnimmt, ist er von einer günstigen Lage abhängig. Wenn er den Kampf aus der Ferne sucht, will er dich zum Vorrücken bringen, denn auf einfachem Gelände befindet er sich in einer vorteilhaften Lage.[11]

[11] Eine andere Version scheint zu lauten: „. . . bieten einen vorgeblichen Vorteil."

20

Das Vorrücken des Feindes erkennt man an den Bewegungen der Bäume.

21

Wurden viele Hindernisse ins Gehölz gelegt, dient dies der Täuschung.

22

Fliegen die Vögel hoch, so ist dies ein Zeichen, dass der Feind im Hinterhalt lauert; schrecken die Tiere auf und flüchten, so will er dich heimlich angreifen.

23

Senkrecht in die Höhe steigender Staub weist auf heranrückende Streitwagen hin, flache, ausgedehnte Staubwolken auf Fußtruppen.

Du Mu: *. . . Wenn Wagen und Infanterie vorpreschen, dann fahren sie in einer Reihe hintereinander. Daher steigen schmale Staubsäulen hoch.*

Zhang Yu: *. . . Wenn die Armee marschiert, sollten Patrouillen zur Beobachtung vorausgeschickt werden. Sobald sie Staubwolken des Feindes sehen, müssen sie dies dem General umgehend melden.*

24

Steigen vereinzelte Staubwolken auf, dann sammelt der Feind Brennholz; steigen zahlreiche, kleine Staubwölkchen auf, dann stellt der Feind sein Lager auf.[12]

---

[12] Li Chuans Deutung „Brennholz sammeln" wird übernommen. Sie ziehen Bündel mit Brennholz nach. Die Kommentare, die diesen Vers unterbrechen, widmen sich der Diskussion, auf welche Weise die Leute Brennholz sammeln!

25

Wenn die Gesandten des Feindes Demut vorgeben,
er jedoch seine Vorbereitungen fortsetzt,
dann ist mit seinem Angriff zu rechnen.

Zhang Yu: *Tien Dan verteidigte die Stadt Ji Mo gegen die Belagerung von Chi Zhe, dem General von Yan. Tien Dan griff eigenhändig zum Spaten und teilte die Mühen seiner Truppen. Er gliederte seine Frauen und Konkubinen in den Reihen ein und teilte sein Essen mit den Offizieren. Er sandte Frauen zu den Mauern der Stadt, um die Bedingungen für eine Kapitulation zu erfragen. Der General von Yan war entzückt. Und Tien Dan ließ 24.000 Unzen Gold sammeln und die reichen Bürger folgenden Brief an den General schreiben: „Die Stadt steht vor der Kapitulation. Unser einziger Wunsch ist es, dass Ihr unsere Frauen und Konkubinen nicht schändet.“ Die Armee von Yan wurde zunehmend sorgloser und unachtsamer, und Tien Dan stürmte aus der Stadt und vernichtete sie.*

言

26

Sind ihre Worte irreführend, während der Feind
scheinbar weiter vorrückt, plant er einen Rückzug.

27

Kommen die Gesandten mit Rechtfertigungen,
möchte er Bedenkzeit.[13]

28

Bittet der Feind ohne vorherige Absprache um
Waffenstillstand, so plant er eine Verschwörung.

Chen Hao: *... Bittet jemand grundlos um Waffenstillstand, liegt dies gewiss daran, dass die Angelegen-*

[13] Dieser Vers, der im Text unpassend schien, wurde in den jetzigen Kontext eingefügt.

heiten in seinem Land in bedenklichem Zustand sind und er überlegt, wie er einen Aufschub erreichen könnte. Oder er weiß, dass wir in unserer Lage für seine Verschwörungen anfällig sind, und möchte mit der Bitte um Waffenstillstand unseren Argwohn dämpfen, um unseren Mangel an Bereitschaft auszunutzen.

29

Werden leichte Streitwagen vorausgeschickt und positionieren sie sich an den Flanken, stellt sich der Feind für den Kampf bereit.

Zhang Yu: *In der „Fisch-Waage-Formation" sind die Streitwagen an der Spitze vor der Infanterie.*

武器

30

Wenn seine Truppen rasch marschieren und er seine Streitwagen vorführt, wartet er auf das Zusammentreffen mit der Verstärkung.[14]

31

Rückt ein Teil seiner Truppen vor und der andere Teil zurück, versucht er, dich zu ködern.

32

Wenn die Truppen sich auf ihre Waffen stützen, so sind sie matt und ausgehungert.

[14] Dies ist nicht wirklich klar. Erwartet er ein Zusammentreffen mit Verstärkungstruppen? Oder sammeln sich seine zerstreuten Abteilungen nach dem Marsch?

41

Versammeln sich die Truppen ständig in kleinen Gruppen und flüstern miteinander, dann hat der General das Vertrauen seiner Armee verloren.[18]

42

Zu häufige Belohnungen weisen darauf hin, dass der General am Ende seiner Mittel ist; zu häufige Strafen zeigen, dass er sich in starker Bedrängnis befindet.[19]

43

Falls die Offiziere ihre Männer zuerst gewaltsam behandeln und sich danach vor diesen ängstigen, so ist die Grenze der Disziplinlosigkeit erreicht.[20]

44

Zeigen die feindlichen Truppen Kampfgeist, doch treten sie lange Zeit nicht in den Kampf und weichen auch nicht zurück, obwohl sie dir gegenüberstehen, dann musst du die Lage eingehend prüfen.

45

Zahlen allein bringen im Krieg noch keinen Vorteil. Verlass dich beim Angriff nicht auf reine Militärgewalt.[21]

46

Es reicht aus, die Lage des Feindes richtig einzuschätzen und die Kraft darauf zu lenken, ihn zu ergreifen.[22] Wem es an Voraussicht mangelt und wer seinen Feind unterschätzt, wird sicher von ihm gefangen werden.

忠誠

[18] Kommentare zu diesem Vers widmen sich primär der Erklärung der verwendeten Begriffe. Die meisten Kommentatoren sind sich einig, dass Männer, die sich zusammenrotten und flüsternd unterhalten, ihre Offiziere kritisieren. Mei Yaochen bemerkt, dass sie eventuell eine Desertation planen. Der gleich darauf folgende Vers stellt eine Umschreibung desselben dar und wurde daher ausgelassen.

軍隊

47

Bestraft man die Truppen, bevor man sich ihrer Treue vergewissert hat, dann werden sie nicht gehorchen. Gehorchen sie nicht, sind sie schwer einzusetzen. Sind die Truppen zwar treu, aber verzichtet man auf Bestrafungen, sind sie nicht einsetzbar.

48

Befehlige daher deine Truppen mit Anstand und durchdringe sie alle gleichermaßen mit kriegerischer Leidenschaft, und der Sieg ist dir gewiss.

49

Erhalten die Truppen durchwegs effiziente Befehle, so werden sie gehorchen. Sind die Befehle nicht durchgängig zielführend, so werden sie diese verweigern.

50

Sind Befehle durchwegs vertrauenswürdig und werden somit befolgt, hat der Befehlshaber eine gute Beziehung zu seinen Truppen.

---

[19] He Yanxi merkt an, dass ein General in der Führung seiner Armee eine Ausgewogenheit zwischen Toleranz und Strenge anstreben sollte.

[20] Oder „zuerst zu prahlen, doch später das feindliche Heer fürchten"? Cao Cao, Du Mu, Wang Xi und Zhang Yu beziehen hier das *Qi* (其) auf den Feind, doch dieser Gedanke schließt nicht besonders gut an den vorhergehenden Vers an. Ich halte mich an Du Yous Interpretation, die mir plausibler erscheint.

[21] „Denn es ist nicht die Zahl der Kämpfer, sondern deren ordentliche Anordnung und Mut, woran man das Können im Krieg messen sollte." Procopius, *History of the Wars*, S. 347.

[22] Cao Cao missversteht hier *zu* (足) in der Wendung *zu yi* (足以), die „es reicht" bedeutet. Sein Fehler verwirrte offenbar die Kommentatoren, und keiner wagte es, ihn anzuzweifeln. Wang Xi beginnt beherzt genug: „Ich denke, jene, die darin geschickt sind, Veränderungen der Lage durch das Sammeln und Aufteilen von Truppen zu erreichen, müssen nur ihre Streitkräfte vereinen und einen Spalt in der feindlichen Verteidigung nutzen, um einen Sieg zu erringen." Doch auch er lässt letztendlich Cao Caos Prestige über sein eigenes besseres Urteil siegen.

洞天山堂

TERRAIN[1]

Sun Zi sprach:

1

Hinsichtlich seiner Beschaffenheit kann das Gelände als zugänglich, verfänglich, unbestimmt, eng, steil und fern eingestuft werden.[2]

2

Ein Gelände, das sowohl wir als auch der Feind gleichermaßen leicht überqueren können, nennt man zugänglich. Auf solchem Gelände ist jener im Vorteil, der zuerst die erhöhten und sonnigen Stellungen einnehmen kann, die günstig von seinen Versorgungsstrecken erreichbar sind.

3

Ein Gelände, aus dem man zwar leicht hinausgelangt, aber nicht wieder hinein, nennt man verfänglich. Es ist so beschaffen, dass du einen unvorbereiteten Feind leicht schlagen kannst. Ist der Feind jedoch darauf vorbereitet und du lässt zum Kampf das Gelände hinter dir und siegst nicht, dann ist es schwer, zurückzukehren. Dies ist unnütz.

---

[1] „Topographie" oder „Anpassung an das Gelände".

[2] Mei Yaochen definiert „zugängliches" Gelände als eines, wo Straßen sich verbinden und kreuzen; „verfängliches" Gelände als netzähnlich; „aufhaltendes" Gelände als eines, in dem man mit dem Feind eingeschlossen wird; „verengtes" Gelände als Tal zwischen zwei Bergen; „steiles" Gelände als solches, wo Gebirge, Flüsse, Hügel und Bergkämme verlaufen, und „weites" Gelände als ebenes Gebiet. Sun Zi verwendet „weit", um anzudeuten, dass eine beträchtliche Entfernung zwischen den Lagern der beiden Truppen liegt.

柔弱的

強壯的

11

Wenn die Truppen stark und die Offiziere schwach sind, dann ist die Armee aufsässig.

Du Mu: *Der Vers bezieht sich auf Truppen und Unteroffiziere*[7]*, die widerspenstig und überheblich, sowie auf Generäle und Heerführer, die zaghaft und schwach sind.*

In der gegenwärtigen Dynastie am Beginn der Regentschaft von Chang Qing[8] *wurde Tian Bu Heerführer von Wei, um Wang Ting-Chou anzugreifen. Bu war in Wei aufgewachsen und die Leute verachteten ihn. So ritten zehntausende von Männern auf Eseln durch das Lager. Bu war nicht in der Lage, sie zu bändigen. Er blieb einige Monate in seiner Position. Als er kämpfen wollte, liefen Offiziere und Truppen auseinander und zerstreuten sich in alle Winde. Bu schnitt sich daraufhin die Kehle durch.*

12

Wenn die Offiziere tapfer, die Truppen jedoch schwach sind, dann ist die Armee in Bedrängnis.[9]

13

Wenn die Oberoffiziere gereizt und aufsässig sind und sich ohne Überlegungen und ohne die Befehle des Heerführers abzuwarten auf den Feind stürzen, dann kommt es zum Zusammenbruch der Armee.

Cao Cao: *„Oberoffiziere" bedeutet untergeordnete Generäle. Falls diese... in einem Anfall von Zorn den*

---

[7] Wu (伍) bezeichnet eine Abteilung von fünf Männern oder den Anführer einer solchen Abteilung; Korporal; Unteroffizier.

[8] 820–825 n. Chr.

[9] Im Sumpf oder Morast versinkend. Wenn die Truppen schwach und die Bemühungen der Offiziere umsonst sind, gleicht dies metaphorisch dem Versinken im Morast.

Feind ohne Bemessung der Stärke und Anzahl auf beiden Seiten angreifen, dann ist die Armee gewiss am Rande des Zusammenbruchs.

14

Wenn der General moralisch schwach und undiszipliniert ist, seine Anweisungen und Führung nicht vernünftig sind, es keine einheitlichen Richtlinien zur Führung der Offiziere und Männer gibt und die Formationen nachlässig sind, dann liegt die Armee im Chaos.[10]

Zhang Yu: *... im selbst verursachtem Chaos.*

15

Wenn ein Heerführer, der seinen Feind nicht einschätzen kann, eine kleine Streitmacht gegen eine große oder schwache Truppen gegen starke schickt oder keine Stoßtruppen an die Heeresspitze stellt, dann ist das Ergebnis Fahnenflucht.

Cao Cao: *Unter diesen Umständen drängt er die Truppen mit Gewissheit zur Fahnenflucht.*

He Yanxi: *... In der Han-Zeit waren die „Ritter von den Drei Flüssen" „Schwertfreunde" mit außergewöhnlichen Gaben. In Wu nannte man die Stoßtruppen „Schwierigkeiten-Überwinder"; in Qi „Schicksalsträger"; in der Tang-Zeit „Springer und Aufrührer". Das sind die diversen Namen für Stoßtruppen; nichts ist für eine siegreiche Schlacht wichtiger als diese.*[11]

Wenn die Truppen gemeinsam lagern, wählt der General aus jedem Lager einige kampfbegeisterte, tapfere Offiziere aus, die durch Beweglichkeit und Stärke herausragen und deren kriegerische Fähigkeiten über das normale Maß hinausreichen. Diese werden zu einer Spezialeinheit zusammengeschlossen. Von zehn Männern wird nur einer erwählt; von zehntausend tausend Männer.

***Zhang Yu:** . . . Es ist wichtig, Elitetruppen als starke Vorhut einzusetzen. Erstens stärkt dies unsere eigene Entschlossenheit, und zweitens nehmen sie dem Feind seine Schärfe.*

16

Falls eine der sechs genannten Bedingungen vorherrschen, dann ist die Armee zum Scheitern verurteilt. Es ist die erste Pflicht des Generals, dies sorgsam zu erforschen.

17

Anpassung an das Gelände ist in der Schlacht von größter strategischer Bedeutung. Zu den erfolgversprechenden Tugenden eines hervorragenden Generals gehört daher die Einschätzung der Lage des Feindes, die Berechnung der Entfernungen und des Schwierigkeitsgrades des Terrains. Wer sich dieser Elemente im Kampf bewusst ist, wird gewiss siegen; wer nicht, wird scheitern.

18

Ist die Lage siegesträchtig, kann der General entscheiden zu kämpfen, auch wenn der Herrscher Gegenteiliges befohlen hat. Ist die Lage aussichtslos, so kann er den Angriff verweigern, auch wenn der Herrscher es will.

---

[10] Der ursprüngliche Begriff für „nachlässig" bedeutet in etwa „kreuz und quer".

[11] Leider werden die Funktionen der „Springer und Aufrührer" nicht näher erklärt. Zweifellos hatte einer die Aufgabe, sowohl die Truppen durch wilde Schwertakrobatik anzuspornen als auch den Feind mit seiner Wildheit und Geschicklichkeit zu beeindrucken, wofür die Chinesen berühmt sind.

19

Ein General greift weder an, um persönlichen Ruhm zu erwerben, noch denkt er beim Rückzug daran, Bestrafungen zu vermeiden, sondern sein einziges Ziel ist es, das Volk zu schützen und das höchste Anliegen seines Herrschers zu fördern. Er ist das Juwel des Staates.

Li Quan: *. . . Solch ein General hegt kein persönliches Interesse.*

Du Mu: *. . . Es gibt nur wenige solcher Männer.*

20

Da solch ein General seine Männer als seine Schützlinge betrachtet, werden sie mit ihm in die tiefsten Täler marschieren. Er behandelt sie wie geliebte Söhne, und sie würden für ihn sterben.

Li Quan: *Wenn er seine Männer derartig wertschätzt, wird er deren äußerste Kraft zur Entfaltung bringen. So brauchte der Fürst von Chu nur ein Wort zu sprechen, und die Soldaten fühlten sich wie in warme Seide gehüllt.*[12]

Du Mu: *Während der Streitenden Reiche, als Wu Qi General war, aß er die gleiche Verpflegung und trug das gleiche Gewand wie die niedrigsten Soldaten seiner Truppe. Er schlief ohne Matte; beim Marsch lehnte er ein Pferd ab und trug selbst seinen Proviant. Er teilte mit seinen Truppen Mühen und Erschöpfung.*

Zhang Yu: *. . . Daher besagt der Heereskodex: „Der General hat als Erster die Mühen und Erschöpfungen des Krieges zu tragen. In der Hitze des Sommers trägt er keinen Sonnenschirm und im Winter kein dickes Gewand. An gefährlichen Stellen muss er vom Ross*

---

[12] Der Fürst zeigte Mitgefühl für jene, die unter der Kälte litten. Seine Worte waren den Männern ein Trost und stärkten ihren erlahmenden Kampfesmut.

herabsteigen und zu Fuß gehen. Er muss warten, bis die Wasserlöcher der Truppen gegraben sind, und erst danach trinken; und bis die Verpflegung der Truppen fertig ist, bevor er isst; bis die Befestigungen fertig gestellt sind, bevor er seine Unterkunft aufbaut."[13]

21

Wenn ein General seine Truppen verwöhnt und sie nicht einsetzen kann; wenn er sie liebt, seine Befehle jedoch nicht durchsetzen kann; wenn die Truppen ordnungswidrig handeln und er sie nicht beherrschen kann, dann lassen sich diese mit verwöhnten Kindern vergleichen und sind nutzlos.

Zhang Yu: *... Zeigt man nur Güte, dann entwickeln sich die Truppen zu hochmütigen Kindern und können nicht erfolgreich eingesetzt werden. Daher schnitt Cao Cao, um sich zu bestrafen, sein eigenes Haar ab.*[14]*... Gute Befehlshaber werden gleichermaßen geliebt und gefürchtet. Mehr steckt nicht dahinter.*

22

Wenn ich weiß, dass meine Truppen den Feind schlagen könnten, doch nicht weiß, dass er einem Angriff unverwundbar gegenübersteht, so habe ich nur halbe Aussicht auf einen Sieg.

---

[13] Militärische Abhandlungen und Kodizes trugen allgemein den Titel *Bing Fa.* Zhang Yu weist nicht aus, aus welchem er zitiert.

[14] Nachdem er seinen Truppen befohlen hatte, nicht achtlos das Getreide niederzutrampeln, ließ Cao Cao achtlos sein eigenes Pferd beim Grasen darauf herumtrampeln. Daraufhin wollte er sich selbst enthaupten lassen. Als seine Offiziere unter Tränen protestierten, fügte sich Cao Cao diese symbolische Bestrafung selbst zu, um zu zeigen, dass selbst ein Oberbefehlshaber Militärgesetz und Disziplin unterworfen ist.

23

Wenn ich weiß, dass der Feind im Angriff verwundbar ist, doch nicht gewiss bin, ob meine Truppen fähig sind, ihn zu schlagen, habe ich nur halbe Aussicht auf Sieg.

24

Wenn ich weiß, dass der Feind angreifbar ist und meine Truppen in der Lage sind, ihn anzugreifen, doch nicht erkenne, dass ich aufgrund der Beschaffenheit des Geländes nicht angreifen sollte, so habe ich nur halbe Aussicht auf Sieg.

25

Daher machen kriegserfahrene Befehlshaber bei ihren Zügen keine Fehler; wenn sie handeln, greifen sie auf grenzenlose Ressourcen zurück.

26

Daher sage ich: „Kenne den Feind und kenne dich selbst,
dann ist dein Sieg nie in Gefahr.
Kenne das Gelände und kenne das Wetter,
dann wirst du einen vollständigen Sieg erringen."

XI

DIE NEUN SITUATIONEN IM GELÄNDE[1]

Sun Zi sprach:

1

In Bezug auf den taktischen Einsatz von Truppen lässt sich das Gelände in neun Arten einteilen: zerstreuendes Gebiet, Grenzland, Schlüsselgebiet, vermittelndes, zentrales, ernstes, schwieriges, eingekesseltes und hoffnungsloses Gelände.

死

2

Kämpft ein Feudalherr auf seinem eigenen Gebiet, so befindet er sich auf zerstreuendem Gelände.

***Cao Cao:** Offiziere und Männer zieht es heimwärts.*

3

Ist er gerade erst in das Land des Feindes eingedrungen, so befindet er sich auf Grenzland.[3]

4

Gelände, dessen Besetzung sowohl für den Feind als auch für mich Vorteile bedeutet, ist ein Schlüsselgebiet.[4]

---

[1] Die ursprüngliche Gliederung dieses Kapitels lässt zu wünschen übrig. Viele Verse stehen nicht in passendem Kontext; andere sind repetitiv und wahrscheinlich alte Kommentare, die in den Text eingeflossen sind. Ich habe manche Verse umgestellt und weggelassen, die mir als spätere Hinzufügungen erschienen. [2] Das im vorigen Kapitel als „zugänglich" bezeichnete Gelände wird hier unter den gleichen Bedingungen „vermittelndes" Gelände genannt. [3] Wörtlich „leichtes" Gelände, vielleicht weil man sich leicht zurückziehen kann und die Offiziere und Männer leicht an Fahnenflucht denken könnten, bevor der Feldzug beginnt. [4] Dies ist umstrittenes Gelände, oder wie Du Mu sagt, „strategisch wichtiges".

領土

5

Gelände, das für den Feind und mich gleichermaßen zugänglich ist, ist vermittelndes Gebiet.

***Du Mu:** Dies ist weites, ebenes Gelände, wo man einfach an- und abrücken kann und das für Kampf und Schanzenbau genug Raum bietet.*

6

Ist ein Staat von drei anderen Staaten umgeben, so ist sein Gebiet zentral. Jener, der es zuerst angreift, kann sich der Hilfe von Allem-unter-dem Himmel gewiss sein.[5]

7

Ist die Armee schon tief ins Feindesland eingedrungen und hat viele feindliche Städte und Festungen hinter sich, dann spricht man von ernstem Gelände.

***Cao Cao:** An dieser Stelle ist ein Rückzug schwierig.*

8

Muss die Armee Gebirge, Wälder, Schluchten, Pässe, Moore und Sümpfe oder andere harte Strecken überwinden, so spricht man von schwierigem Gelände.[6]

9

Lässt sich ein Gebiet nur schwer erreichen und führt nur ein gewundener Pfad hinaus, wo wenige Männer meine vielen besiegen können, so nennt man dies „eingekesselt".[7]

***Du Mu:** . . . Hier kann man leicht einen Hinterhalt legen und eine vernichtende Niederlage einstecken.*

---

[5] Das Kaiserreich wird immer als „Alles-unter-dem-Himmel" bezeichnet. [6] Die Kommentatoren sind sich nicht einig in der Deutung des Schriftzeichens, das mit „schwierig" übersetzt wurde. Manche reduzieren es auf die Bedeutung „anfällig für Überschwemmungen". [7] Das Verb lässt sich eher mit „anbinden" als „zuschlagen" übersetzen.

10

Ein Gelände, in dem die Truppen nur überleben können, wenn sie mit dem Mut der Verzweiflung kämpfen, nennt man „hoffnungsloses Gelände".

Li Quan: *Vorne Berge, hinten Flüsse und keine Vorräte mehr. In dieser Lage muss man rasch handeln und darf nicht zögern.*

11

Ziehe nicht in verstreutem Gebiet in die Schlacht; verweile nicht im Grenzland.

12

Greife den Feind nicht an, wenn er Schlüsselgebiet hält; in vermittelndem Gelände halte deine Truppen beisammen.[8]

13

In zentraler Lage verbünde dich mit den Nachbarstaaten; in erster Lage plündere das Gebiet.[9]

14

In schwieriger Lage, dränge voran; in eingekesselter Lage musst du dir eine Taktik überlegen; in hoffnungsloser Lage kämpfe.

15

In zerstreuter Lage gilt es, die Entschlossenheit der Armee zu vereinen.[10]

---

[8] Cao Cao sagt, sie müssten „verdichtet" werden.

[9] Li Quan meint, dass der zweite Teil „plündere nicht" heißt, da das erste Ziel im Gebiet des Feindes ist, Sympathie und Unterstützung der Leute zu erwerben.

[10] Dieser und die darauf folgenden neun Verse wurden in diesen Kontext transferiert. Im Text erscheinen sie später im selben Kapitel.

16

Im Grenzland würde ich meine Truppen
eng zusammenhalten.

Mei Yaochen: *Auf dem Marsch werden mehrere Einheiten, beim Halten die Lager und Schutzposten miteinander verbunden.*

17

In Schlüsselgelände würde ich meine
Nachhut aufschließen lassen.

Chen Hao: *Der Vers besagt, wenn der Feind sich auf seine Übermacht verlässt und den Kampf sucht, stürme ich ihn mit einer großen Streitmacht von hinten.*[11]

Zhang Yu: *... Jemand meinte, diese Wendung würde „nach dem Feind losziehen und vor ihm ankommen" bedeutet.*[12]

18

Auf vermittelndem Gelände würde ich streng auf meine Verteidigung achten.

19

In zentraler Lage würde ich meine Bündnisse stärken.

Zhang Yu: *Ich belohne meine voraussichtlichen Verbündeten mit Schätzen und Seide, binde sie feierlich mit Verträgen und halte mich strikt an die Absprachen; dann stehen mir meine Alliierten gewiss bei.*

20

In ernster Lage würde ich auf einen beständigen Versorgungsfluss achten.

預备

21

In schwieriger Lage würde ich über die Wege voranpreschen.

22

In eingekesselter Lage würde ich die Zugänge und Fluchtwege versperren.

Du Mu: *Es ist eine Militärdoktrin, dass die umzingelnde Streitmacht eine Lücke freilassen muss, um den eingekesselten Truppen zu zeigen, dass es einen Ausweg gibt, damit diese nicht ums Überleben kämpfen. Danach nutzt sie dies aus und greift an. Befinde ich mich in eingekesselter Lage und der Feind öffnet*

---

[11] Die Frage ist, von wessen Rücken Sun Zi spricht. Chen Hao liest etwas in diesen Vers, das im heutigen Kontext steht.

[12] Der Jemand ist Mei Yaochen, der *hou* (後) mit „danach" im zeitlichen Sinn übersetzt.

einen Fluchtweg für meine Truppen, so versperre ich diesen und bringe so meine Offiziere und Männer in die Verfassung, bis in den Tod zu kämpfen.[13]

23

In hoffnungsloser Lage könnte ich klarstellen, dass es keine Aussicht auf Überleben gibt. Denn es liegt im Wesen der Soldaten, Widerstand zu leisten, wenn sie umzingelt sind; bis in den Tod zu kämpfen, wenn keine andere Wahl bleibt, und Befehle zu befolgen, selbst wenn sie verzweifelt sind.

24

Der General hat die taktischen Spielarten gemäß der neun Arten des Gebietes, den Nutzen von Nah- oder Fernmanövern und die Prinzipien der menschlichen Natur sorgsam zu prüfen und abzuwägen.[14]

25

In früheren Zeiten verhinderten erfahrene Heerführer, dass der Feind seine Vorhut mit seiner Nachhut vereinte; große und kleine Elemente gemeinsam einsetzte; mit seinen starken Truppen den schwachen zu Hilfe kam und Vorgesetzte und Untergebene einander unterstützten.[15]

---

[13] Eine Geschichte bezieht sich auf Shen Wu der späten Wei-Dynastie, der in solch einer Lage den einzigen Fluchtweg für seine Truppen mit dem Viehbestand der Armee versperrte. Seine Truppen fochten verzweifelt und siegten über eine 200.000 Mann starke Armee.

[14] Diesem Vers folgen sieben kurze Verse, die nochmals die Begriffe erläutern, die schon in V. 2–10 erklärt wurden. Dies scheint ein Kommentar zu sein, der in den Text integriert wurde.

[15] Die logische Schlussfolgerung daraus ist folgende: Selbst wenn der Feind in der Lage wäre, sich zu sammeln, würden die vom gegnerischen General provozierten internen Zwiespältigkeiten ihn erfolglos machen.

26

Waren die feindlichen Truppen zerstreut, hinderten sie ihn daran, sie zu versammeln; waren sie vereint, so stifteten sie Verwirrung.

Meng: *Sorge für viele Täuschungsmanöver. Zeige dich im Westen und rücke im Osten aus; ködere ihn im Norden und greife im Süden an. Mache ihn zum Narren, bis seine Truppen sich in Bestürzung auflösen.*

Zhang Yu: *Greife dort überraschend an, wo er unvorbereitet ist, und lass plötzlich Stoßtruppen vorrücken.*

27

Sie sammelten und verlagerten sich, wenn dies zielführend war;[16] wenn es nutzlos war, hielten sie an.

28

Wenn einer fragt: „Wie soll ich mit einem geordneten Feind, der mich angreifen will, fertig werden?", so sage ich: „Bringe etwas in deinen Besitz, das er wertschätzt, und er wird sich deinen Wünschen fügen."[17]

29

Schnelligkeit ist die Essenz des Krieges. Nutze den feindlichen Mangel an Bereitschaft aus; marschiere auf unerwarteten Wegen ein und greife ihn dort an, wo er keine Vorkehrungen getroffen hat.

Du Mu: *Dies fasst das essenzielle Wesen des Krieges zusammen . . . und das höchste Ziel des Generals.*

Zhang Yu: *Hier erklärt Sun Zi nochmals,. . . dass es auf übermenschliche Schnelligkeit ankommt.*

迅速的

[16] Wörtlich: „Sie sammelten sich, wo es vorteilhaft war, es zu tun, und handelten dann. Wenn es nicht vorteilhaft war, standen sie still." In einem anderen Kommentar meint Shi Zimei, „sich nicht zu bewegen, solange es keinen Vorteil bringt".

[17] Die Kommentare zwischen Frage und Antwort wurden ausgelassen.

30

Die allgemeinen Prinzipien bei einer Streitmacht auf Eroberungszug verlangen, dass du deine Truppen zusammenhältst, wenn du tiefer ins feindliche Land vordringst, sodass die Verteidigenden dich nicht abwehren können.

31

Plündere fruchtbares Gebiet, um deine Truppen reichlich mit Vorräten zu versorgen.

32

Achte darauf, deine Truppen gut zu nähren; ermüde sie nicht unnötig. Schule und eine ihren Geist; bewahre ihre Stärke; schmiede unergründliche Pläne für die Bewegungen der Truppen.

33

Wirf die Truppen in eine Lage, aus der es kein Entkommen gibt, und sie werden auch im Angesicht des Todes nicht zurückweichen. Denn was haben sie noch zu verlieren, wenn sie zum Sterben bereit sind? Dann entwickeln die Offiziere und Männer unerahnte Kräfte. In einer hoffnungslosen Lage fürchten sie nichts; wenn es keinen Ausweg gibt, so halten sie stand. Tief im Feindesland sind sie eng miteinander verbunden, und dort, wo es keine Wahl gibt, werden sie von Angesicht zu Angesicht mit dem Feind kämpfen. [18]

[18] Es gibt im Chinesischen mehrere Schriftzeichen, die grundsätzlich „kämpfen" bedeuten. Dieses hier weist auf „Nahkampf" hin.

34

忠誠

Daher brauchen solche Truppen keine Ermutigung, um wachsam zu handeln. Der General bekommt ihre Unterstützung, ohne sie zu erpressen; er erringt ihre Wertschätzung, ohne sich anzubiedern; er gewinnt ihr Vertrauen, ohne es zu verlangen.[19]

35

Meine Offiziere haben keinen übermäßigen Reichtum, jedoch nicht, weil sie weltlichen Besitz verachten; sie haben keine Erwartung auf einen langes Leben, jedoch nicht, weil sie kein langes Leben schätzen würden.

Wang Xi: *. . . Wenn Offiziere und Männer sich nur um weltlichen Besitz sorgen, so werden sie um jeden Preis ihr Leben behalten wollen.*

36

Am Tag, wo die Armee zur Schlacht gerufen wird, mag es vorkommen, dass sie dasitzt und Tränen ihr Revers durchnässen und ihre Wangen hinabströmen.

Du Mu: *Alle haben einen Pakt mit dem Tod geschlossen. Vor dem Tag der Schlacht wird jener Befehl erlassen: „Die jetzige Angelegenheit hängt von diesem einen Schlag ab. Die Kadaver derer, die ihr Leben nicht einsetzen, werden die Acker düngen und Vögeln und Tieren zum Fraß vorgeworfen."*

37

Doch bringt man sie in eine Lage, in der es kein Entkommen gibt, so entwickeln sie die unsterbliche Tapferkeit von Zhuan Zhu und Cai Gui.[20]

[19] Dies bezieht sich auf die Truppen eines Generals, der sie nährt, sie in ihrem Geist und ihrer Zielsetzung eint, mit ihren Kräften haushaltet und unergründbare Pläne macht.

[20] Deren Heldentaten werden im SJ, Kap. 68 beschrieben.

38

Die Meister der Kriegsführung setzen ihre Truppen in der Art der Schlange ein, die am Berg Chang vorkommt. Am Kopf getroffen, greift sie mit dem Schwanz an, am Schwanz getroffen, mit dem Kopf; wird sie in der Mitte getroffen, greift sie gleichzeitig mit Kopf und Schwanz an.[21]

39

Wenn einer fragt: „Kann man Truppen zu so einem unmittelbaren Zusammenspiel veranlassen?", so sage ich: „Man kann." Denn obwohl die Männer von Wu und Yue einander hassen, würden sie in einem windgebeuteltem Schiff wie die rechte und linke Hand zusammenarbeiten.

40

戰車

Es reicht daher nicht aus, sich auf humpelnde Pferde oder vergrabene Wagenräder zu verlassen.[22]

41

Das Ziel der Heeresführung ist es, einen einheitlichen Grad von Tapferkeit zu erreichen.[23] Durch den richtigen Einsatz des Geländes lassen sich sowohl Stoßtruppen als auch bewegliche Truppen zu größtem Nutzen einsetzen.[24]

Zhang Yu: *Wenn einer den vorteilhaften Standort erringt, dann können auch schwache und nachgiebige Truppen den Feind schlagen. Um wie viel mehr also zähe und starke Truppen! Damit beide erfolgreich eingesetzt werden können, ordnet man sie gemäß der Beschaffenheit des Geländes an.*

42

Ein General muss gelassen und undurchschaubar, vorurteilslos und selbstbeherrscht sein.[25]

Wang Xi: *Ist er gelassen, so kann er nicht gereizt werden; ist er undurchschaubar, dann kann man ihn nicht ergründen; ist er aufrecht, dann nicht unredlich; ist er selbstbeherrscht, dann nicht verwirrt.*

---

[21] Man nannte diesen Berg in früheren Zeiten Heng. Unter der Herrschaft von Kaiser Wên (Liu Heng) der Han-Dynastie (179–159 v. Chr.) wurde der Name des Berges in „Chang" geändert, um das Tabu zu vermeiden. In allen existenten Werken wurde „Hêng" gegen „Chang" ausgetauscht. [22] Solche Notlösungen à la Maginot-Linie reichen an sich nicht aus, um die Truppen vom Fliehen abzuhalten. [23] Wörtlich „den Kampfesmut so auszugleichen, [dass er dem] eines [Mann entspricht], ist die richtige Art der Führung". [24] Zhang Yu erklärt, warum das Gelände einbezogen werden sollte, wenn die Truppen kampfbereit sind. Die Unterschiede in der Truppenqualität können durch sorgfältige Zuordnung in Sektoren ausgeglichen werden. Schwache Gruppen können starkes Gelände verteidigen, jedoch zusammenbrechen, wenn sie in einer schwächeren Position aufgestellt sind. [25] Giles übersetzt: „Es ist die Pflicht eines Generals, ruhig zu sein und so Geheimhaltung zu wahren; aufrecht und gerecht zu sein und so die Ordnung aufrechtzuerhalten." Die Kommentatoren sind sich nicht einig, doch keiner deutet die Phrase in diesem Sinn, noch unterstützt der Text eine solche Auslegung. Ich schließe mich Cao Cao und Wang Xi an.

43

Er sollte seine Pläne vor seinen Offizieren und Männern geheim halten können.

Cao Cao: *. . . Seine Truppen können sich mit ihm gemeinsam über die Leistungen freuen, doch sie können nicht mit ihm gemeinsam die Pläne erstellen.*

44

Er verbietet Aberglauben und Weissagen, um so die Truppe von Zweifeln zu befreien. Denn im Angesicht des Todes darf es keine Kümmernisse geben.[26]

Cao Cao: *Verbiete die Gespräche über Omen und über übernatürliche Vorzeichen. Befreie deine Pläne von Zweifeln und Ungewissheiten.*

Zhang Yu: *Das* Sima Fa *lautet: „Aberglauben ist zu vernichten."*

秘密的

45

Er wechselt seine Methoden und verändert seine Pläne, damit die Leute nicht erkennen können, was er vorhat.

Zhang Yu: *Bereits angewandte Vorgehensweisen und alte, schon ausgeführte Pläne muss man abändern.*

46

Er wechselt Lagerplätze und geht auf Umwegen, damit die anderen sein Ziel nicht vorausahnen können.[27]

---

[26] Das 之 am Ende dieser Wendung wurde als 災 berichtigt, was eine natürliche oder „vom Himmel gesandte" Katastrophe bezeichnet. Ein Teil von Cao Caos Kommentar, der ausgelassen wurde, weist darauf hin, dass einige Texte zu dieser Zeit zirkulierten.

[27] Oder auch „macht es dem Feind unmöglich, seine Pläne zu erkennen". Mei Yaochen denkt allerdings, dass es bedeutet, dass der Feind dazu unfähig gemacht werden soll, selbst Pläne zu erstellen. Giles folgert, dass der General, indem er seine Lager wechselt und auf Umwegen marschiert, verhindern kann, dass der Feind „seine Absicht vorhersieht", was am einleuchtendsten scheint. Die Kommentare erhellen den Punkt nicht.

47

Es ist die Aufgabe des Generals, die Armee zu versammeln und sie in eine hoffnungslose Lage zu bringen.

48

Er führt die Armee tief in feindliches Gebiet und löst dort den Abzug.[28]

49

Er verbrennt seine Boote und zerschlägt sein Kochgeschirr; er treibt die Truppen an wie eine Schafherde, zuerst hin, dann her, sodass keiner weiß, wohin es geht.[29]

50

Er setzt einen Tag für das Zusammentreffen der Truppen fest und schneidet, nachdem sich die Truppen versammelt haben, jegliche Rückzugsmöglichkeiten ab, als würde er eine Leiter unter ihnen wegstoßen.

51

Wer die Pläne der Nachbarstaaten nicht kennt, schafft es nicht, rechtzeitig Bündnisse zu schließen; wer die Beschaffenheit des Gebirges, der Wähler, gefährlichen Pässe, Sümpfe und Moore nicht kennt, kann nicht den Marsch einer Armee anführen; wer keine ortskundigen Führer einsetzt, kann die Vorteile des Geländes nicht nutzen. Ein General, der auch nur eine dieser drei

---

[28] Die Wendung (發 機) steht normalerweise für den „Auslöser" drücken oder Mechanismus „freisetzen". Der idiomatische Ausdruck wurde: „setzt seine zweckdienlichen Pläne in Kraft". Wang Xi sagt, ist der Auslöser einmal durchgedrückt, dann „gibt es kein Zurück" (des Pfeils oder Bolzens). Wörtlich lautet dieser Vers: „Er führt die Armee tief in das Gebiet der Feudalherren und drückt dann den Auslöser durch" (oder „setzt seine zweckdienlichen Pläne in Kraft"). Giles übersetzt den fraglichen Satz als „seine Hand zeigen", d.h. eine unwiderrufliche Aktion setzen.[29] Weder seine eigenen noch die feindlichen Truppen können seinen endgültigen Plan ergründen.

54

Verleihe Belohnung ohne Rücksicht auf Gepflogenheiten; erteile Befehle ohne Rücksicht auf vergangene Fälle.[35] So kannst du die ganze Armee wie einen Einzelnen leiten.

Zhang Yu: *. . . Ist der Kodex bezüglich Belohnungen und Strafen klar und wird zügig gehandhabt, dann lassen sich Massen genauso führen wie nur wenige.*

55

打敗

Teile den Truppen ihre Aufgaben zu, ohne ihnen deinen Plan zu verraten; setze sie zielführend ein, ohne ihnen die innewohnenden Gefahren zu nennen. Führe sie in eine gefährliche Lage, und sie werden überleben; stelle sie vor eine hoffnungslose Situation, und sie meistern sie. Denn befinden sich Truppen in solch verzweifelter Lage, können sie der Niederlage einen Sieg entreißen.

56

Der Haken an militärischen Maßnahmen ist die Notwendigkeit, sich an die Pläne des Feindes anzupassen.[36]

57

Richte deine Gruppen gegen den Feind, und du kannst auf eine Entfernung von tausend *Li* seinen General töten.[37] Dies nennt man, sein Ziel auf kunstvolle und ausgeklügelte Weise zu erreichen.

---

[35] Dieser Vers, der offenbar fehl am Platz ist, betont, dass der General am Feld nicht an vorgeschriebene Verfahren zur Anerkennung von Verdiensten gebunden ist, sondern zum rechten Zeitpunkt Belohnungen verteilen sollte. Der General muss in der Leitung seiner Armee auch nicht dem herkömmlichen Recht folgen.

[36] Vielleicht eine etwas freie Übersetzung, aber die Kommentatoren sind sich einig, dass Sun Zi diesen Gedanken vermitteln wollte. Ich schließe mich dabei Du Mu an.

[37] Hier folge ich Cao Cao. Ein Stratege, der dieses Namens würdig ist, besiegt seinen Feind aus einer Entfernung von tausend *Li*, indem er seine Pläne im Vorhinein erkennt.

58

打敗

Am Tag der Umsetzung der Angriffspolitik schließe die Grenzen, setze die Einreisebewilligungen außer Kraft,[38] brich die Gespräche mit Gesandten des Feindes ab und rufe den Tempelrat auf, die Pläne auszuführen.[39]

59

Bietet dir der Feind eine Gelegenheit, nutze sie rasch zu deinen Gunsten.[40] Komme dem Feind zuvor, indem du etwas an dich reißt, was er wertschätzt, und bewege deine Truppen gemäß einem insgeheim festgesetzten Tag.

迅速的

60

Die Doktrin des Krieges liegt darin, der Lage des Feindes zu folgen, um die Schlacht zu entscheiden.[41]

61

Sei daher zuerst so scheu wie eine Jungfrau. Sobald der Feind eine offene Angriffsstelle bietet, sei schnell wie ein Hase, und er wird dir nicht standhalten können.

---

[38] Wörtlich „die Kennzeichen zerbrechen“. Diese wurden von den Reisenden mitgeführt und von den Wachposten an den Pässen überprüft. Ohne ein zulässiges Kennzeichen konnte man nicht legal in ein Land ein- und ausreisen.

[39] Der Text ist verwirrend. Er scheint wörtlich zu lauten: „Von [der Redebühne] des Tempels ermuntere [die Armee?] [das Volk?], die Pläne umzusetzen.“ Die Kommentatoren sind keine Hilfe.

[40] Noch ein schwieriger Vers. Manche Kommentatoren denken, er lautet: „Wenn der Feind Spione schickt, lass diese sofort eindringen.“ Das Problem daran ist der idiomatische Ausdruck *kai he* (開 闔), wörtlich „einen Torflügel offen lassen“, und daher „ihnen die Gelegenheit [einzudringen] geben“. Cao Cao sagt, der Ausdruck bezeichne „einen Spalt“ oder „eine Ritze“, und dann „du musst rasch eindringen“. Andere Kommentatoren deuten den Ausdruck als „Spion“ oder „Geheimagenten“. Ich folge Cao Cao.

[41] Wieder sind die Kommentatoren uneins: V. 58–61 lassen viele Deutungen und Übersetzungsmöglichkeiten zu.

XII ANGRIFFE MIT FEUER

Sun Zi sprach:

1

Es gibt fünf Methoden für Angriffe mit Feuer. Erstens Menschen in Brand zu setzen, zweitens ihre Vorräte zu verbrennen; drittens ihre Ausrüstung zu verbrennen, viertens ihre Waffenlager und fünftens Feuergeschosse.[1]

2

Beim Feuereinsatz muss man sich auf ein Medium verlassen.

Cao Cao: *Verlasse dich auf Verräter unter dem Feind.*[2]

Zhang Yu: *Alle Angriffe mit Feuer hängen vom Wetter ab.*

3

Zubehör für Brandstiftung muss immer zur Hand sein.

Zhang Yu: *Utensilien und brennbare Stoffe sollten schon zuvor vorbereitet werden.*

4

Es gibt passende Zeiten und geeignete Tage, um Feuer einzusetzen.

---

[1] Hier gibt es einen Fehler im Text. Du You korrigiert und erklärt, dass Armbrustschützen Pfeile mit brennenden Spitzen auf die Kasernen oder das Lager der feindlichen Truppen schossen. Andere Kommentatoren sind sich nicht einig, doch diese Deutung scheint logisch.

[2] „Unter dem Feind" wurde hinzugefügt. Chen Hao merkt an, dass man sich nicht nur auf Verräter verlässt.

5

„Zeiten“ heißt, wenn das Wetter brütend hieß ist; „Tage“ heißt, wenn der Mond im Sternbild des Schützen, Sirrah, *Yi*, oder *Zhen* steht, denn dann kommt sicher Wind auf.[3]

6

Bei Feuerangriffen muss man sich an die veränderte Situation anpassen.

7

Wenn im Lager des Feindes Feuer ausbricht, stimme sofort deine Maßnahmen von außen darauf ab. Bleiben seine Truppen ruhig, dann nimm dir Zeit und greife nicht an.

8

Wenn das Feuer seinen Höchststand erreicht hat, so fasse nach. Ist dies nicht möglich, warte ab.

9

Falls außerhalb des feindlichen Lagers Feuer legst, ist es nicht nötig, zu warten, bis es im Lager brennt. Lege Feuer zu passenden Zeiten.[4]

10

Greife ein Feuer nicht gegen den Wind an.

11

Wenn ein Wind den Tag über bläst, wird er sich in der Nach legen.[5]

---

[3] Sun Xingyan glich den originalen Text an das TD und TPYL an. Mir erscheint das Original jedoch besser. Ich kann die *Yi*- und *Zhen*-Konstellationen nicht zuordnen.

[4] Eine Warnung, nicht im eigenen Feuer zu schmoren, kann vom letzten Satz abgeleitet werden.

[5] Gemäß Zhang Yu.

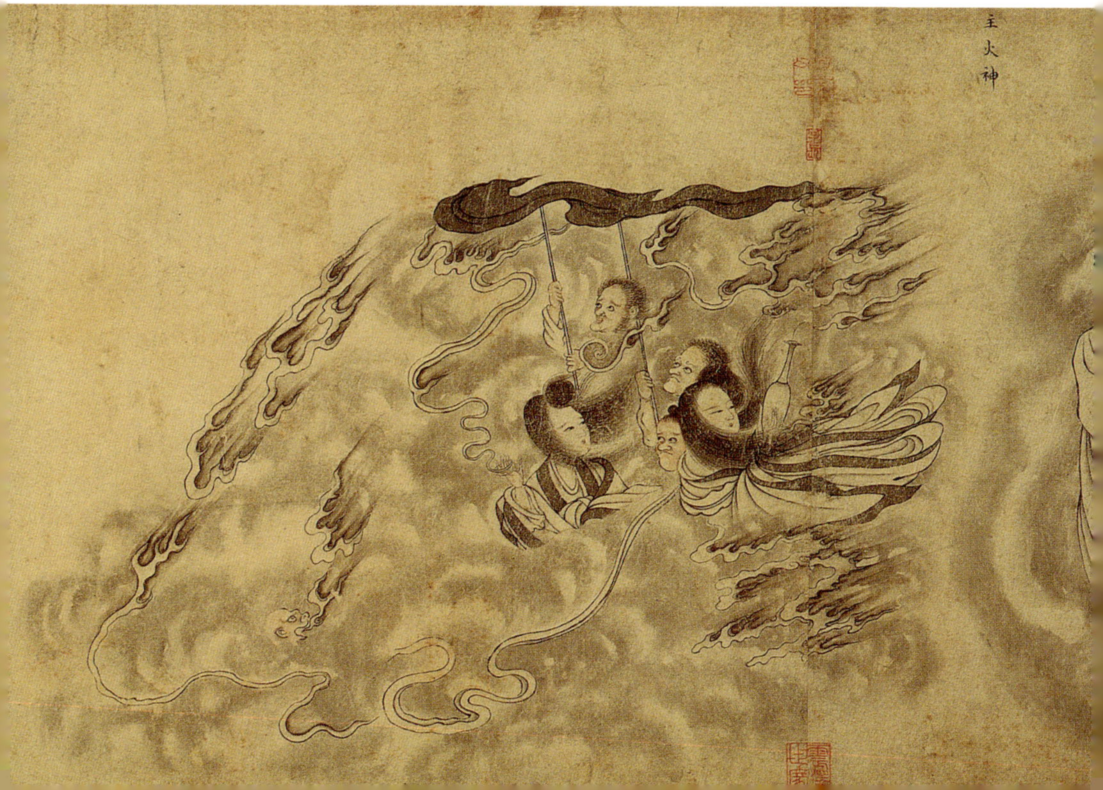

12

Die Armee muss die fünf möglichen Angriffe durch Feuer kennen und unaufhörlich wachsam sein.[6]

13

Jene, die sich beim Angriff mit Feuer behelfen, sind schlau; jene, die Überflutungen einsetzen, kraftvoll.

14

水

Wasser kann den Feind isolieren, jedoch nicht seine Vorräte und Ausrüstung vernichten.[7]

15

Schlachten zu gewinnen und Ziele zu erreichen, doch diese Errungenschaften nicht auszunutzen, ist verhängnisvoll. Man kann dies als „unnötige Verzögerung“ bezeichnen.[8]

16

Daher heißt es, dass vernünftige Herrscher die Pläne wohl überlegen und gute Generäle sie ausführen.

17

Wenn es nicht im Interesse des Staates ist, ist nicht zu handeln. Zeichnet sich kein Erfolg ab, dann setze keine Truppen ein. Bist du nicht in Gefahr, dann kämpfe nicht.[9]

18

Ein Herrscher darf nicht aus Wut eine Armee aufstellen, noch darf ein General aus Groll ins Gefecht gehen. Denn im Gegensatz zu einem wütenden Mann, der wieder glücklich sein kann, und einem grollenden Mann, der wieder zufrieden sein kann, kann ein Staat, der vernichtet wurde, nicht wiederhergestellt und die Toten nicht ins Leben zurückgeholt werden.

19

Daher sei ein vernünftiger Herrscher umsichtig und ein guter General gegen unbedachtes Handeln gewarnt.[10] So schützt man den Staat und bewahrt die Armee.

---

[6] Gemäß Du Mu. [7] Gemäß Cao Cao.

[8] Mei Yaochen ist der einzige Kommentator, der Sun Zis Gedanken versteht: Situationen müssen ausgenutzt werden. [9] Die Kommentatoren verdeutlichen, dass der Krieg nur als letzte Instanz geführt werden soll. [10] „Gegen unbedachtes Handeln“ hinzugefügt. Wut und Groll führen zu unbedachtem Handeln.

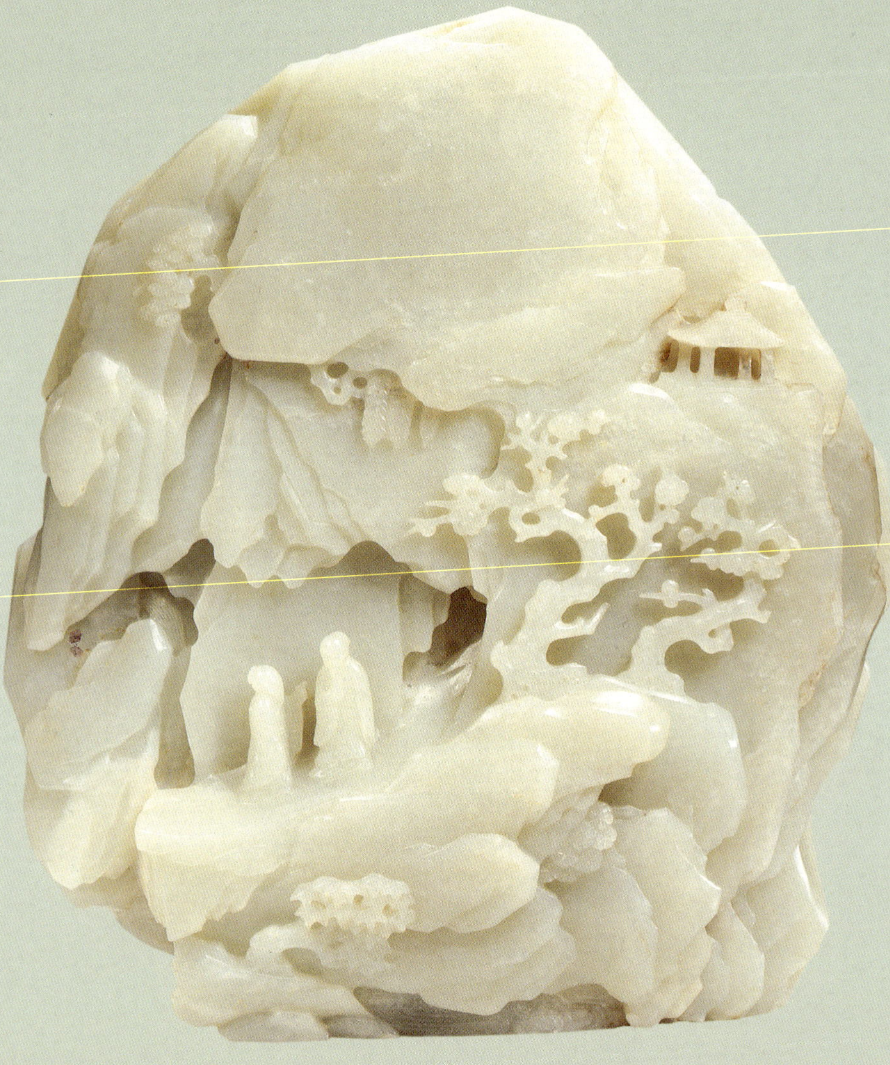

DER EINSATZ VON GEHEIMAGENTEN[1]

间 諜

Sun Zi sprach:

1

Wird eine Armee von 100.000 Soldaten aufgestellt und auf einen weiten Feldzug geschickt, so betragen die vom Volk getragenen Kosten und die Auslagen der Staatskasse 1.000 Goldstücke pro Tag. Es wird im und außerhalb des Landes immer wieder zu Tumulten kommen, das Volk von den Anforderungen der Versorgung erschöpft sein und die Geschäfte von 7.000 Haushalten behindert werden.[2]

***Cao Cao:** Früher bestand eine Gemeinschaft aus acht Familien. Wurde ein Mann aus einer Familie eingezogen, so mussten die verbleibenden sieben seine Arbeit übernehmen. Wurde daher eine Armee von 100.000 Mann aufgestellt, konnten 7.000 Haushalte sich nicht voll ihrer Landwirtschaft widmen.*

2

Ein Feldherr, der jahrelang mit seinem Feind um einen endgültigen Sieg ringt, und, weil er nach Ruhm, Ehre und ein paar Hundert Goldstücken trachtet, die

[1] Das im Titel verwendete Schriftzeichen bedeutet „der Raum zwischen" zwei Gegenständen (wie ein Spalt zwischen zwei Türen) und daher „Spalt", „Teilung" oder „aufspalten". Es bedeutet auch „Spione", „bespitzeln" oder „Spionage".

[2] Ich habe „1.000 *Li* weite Feldzüge" als „einen weiten Feldzug" übersetzt. Die Anzahl muss nicht genau genommen werden.

Situation des Feindes nicht herausfindet, besitzt keinerlei Menschlichkeit. Ein solcher Mann ist kein General; keine Stütze seines Herrschers; kein Meister des Siegens.

3

Der Grund, warum ein vernünftiger Fürst und ein weiser General den Feind bei all ihren Zügen besiegen und ihre Leistungen die normaler Menschen übersteigen, liegt an ihrem Vorherwissen.

He Yanxi: *Der Abschnitt in den Riten von Zhou mit dem Titel „Militärbeamte" nennt einen „Leiter des Staats-Spionagedienstes". Dieser Beamte leitete wahrscheinlich Geheimdienste in anderen Ländern.*[3]

4

Was man „Vorherwissen" nennt, kann man weder Geistern noch Göttern entlocken, noch aus vergangenen Ereignissen oder Berechnungen ableiten. Es muss von Personen, die die feindliche Lage kennen, ermittelt werden.

5

Gemäß ihres Einsatzes unterscheidet man fünf Sorten von Geheimagenten: einheimische Agenten, innere Agenten, Doppelagenten, entbehrliche und lebende Agenten.[4]

6

Arbeiten die fünf Arten von Agenten zusammen und kennt niemand ihre Einsatzmethode, nennt man sie „den Göttlichen Strang", und sie sind das Juwel des Herrschers.[5]

---

[3] Eventuell ein Appell an die traditionellen Behörden, den Einsatz von Spionage und subversiven Techniken zu legitimieren, die den Lehren des Konfuzius widersprechen.

[4] Ich verwende „entbehrlich" anstelle von „tot".

[5] Der Gedanke dahinter ist, dass Informationen ähnlich Fischen durch das Ziehen an einem Strang, durch den sich die Maschen eines Netzes zusammenziehen, gefangen werden können.

7

Einheimische Agenten stammen aus dem Land des Feindes, wo sie auch eingesetzt werden.

8

Innere Agenten sind Beamte des Feindes, die wir beschäftigen.

Du Mu: *Unter der Beamtenklasse gibt es fähige Männer, denen das Amt entzogen wurde, und solche, die Fehler begingen und daher bestraft wurden. Es gibt jene, die zu lange ein niedriges Amt bekleiden; jene, die keine verantwortungsvolle Position bekommen haben, und jene, die unruhige Zeiten ausnutzen, um ihre eigenen Fähigkeiten auszuweiten. Es gibt doppelzüngige, wechselhafte und betrügerische Beamte, und solche, die sich nicht festlegen wollen. Was diese betrifft, so kannst du dich insgeheim nach ihrem Wohl erkundigen und sie reichlich mit Gold und Seide entlohnen und so an dich binden. Dann kannst du ihnen so weit vertrauen, dass sie die tatsächliche Lage ihres Landes und die Pläne gegen dich ermitteln. Sie könnten ebenso einen Keil zwischen den Herrscher und seine Minister treiben, damit diese nicht harmonisch übereinstimmen.*

秘密的

9

Doppelagenten sind von uns angestellte feindliche Spione:

Li Quan: *Sendet der Feind Spione, um meine Pläne zu bespitzeln, besteche ich diese großzügig, wende sie gegen ihn und mache sie zu meinen Agenten.*

10

Entbehrliche Agenten sind jene unserer eigenen Spione, denen wir freiwillig manipulierte Informationen geben.

Du You: *Wir lassen falsche Information durchsickern und lassen unsere eigenen Spione davon wissen. Wenn diese Agenten auf feindlichem Gebiet im Einsatz sind und von ihm aufgegriffen werden, werden sie ihm gewiss diese falschen Information offenbaren. Der Feind wird dies glauben und diesen Angaben zufolge falsche Vorkehrungen treffen. Unsere Vorgehensweisen werden jedoch nicht mit diesen übereinstimmen, und der Feind wird die Spione folglich hinrichten.*

Zhang Yu: *. . . In unserer Dynastie begnadigte der Stabschef Cao einst einen verurteilten Mann, den er dann als Mönch verkleidete, ihn eine Wachskugel verschlucken und nach Tangut eindringen ließ. Dort wurde er gefangen genommen. Dieser falsche Mönch erzählte von der Wachskugel, die er bald durch seinen Darm abgab. Die Kugel wurde geöffnet und enthielt einen Brief vom Stabschef Cao an deren Leiter der Strategischen Planung. Der Stammeshäuptling war so erzürnt, dass er seinen Minister und den Mönch hinrichten ließ. Das ist die Idee dahinter. Doch werden entbehrliche Agenten nicht nur zu einem Zweck eingesetzt. Manchmal entsende ich sie zum Feind, um ein Friedensabkommen zu verhandeln, und greife an.*

11

Lebende Agenten ermitteln im Feindesland und kehren mit Nachrichten zurück.

Du You: *Wir wählen solche Männer aus, die begabt, weise und dazu fähig sind, im Land des Feindes Zugang zu den Menschen zu finden, die mit dem Herrscher und dem Adel engen Umgang pflegen. Daher können sie die Züge des Feindes beobachten und mehr über sein Handeln und seine Pläne herausfinden. Nachdem sie die tatsächliche Sachlage ermittelt haben, kehren sie zurück und setzen uns davon in Kenntnis. Daher nennt man sie „lebende" Agenten.*

Du Mu: *Es sind Menschen, die kommen und gehen. Als lebende Spione brauchen wir Leute, die klug sind, aber dumm wirken; die schwerfällig wirken, doch entschlossen sind; sie müssen wendig, entschlossen, zäh und tapfer sein; die auch in niedrigen Pflichten versiert sind und Hunger, Kälte, Dreck und Demütigung ertragen können.*

12

Der Heerführer ist mit keinem in der Armee enger vertraut als mit dem Geheimagenten; er belohnt niemanden so großzügig wie ihn; und keine Angelegenheit ist so vertraulich wie Geheimoperationen.

Mei Yaochen: *Geheimagenten bekommen ihre Anweisungen im Zelt des Generals und stehen mit ihm in enger und vertrauter Beziehung.*

Du Mu: *Dies sind „Mund-zu-Ohr"-Angelegenheiten.*

13

Zum Einsatz von Geheimagenten bedarf es Klugheit, Menschlichkeit und Gerechtigkeit. Und ohne Feingefühl und Scharfsinn erfährt man von ihnen nicht die Wahrheit.

Du Mu: *Zuerst ist es wichtig, den Charakter des Spions einzuschätzen, um bestimmen zu können, ob er aufrichtig, ehrlich und tatsächlich klug ist. Dann erst kann man ihn einsetzen. . . . Es gibt darunter Agenten, die nur nach Reichtum trachten, ohne die wahre Lage des Feindes zu ermitteln, und meinen Anforderungen nur mit hohlen Worten begegnen.*[6] *In so einem Fall muss ich tiefgründig und schlau vorgehen. Dann kann ich die Wahrheit oder Falschheit seiner Aussagen einschätzen und entscheiden, was erheblich ist und was nicht.*

Mei Yaochen: *Wappne dich gegen übergelaufene Spione.*

14

Eine wahrhaft delikate Angelegenheit! Es gibt keinen Ort, wo nicht spioniert wird.

---

[6] Solche Agenten bezeichnet man heute treffend als „paper mills", d.h. „Papiermühlen".

15

Werden Pläne, die sich auf geheime Einsätze beziehen, vorzeitig enthüllt, so sind der Agent und alle, mit denen er darüber gesprochen hat, hinzurichten.[7]

Chen Hao: *. . . Sie werden getötet, damit sie nicht darüber reden und der Feind davon hören könnte.*

16

Wenn du Armeen besiegen, Städte einnehmen oder bestimmte Personen beseitigen willst, so musst du die Namen des Feldherrn, der Stabsoffiziere, Amtsdiener, Torhüter, und der Leibwache genau kennen. Du musst deine Agenten anweisen, diese genau herauszufinden.

Du Mu: *Willst du einen Angriffskrieg führen, musst du die Männer, die der Feind einsetzt, kennen. Sind diese weise oder dumm, schlau oder schwerfällig? Nach der Einschätzung ihrer Eigenschaften triffst du angemessene Vorkehrungen. Als der König von Han Han Xin, Cao Can und Guan Ying zum Angriff auf Wei sandte, fragte er: „Wer ist der Heerführer von Wei?" Die Antwort lautete: „Bo Zhi." Der König sprach: „Sein Mund schmeckt noch nach Muttermilch. Er kann sich nicht mit Han Xin messen. Wer ist der Anführer der Kavallerie?" Die Antwort lautete: „Feng Jing." Der König sprach: „Er ist der Sohn von General Feng Wuzhe von Qin. Er ist wohl tüchtig, doch Guan Ying nicht gewachsen. Und wer befehligt die Fußtruppen?" Die Antwort lautete: „Xiang Tuo." Der König sprach: „Er kommt Cao Can nicht gleich. Ich habe nichts zu befürchten."*

---

[7] Giles übersetzt: „If a secret piece of news . . ."; im Deutschen „etwas, das eigentlich Gegenstand der Spionagetätigkeit ist". Doch Sun Zi spricht hier über die Spionagemaßnahmen, Angelegenheiten oder Pläne, die sich auf den Spionageeinsatz an sich beziehen.

17

Es ist wichtig, feindliche Agenten, die dich ausspionieren, aufzudecken und sie zu bestechen, damit sie dir dienen. Gib ihnen Anweisungen und sorge für sie.[8] Auf diese Art werden Doppelagenten angeworben und eingesetzt.

18

Mit Hilfe der Doppelagenten werden einheimische und innere Agenten angeworben und beschäftigt.

***Zhang Yu:** Dies liegt daran, dass die Doppelagenten ihre eigenen Landsleute kennen und wissen, welche habgierig sind; und auch jene Beamte, die in ihrem Amt nachlässig sind. Diesen können wir bestechen, in unseren Dienst zu treten.*

19

In dieser Weise kann man auch entbehrliche Agenten, mit falschen Tatsachen bewaffnet, als Gesandte zum Feind schicken.

***Zhang Yu:** Da die Doppelagenten wissen, in welcher Form der Feind irrezuführen ist, kann man entbehrliche Agenten mit trügerischen Nachrichten entsenden.*

20

In dieser Art lassen sich auch lebende Agenten zu gegebener Zeit einsetzten.

[8] Diese Agenten sind laut Giles englischer Übersetzung: „zu bestechen, wegzuführen und angenehm unterzubringen".

秘密的

21

Der Herrscher muss genau über die Tätigkeiten seiner Agenten Bescheid wissen. Dieses Wissen vermitteln ihm die Doppelagenten, und daher müssen diese mit äußerster Großzügigkeit behandeln.

22

In alten Zeiten war der Aufstieg des Reiches Yin auf Yi Zhi zurückzuführen, der zuvor Xia gedient hatte; der Staat Zhou gelangte durch Lu Yu, einem Diener der Yin, an die Macht.[9]

Zhang Yu: *Yi Zhi war Minister von Xia, der zu Yin überlief. Lu Wang war ein Minister von Yin, der zu Zhou überlief.*

23

Aus diesem Grund können nur erleuchtete Herrscher und würdige Generäle, die in der Lage sind, die klügsten Menschen als Agenten einzusetzen, Großes erreichen. Geheimdienste sind im Krieg unerlässlich, da sämtliche Bewegungen der Armee darauf beruhen.

Jia Lin: *Eine Armee ohne Geheimagenten ist wie ein Mann ohne Augen und Ohren.*

---

[9] Mehrere Kommentatoren sind entrüstet, dass Sun Zi diese Würdenträger als „Spione" und „Agenten" beschrieb, auch wenn sie es mit Sicherheit waren.

兵法

WU QIS „KUNST DES KRIEGES“

EINE ANMERKUNG ZU WU QI

Wu Qi, dessen Name immer mit Sun Zi assoziiert wird, wurde 430 v. Chr. in Wei geboren und 381 v. Chr. in Zhuin hingerichtet. In seiner Jugend war er Schüler von Zeng Can, der einen Widerwillen gegen ihn entwickelte und ihn aus seiner Gegenwart verbannte. Nachdem er nach Lu gezogen war, studierte Wu Qi die Kunst des Krieges und war bald als Experte anerkannt. Als Feindseligkeiten zwischen Lu und Qi ausbrachen, war Wu Qi erpicht darauf, die Armee von Lu anzuführen. Der Fürst zögerte jedoch zuzustimmen, da seine Frau aus Qi stammte. Wu Qi ermordete sie daraufhin, um ihm seine Loyalität zu beweisen, und begann eine erfolgreiche Militärlaufbahn. Später stellte er sich in den Dienst des Staates Wei, wo er einige Zeit die Gunst des Marquis Wu genoss. Als sie einmal über den westlichen Fluss fuhren, äußerte sich der Marquis zu den großartigen natürlichen Barrieren, worauf Wu Qi antwortete, dass die Tugend seines Herrschers einen viel größeren Schutz darstellte als eine Grenze unzugänglicher Klippen. 387 v. Chr. fiel er dort in Ungnade und sein Leben war bedroht, daher floh er nach Chu, wo er Kanzler wurde. Dort reorganisierte er die Verwaltung. Durch seine schonungslose Härte, mit der er jeden Missbrauch beseitigte, machte er sich viele Feinde unter den wichtigen Familien. Nach dem Tod seines Gönners König Dao wurde er hingerichtet. Als General war er hart, aber gewann die Zuneigung seiner Truppen, da er jede Not mit ihnen teilte. Das Werk, das ihm zugeschrieben wird, ist zweifellos eine Zusammenstellung, die nach seinem Tod erstellt wurde.

KAPITEL I
OPERATIONEN GEGEN ANDERE STAATEN PLANEN

ABSCHNITT I

1. Wu Qi, in konfuzianischer Robe, nutzte sein Wissen über das Militärwesen, um eine Audienz beim Marquis Wen von Wei zu bekommen.

2. Marquis Wen sprach: „Ich interessiere mich nicht für militärische Angelegenheiten."

Wu Qi sprach: „Ich kann Nachforschungen über das, was verborgen ist, anstellen und mit Hilfe der Vergangenheit den Lauf der zukünftigen Ereignisse erforschen. Warum, Eure Hoheit, unterscheiden sich Eure Worte so von Euren Gedanken?

3. Zur Zeit lasst Ihr zu allen vier Jahreszeiten Tiere häuten, ihre Häute lackieren und in den Farben Zinnober und Blau bemalen. Dann lasst Ihr diese prachtvoll mit Rhinozeroshorn und Elfenbein verzieren.

Sie sind weder warm genug, um sie im Winter zu tragen, noch kühl genug für den Sommer. Ihr lasst Speere anfertigen, die 24 Fuß messen und halb so lange Hellebarden. Ihr überzieht die Wagen und deren Türen mit Leder; sie sind weder für das Auge ansprechend noch leicht genug für die Jagd.

Ich kann daher nicht verstehen, Eure Hoheit, was Ihr damit wohl vorhabt.

4. Solltet Ihr diese für einen Angriffs- oder Verteidigungskrieg vorbereiten und nicht nach Männern suchen, die damit umgehen können, wäre es, als würden Hühner einen Fuchs bekämpfen oder Welpen einen Tiger angreifen wollen. Trotz ihres tapferen Herzens werden sie zugrunde gehen.

5. In früheren Zeiten widmete der Fürst des Stammes Cheng Shang seine ganze Aufmerksamkeit der Pflege seiner Tugenden und scheute militärische Angelegenheiten. In der Folge wurde sein Staat ausgelöscht. Der Herrscher von You Hu steckte sein gesamtes Vertrauen in die Anzahl und den Mut seiner Truppen und verlor dabei seine wichtigen Äcker und Feldfrüchte.

Ein erleuchteter Herrscher, der diese Vorgänge als Warnung nimmt, würde gewiss in der Hauptstadt Bildung und Tugenden fördern und gleichzeitig Verteidigungsvorkehrungen treffen. Daher ist ein Herrscher, der nicht in der Lage ist, den Feind anzugreifen, wenn jener ihm trotzt, nicht rechtschaffen; noch ist einer, der auf die Leichen der im Kampf Gefallenen blickt und trauert, gütig."

6. Darauf rollte der Marquis höchstpersönlich die Matten aus, und seine Gemahlin bot Wu Qi ehrerbietig einen Kelch mit Wein dar. Im Ahnentempel wurden Opfer dargebracht und Wu Qi zum Oberbefehlshaber der Armee ernannt. Er schützte die westlichen Flüsse und kämpfte 76 Schlachten mit den Feudalherren. Von diesen errang er 64 vollständige Siege, während die restlichen sich abzeichneten. Er erschloss in jeder Richtung neues Land und erweiterte die Grenzen um 1.000 *Li*. All das waren die Heldentaten von Wu Qi.

ABSCHNITT II

Wu Zi sprach:

1. Früher hätten jene, die einen Krieg gegen einen anderen Staat planten, sicher zuerst die hunderten von Clans davon unterrichtet und dann den Myriaden von Menschen Zuneigung gezollt.

2. Es gibt vier Dinge, wo es an Übereinstimmung mangeln kann. Gibt es Uneinigkeit im Lande, dann kann die Armee nicht aufgeboten werden. Gibt es Uneinigkeiten in der Armee, kann sie nicht ins Feld ziehen. Gibt es am Feld einen Mangel an Harmonie, dann kann die Armee nicht angreifen. Gibt es einen Mangel an Harmonie in der Schlacht, kann die Armee keinen endgültigen Sieg erringen. Daher schaffen die Generäle eines Herrschers, der dem „richtigen Weg" folgt, wenn sie dabei sind, das Volk

aufzubieten, zuerst Übereinstimmung und unternehmen erst danach Angelegenheiten von entscheidender Bedeutung.

3. Solch ein Herrscher vertraut nicht allein seinen eigenen Plänen, sondern erörtert diese unbedingt im Tempel der Ahnen nach der Deutung der Schildkrötenpanzer und Überlegung der passenden Jahreszeit. Falls die Vorzeichen Glück verheißen, setzt er die Armee in Bewegung.

4. Wenn die Menschen wissen, dass ihrem Herrscher ihr Leben etwas bedeutet und er sich um ihren Tod so sehr sorgt, dass er gemeinsam mit ihnen der Krise entgegentreten würde, werden die Offiziere es als Ehre sehen, anzugreifen und zu sterben, und als Schande, ihr Leben durch Rückzug zu retten.

ABSCHNITT III

Wu Zi sprach:

1. „Der Richtige Weg" bezeichnet die Rückbesinnung auf die Grundprinzipien; durch „Rechtschaffenheit" bringt man seine Angelegenheiten voran und baut Verdienste auf; durch „Planung" vermeidet man Leid und gewinnt Vorteile; durch „Grundlagen" sichert man seine Arbeit und schützt seine Errungenschaften. Ist das Verhalten nicht im Einklang mit dem „Richtigen Weg" und das Handeln nicht im Einklang mit „Rechtschaffenheit", dann wird, auch wenn jemandes Position wichtig und ehrenvoll ist, ihn Unglück einholen.

2. Und daher lenkt der Weise das Volk nach den höchsten Prinzipien und regiert es mit Rechtschaffenheit. Er spornt es mit Ritualen an und tröstet es mit menschlicher Behandlung. Wird nach diesen vier Tugenden gehandelt, dann blüht das Volk auf; werden die Menschen vernachlässigt, dann verweigern sie sich. Daher frohlockte das Volk der Xia, als Tang, der Siegreiche, Jia angriff; als Wu von Zhou Di Xin der Shang-Dynastie angriff, stellte sich das Volk von Yin ihm nicht entgegen. Sie handelten im Einklang mit dem Willen des Himmels und des Menschen und waren daher in der Lage, diese Dinge zu erreichen.

ABSCHNITT IV

Wu Zi sprach:

1. Um ein Land zu verwalten und eine Armee zu führen, ist es allgemein nötig, das Volk mit Hilfe von Ritualen zu lehren und es durch Rechtschaffenheit zu ermutigen, um ihnen Ehrgefühl einzuschärfen. Wenn der Mensch ein starkes Ehrgefühl besitzt, ist er für Feldzüge geeignet; wenn er weniger davon besitzt, so kann er verteidigen. Einen Sieg zu erringen, ist einfach; seine Früchte zu erhalten, schwieriger. Es heißt daher: Liegt Alles-unter-dem-Himmel im Krieg, dann erleidet der, der fünf Siege erringt, ein Unheil; einer, der vier Siege erringt, ist erschöpft; einer, der drei erringt, wird Schutzherr des Königs; einer, der zwei erringt, ein König; einer, der einen Sieg erringt, wird Kaiser. Daher ist jener, der durch unzählige Siege Kaisertum erlangte, einzigartig, doch jene, die dabei umkamen, sind viele.

ABSCHNITT V

Wu Zi sprach:

1. Es gibt fünf Möglichkeiten, die zu Kriegen führen. Erstens der Kampf um Ruhm; zweitens der Kampf um Vorteil; drittens das Anwachsen von Feindseligkeit; viertens Uneinigkeit im Staat selbst; und fünftens Hungersnot.

2. Es gibt auch fünf Kategorien von Krieg: erstens rechtschaffener Krieg; zweitens aggressiver Krieg, drittens wütender Krieg; viertens zügelloser Krieg und fünftens aufständischer Krieg. Kriege, die man führt, um Gewalt und Chaos zu unterdrücken, sind rechtschaffen. Jene, die von der Stärke abhängen, sind aggressiv. Werden Truppen aufgestellt, wenn Herrscher von Zorn gesteuert werden, ist dies ein wütender Krieg. Jener, bei dem aller Anstand aus

Gier verloren wird, ist ein zügelloser Krieg. Jene, die Schwierigkeiten machen und die Massen aufwiegeln, wenn der Staat im Chaos oder das Volk erschöpft ist, lösen aufständische Kriege aus.

3. Es gibt für jeden eine passende Methode, um mit ihm fertig zu werden: Ein rechtschaffener Krieg ist durch eine anständige Regierung zu verhindern; ein aggressiver Krieg durch eigene Demut; ein wütender Krieg durch Vernunft; ein liederlicher Krieg durch Täuschung und Betrug; und ein aufständischer Krieg durch Autorität.

4. Der Marquis fragte: „Ich möchte wissen, wie ich Truppen lenken, meinen Feind einschätzen und meinen Staat festigen kann."

Wu Qi antwortete: „Frühere erleuchtete Könige zollten der passenden Beziehung zwischen Fürst und Minister und Vorgesetzten und Untergebenen gebührende Aufmerksamkeit. Sie brachten die Beamten und das Volk friedlich zusammen und lehrten sie entsprechend der Sitten. Sie sammelten würdige und talentierte Männer um sich, um sie auf jede Möglichkeit vorzubereiten.

5. In früheren Zeiten zog Huan von Qi 50.000 Krieger ein und wurde Schutzherr der Feudalstaaten. Wen von Jin stellte 40.000 Männer für die Armee auf und erreichte seine Ziele. Mu von Qin unterwarf mit 30.000 tapferen Truppen seine benachbarten Feinde. Daher muss ein mächtiger Herrscher sein eigenes Volk einschätzen können. Aus jenen, die stolz, mutig und stark sind, wird er eine eigene Abteilung bilden. Aus jenen, die frohlockend in die Schlacht ziehen und danach streben, ihre Treue und Tapferkeit zu beweisen, wird er eine eigene Abteilung bilden. Aus jenen, die in der Lage sind, Höhen zu erklimmen und weit zu springen, die behende und schnell zu Fuß sind, wird er eine eigene Abteilung bilden. Aus Fürsten und Ministern, die ihren Rang verloren haben und in den Augen ihrer Vorgesetzten Verdienste erwerben wollen, wird er eine Abteilung formen. Aus jenen, die aus der Stadt, die sie verteidigen sollten, geflohen sind und ihr schändliches Verhalten bereinigen wollen, wird er eine Abteilung bilden. Diese fünf Abteilungen formen eine gut ausgebildete und willige Armee. So Ihr 3.000 solcher Männer habt, können diese eine Belagerung von innen her aufbrechen oder von außen her die verteidigenden Truppen der feindlichen Städte niedermetzeln."

ABSCHNITT VI

1. Der Marquis fragte: „Ich würde gerne wissen, wie ich meine Schlachtformationen sicher festsetzen, meine Verteidigung stärken und mit Gewissheit eine Schlacht gewinnen kann."

Wu Qi antwortete: „Diese Dinge lassen sich sogleich betrachten. Wie kommte es, dass Ihr davon hören wollt? Wenn Eure Hoheit die Würdigen in hohen Rängen einsetzen kann und die Wertlosen in niedrigeren Rängen, dann sind die Schlachtreihen schon festgesetzt. Ist das Volk auf seinen Höfen sicher und steht es in freundlichem Verhältnis zu seinen Beamten, dann ist Eure Verteidigung schon stark. Wenn die Clans ihren eigenen Herrscher schätzen und gegen die anderen sind, dann sind die Schlachten schon gewonnen."

2. Der Marquis beriet sich einmal mit seinen Ministern über Staatsangelegenheiten, und keine ihrer Meinungen war seiner ebenbürtig. Er zog sich selbstzufrieden vom Hof zurück. Wu Qi trat hinzu und sprach: „In früheren Zeiten beriet sich König Zhuang von Chu über Staatsangelegenheiten. Keine der Meinungen seiner Minister war seiner gewachsen. Er zog sich besorgt aus der Beratung zurück. Fürst Shen fragte: ‚Warum blickt der Herrscher so besorgt?' Der König antwortete: ‚Weil dieser bescheidene Mann gehört hat, dass es der Welt nicht an Weisen mangelt und es einem Land niemals an weisen Männern fehlt. Wer einen Weisen

seinen Lehrer nennt, wird König; wer einen Weisen seinen Freund nennt, wird Schutzherr. Nun besitze ich selbst keine Begabung, und meine Minister sind mir trotzdem nicht gewachsen. Chu ist in Gefahr.‘ Das machte König Zhuang von Chu besorgt, doch Euch gefällt es. Ich, Euer Diener, hege insgeheim Bedenken.“ Daraufhin blickte der Marquis beschämt.

KAPITEL II

EINSCHÄTZUNG DES FEINDES

ABSCHNITT I

1. Der Marquis sprach zu Wu Qi: „Qin bedroht mich vom Westen her; Chu umschließt mich im Süden; Zhao stellt sich mir im Norden entgegen; Qi überblickt meine östlichen Grenzen, Yen schneidet mich hinten ab und Han stellt sich mir vorne entgegen. Ich muss mich an allen vier Seiten gegen die Truppen dieser sechs Staaten verteidigen. Diese Lage ist äußerst ungelegen. Wie kann ich mit diesen Schwierigkeiten fertig werden?“

Wu Qi antwortete: „Der Weg, das Land abzusichern, liegt darin, Vorsicht walten zu lassen. Da Ihr nun die Gefahren erkannt habt, lässt sich das Unglück abwenden.

2. Ich möchte die Merkmale dieser sechs Staaten erläutern. Die Streitmacht von Qi ist gewaltig, doch nicht standhaft. Die Truppen von Qin sind zerstreut und jeder kämpft für sich allein. Die Armee von Chu ist gut organisiert, besitzt jedoch keine Ausdauer. Die Truppen von Yan werden sich verteidigen, greifen jedoch nicht an. Die Heere der Drei Jins sind gut verwaltet, werden jedoch nicht eingesetzt. Nun sind die Männer von Qi zäh, der Staat reich, der Herrscher und die Minister hochmütig und verschwenderisch und behandeln das Volk mit Verachtung. Die Regierung ist nachsichtig, doch ihre Bezüge ungerecht. Die Armee ist zweigeteilt und ihre Stärke liegt vorne, nicht an der Rückseite. Daher ist sie gewaltig, aber nicht standhaft. Man muss daher die Armee von Qi folgendermaßen angreifen. Sie muss in drei Teile gespalten und ihre rechte und linke Flanke angegriffen werden. So zwingt man sie, sich an Eure Truppen anzupassen, und Ihr könnt sie vernichten.

Der Charakter des Staates von Qin ist stark; sein Land schroff; seine Regierung strikt. Belohnungen und Strafen werden gerecht verteilt. Sein Volk ist unnachgiebig und jeder einzelne zum Kampf entschlossen. Daher sind auch seine Einheiten zerstreut, und jeder kämpft für sich selbst. Qin bekämpft man am besten so: Man ködert sie mit einem scheinbaren Vorteil und lockt sie mit Rückzug. Die Offiziere werden den Köder schlucken und so von den Generälen abgeschnitten werden. Nutzt ihre Fehler aus und jagt ihre zerstreuten Einheiten abwärts. Bereitet einen Hinterhalt vor, ergreift die richtige Gelegenheit und nehmt ihre Generäle in Gefangenschaft.

Der Charakter des Staates Chu ist schwach, sein Gebiet weit, seine Regierung schwankend und sein Volk ausgelaugt. Daher sind die Truppen zwar gut organisiert, aber nicht ausdauernd. Chu lässt sich am besten angreifen, indem man plötzlich zuschlägt und ihr Lager in Verwirrung versetzt. Nehmt ihnen zuerst den Kampfgeist. Rückt mit leichten Truppen an, zieht diese schnell zurück und ermüdet sie auf diese Weise. So könnt Ihr die Armee schlagen, ohne in ein Gefecht verwickelt zu werden.

Das Volk von Yan besitzt einen dummen und ehrlichen Charakter. Sie sind vorsichtig und bewundern Mut und Rechtschaffenheit, daher fehlt es ihnen an List und Täuschung. Sie werden verteidigen, aber nicht ins Feld ziehen. Die richtige Art, Yan anzugreifen, ist, sie aufzuwiegeln, indem Ihr vordringt und rasch wieder abrückt, um sie dann schnell von hinten anzugreifen. Die Oberen werden perplex, die Untergebenen ängstlich sein. Sie werden gegen die

Streitwagen und Kavallerie Vorkehrungen treffen und vor ihnen zurückweichen. Und so kann man ihre Generäle gefangen nehmen.

Die Drei Jins sind das Reich in der Mitte. Das Temperament des Volkes ist friedvoll. Die Regierungen sind ordentlich und die Völker haben die Kämpfe satt. Obwohl sie sehr gut für den Krieg ausgebildet sind, verachten sie ihre Generäle. Sie sind geizig mit den Gehältern der Beamten. Die Offiziere haben keine Lust, bis zum Tod zu kämpfen. Daher sind sie wenig von Nutzen, auch wenn sie gut geführt werden. Die richtige Weise, sie anzugreifen, liegt darin, auf ihre Formationen einzustürmen und den Druck beizubehalten. Wenn die Truppen aufmarschieren, stell dich ihnen entgegen; wenn sie abziehen wollen, verfolge sie. So kannst du ihre Truppen auslaugen. Das ist die allgemeine Lage.

3. Natürlich gibt es in einer Armee gewiss einige Offiziere, die so tapfer wie Tiger sind und einen bronzenen Dreifuß stemmen können. Sie werden die feindlichen Fahnen rauben und Generäle in Gefangenschaft nehmen. Es gibt sicher sehr fähige darunter. Diese sollten ausgewählt, gekennzeichnet, wertgeschätzt und geehrt werden, da sie das Herz einer Armee sind. Solche Männer beherrschen alle fünf Waffen; sie sind begabt, stark, flink und gierig darauf, den Feind zu verschlingen. Ihr müsst ihren Rang erhöhen, denn sie gewinnen entscheidende Siege. Behandelt deren Eltern, Frauen und Kinder großzügig. Ermuntert solche Offiziere mit Belohnungen und schreckt sie mit Strafen, damit sie Ausdauer für die Schlacht haben. Falls Ihr in der Lage seid, die Fähigkeiten solcher Männer sorgfältig einzuschätzen, können diese doppelt so viele angreifen." Der Marquis sprach: „Exzellent."

ABSCHNITT II

1. Wu Qi sprach: „Es gibt in der Einschätzung des Feindes acht Bedingungen, unter den Ihr ihn angreifen könnt, ohne Orakel zu befragen. Erstens in windigen, kalten Zeiten, wenn seine Männer früh hinausziehen, um das Eis an den Furten der Flüsse zu brechen, und nicht vor Mühe zurückschrecken.[1] Zweitens in der brütenden Sommerhitze, wenn sie spät aufstehen, unter Zeitdruck stehen, weite Strecken zurücklegen müssen und unter Hunger und Durst leiden. Drittens, wenn seine Armee schon lange im Feld lagert, die Vorräte sich leeren, seine Leute aufgebracht sind und schlechte Vorzeichen kursieren und die Offiziere die Verbreitung von Gerüchten nicht verhindern können. Viertens, wenn die Ausrüstung der feindlichen Armee abgenutzt ist, Brennholz und Futter fehlt, ständig Nebel und Regen vorherrschen und die Truppen plündern wollen, doch nicht können. Fünftens, wenn die Armee klein ist, Gelände und Wasserversorgung spärlicher sind, Menschen wie Pferde erkranken und die Nachbarstaaten nicht zu Hilfe kommen. Sechstens, wenn die Straßen fern sind, die Sonne untergeht und die Offiziere und Männer matt und besorgt sind, weder gegessen noch zur Rast die Rüstung abgelegt haben. Siebtens, wenn der General und seine Abgeordneten nachlässig, die Offiziere und Männer nicht kampfentschlossen und die Truppen verängstigt sind; wenn die Armee allein und ohne Hilfe ist. Achtens, wenn die Schlachtreihen des Feindes noch nicht aufgestellt sind, er den Aufbau seines Lagers nicht abgeschlossen hat; er im Gebirge oder auf Steilpässen marschiert. Unter all diesen Umständen könnt Ihr den Feind ohne Zögern angreifen.

2. Es gibt sechs Situationen, in denen Ihr einen Angriff auf den Feind vermeiden müsst, ohne die Orakel zu befragen. Erstens, wenn sein Land weitflächig und sein Volk groß und reich ist. Zweitens, wenn die Oberen ihre Untertanen lieben und Güte ausstrahlen. Drittens, wenn Belohnung und Strafen

[1] Die scheint nicht stimmig, doch der Text lautet so.

vernünftig und gerecht gehandhabt werden. Viertens, wenn Verdienstreiche würdige Ämter, Weise Verantwortung und Fähige Beschäftigung erhalten. Fünftens, wenn die Armee groß und gut ausgerüstet ist. Sechstens, wenn der Feind von allen Seiten von mächtigen Staaten unterstützt wird. Wenn Ihr darin dem Feind allgemein unterlegen seid, müsst Ihr ihn meiden. Ich meine damit: Erkennt Ihr eine Gelegenheit, greift an, seht Ihr Schwierigkeiten, zieht ab.“

ABSCHNITT III

1. Der Marquis fragte: „Ich möchte aus der äußeren Erscheinung des Feindes seine innere Lage erkennen; sein Anrücken beobachten und wissen, wann er aufhören wird und so den Ausgang bestimmten können. Könnt Ihr mir dies erklären?“

Wu Qi antwortete: „Wenn der Feind achtlos und ohne Plan anrückt, seine Flaggen und Banner ungeordnet sind und Männer und Pferde oft nach hinten blicken, dann könnt Ihr eine zehnmal größere Streitmacht angreifen und sie gewiss vernichten.

Wenn die Truppen der Feudalherren noch nicht zusammengestellt wurden, die Herrscher nicht einig sind, wenn Gräben und Schanzen nicht fertiggestellt, Verbote und Befehle noch nicht veröffentlicht wurden, die gesamten Truppen in Aufruhr sind, sie vorrücken wollen und nicht können oder abziehen wollen und es nicht wagen, dann kann man einen doppelt so großen Feind angreifen und mit großer Gewissheit besiegen.“

2. Der Marquis fragte: „Unter welchen Umständen kann man einen Feind mit Gewissheit angreifen?“

Wu Qi antwortete: „Der Einsatz von Truppen ist entsprechend der starken und schwachen Punkte des Feindes auszurichten, worauf Ihr rasch seine Schwachstellen angreift. Kommt der Feind von fern und hat seine Schlachtreihen noch nicht versammelt, könnt Ihr angreifen. Wenn seine Truppen essen und nicht vorbereitet sind, könnt Ihr angreifen; wenn er flieht, könnt Ihr angreifen; wenn er matt und erschöpft ist, könnt Ihr angreifen. Wenn er sich noch nicht den Vorteil des Geländes gesichert hat, könnt Ihr angreifen. Wenn er den Augenblick nicht erkennt oder Gelegenheiten ungenützt lässt, könnt Ihr angreifen. Wenn er weit marschiert ist und nicht rasten konnte, könnt Ihr angreifen. Wenn erst seine halbe Truppe einen Fluss überquert hat, könnt Ihr angreifen; wenn der Weg steil und eng ist, könnt Ihr angreifen. Wenn seine Fahnen und Banner sich verworren bewegen, könnt Ihr angreifen; wenn seine Formationen sich ständig hin und her bewegen, könnt Ihr angreifen; wenn der General von den Truppen abgeschnitten ist, könnt Ihr angreifen; wenn sie verschreckt sind, könnt ihr angreifen. Unter all diesen Umständen müsst Ihr eure Elitetruppen einsetzen und sie die feindlichen Reihen stürmen lassen; dann teilt Eure Truppen, um nachzufassen. Greift schnell und ohne Zaudern an.“

KAPITEL III

DIE BEHERRSCHUNG DER TRUPPEN

ABSCHNITT I

1. Der Marquis fragte: „Was ist beim Einsatz von Truppen von entscheidender Bedeutung?“

Wu Qi sprach: „Zuerst ist eine klare Kenntnis der vier Qualitäten, von denen eine ‚Leicht‘, zwei als ‚Schwer‘ und eine ‚Verlässlich‘ genannt wird.“

2. Der Marquis sprach: „Was versteht Ihr darunter?“

Wu Qi antwortete: „Das Gelände sollte leicht zugänglich für die Pferde sein; diese sollten die Wagen mit Leichtigkeit ziehen können; diese sollten die Männer mit Leichtigkeit tragen können, damit die Männer mit Leichtigkeit kämpfen können. Wenn Ihr schwieriges und leichtes Gelände kennt, so sollte dies für die Pferde leicht sein. Wenn die Pferde zur rechten Zeit Futter bekommen, können sie die Wagen mit Leichtigkeit ziehen. Sind die Achsen der Wagen gut gefettet, werden sie leicht fahren; sind ihre Waffen scharf und ihre Rüstung fest, kämpfen die Männer mit Leichtigkeit.

Es gibt eine schwere Belohnung für einen Angriff und schwere Strafen für Rückzug.

Die Verwaltung von Belohnung und Strafen muss verlässlich sein.

Wer diese Angelegenheiten erforschen kann, ist Meister im Siegen."

3. Der Marquis fragte: „Was lässt Truppen siegen?"

Wu Qi sprach: „Es ist wahre Disziplin, die sie im Kampfe siegen lässt."

Der Marquis fragte darauf: „Liegt es nicht an der Anzahl der Truppen?"

Wu Qi antwortete: „Wenn die Gesetze und Befehle nicht klar und Belohnungen und Strafen nicht verlässlich sind, werden die Truppen weder beim Klang der Glocken halten, noch beim Trommelwirbel angreifen – selbst wenn es eine Million davon gibt, was nützen sie dann? Disziplin bedeutet, dass ihr Verhalten im Lager einwandfrei ist; dass ihr Anrücken Angst einflößt, sodass ihnen niemand standhalten kann; dass ihnen beim Rückzug niemand folgen kann. Sie sind beim An- und Abrücken geordnet, rechter und linker Flügel reagieren auf die Signale der Banner. Auch wenn sie weit verteilt sind, können sie sich umformen; auch wenn sie zerstreut sind, halten sie Reih und Glied ein. Die Truppen können in sicherer oder gefährlicher Lage gesammelt und nicht abgesondert werden und ermüden im Einsatz nicht. Wohin man sie auch schickt, keiner unter dem Himmel kann ihnen standhalten. Solch eine Armee nennt man ‚Vater–Sohn–Armee'."

ABSCHNITT II

1. Wu Qi sprach: „Der Marsch der Truppen ist folgendermaßen zu lenken. Die gewohnten Ordnungen hinsichtlich Marsch und Halt sind einzuhalten; ebenso die regelmäßigen Zeiten für Essen und Trinken. Vergeude nicht die Kraft von Menschen und Tieren. In diesen drei Dingen müssen die Truppen den Befehlen ihrer Vorgesetzten vertrauen können, da diese die Quelle sind, aus der Disziplin erwächst. Sind Vorrücken und Halten nicht geregelt und die Nahrung nicht angemessen, dann ermatten die Pferde, und die Männer können sich nicht entspannen und schützen. In solchen Situationen vertrauen die Truppen nicht mehr den Befehlen der Vorgesetzten. Wenn deren Befehle wirkungslos sind, ist die Aufstellung der Truppen unordentlich, und sie werden im Kampf besiegt werden."

2. Wu Qi sprach: „Das Schlachtfeld ist ein Land aufrechter Leichen; die zum Tod Bereiten werden überleben; jene, die auf einen Ausweg hoffen, sterben.

Ein General, der seine Truppen gut befehligen kann, gleicht einem, der in einem lecken Boot oder unter einem brennenden Dach sitzt. Denn dort gibt es weder Zeit für den Weisen, Rat zu geben, noch für den Wackeren, wütend zu werden. Alle müssen mit dem Feind fertig werden. Daher heißt es, dass von allen Gefahren des Truppeneinsatzes Zaudern die größte ist und Katastrophen, die eine Armee einholen, auf Zögern beruhen."

ABSCHNITT III

1. Wu Qi sprach: „Männer sterben im Allgemeinen, wenn sie es nicht verhindern können und durch eine unvorteilhafte Lage bezwungen werden. Daher ist es beim Einsatz von Truppen von höchster Bedeutung, sie zu schulen und zu warnen.

Kennt ein Mann das Kriegshandwerk, dann kann er sie erfolgreich schulen; zehn solcher können hundert schulen; hundert können erfolgreich tausend schulen und tausend können zehntausend schulen. Zehntausend können die gesamte Armee schulen.

Erwarte einen von weit kommenden Feind in der

Nähe des Schlachtfelds; erwarte mit ausgeruhten Truppen einen erschöpften und mit satten einen hungrigen Feind.

Beim Drillen lasse die Truppen Kader und Kreise bilden, sich niedersetzen und aufstehen, sich bewegen und anhalten. Befiehl ihnen, von links nach rechts zu laufen und von vorne nach hinten. Teile und sammle sie; verdichte und zerstreue sie. Wenn sie an all diese wechselnde Umstände gewöhnt sind, gib ihnen ihre Waffen. Diese Angelegenheiten gelten als die Aufgabe des Generals.“

2. Wu Qi sprach: „Gemäß der Richtlinien für die Kampfübungen tragen die kleinen Männer Lanzen und Hellebarden, die großen Bogen und Armbrüste; die starken Banner und Fahnen; die tapferen Trommeln und Glocken; die schwachen sind Diener und machen Essen. Der Weise erstellt Pläne.

Lass Männer aus den gleichen Dörfern zusammen, und die Zehner-Kader und Fünf-Mann-Trupps werden einander gegenseitig schützen.

Beim einem Trommelschlag legen sie die Waffen an. Bei zwei Schlägen üben sie Formationen. Beim dritten Schlag gehen sie rasch essen. Bei vier bereiten sie sich auf den Einsatz vor. Bei fünf marschieren sie auf. Wenn sie die Trommeln gehört und den Befehlen gelauscht haben, werden die Banner entfaltet.“

3. Der Marquis fragte: „Gibt es eine Methode, um die Armee beim Vorrücken oder Halten zu lenken?“

Wu Qi antwortete: „Stelle dich weder vor einen Himmlischen Ofen noch vor einen Drachenkopf. Ein Himmlischer Ofen ist der Eingang eines großen Tals; ein Drachenkopf der Fuß eines hohen Berges.

Über dem linken Flügel weht der Banner des Grünen Drachens; über dem rechten der Weiße Tiger; über der Vorhut der Rote Vogel; über der Nachhut der Banner der Schwarzen Schildkröte; über dem Heerführer der Banner des Großen Bären. Unter ihm versammelt sich der Stab. Kurz vor dem Kampf ist die Windrichtung zu überprüfen. Es ist mit Rückenwind zu marschieren; bei starkem Gegenwind ist ein Wechsel abzuwarten.“

4. Der Marquis fragte: „Welche Methode gibt es hinsichtlich der Pflege der Pferde zu befolgen?“

Wu Qi antwortete: „Pferde brauchen ruhige Orte zur Rast. Sie müssen regelmäßig gut gefüttert und mit Wasser getränkt werden. Im Winter müssen ihre Stallungen warm, im Sommer kühl und schattig sein. Ihre Mähnen und Schweife müssen gestutzt und ihre Hufe sorgfältig geschnitten werden. Ihre Augen und Ohren müssen untersucht werden; erlaube ihnen nicht, auszuschlagen. Sie müssen im Galopp und in der Verfolgung geschult werden. Sie sollten bedächtig in Gang gesetzt und zum Halten gebracht werden. Wenn Reiter und Pferd einander mögen, sind sie einsatzbereit.

Die Ausstattung der Wagenrösser und der Pferde der Reiterschaft besteht aus Sattel, Zaumzeug, Trense und Zügel. Diese müssen fest sein

Nun schadet Pferden allgemein nicht das Ende eines Marsches, sondern eher der Anfang. Ihnen schadet nicht so sehr, wenig Futter zu bekommen, als überfüttert zu werden. Am Ende des Tages nach einem langen Marsch müssen die Reiter oft auf- und absteigen, da es besser ist, die Reiter als die Pferde zu ermüden. Es ist unbedingt darauf zu achten, die Pferde nicht auszulaugen. Achte immer darauf, dass sie eine Kraftreserve haben, und wappne dich so gegen feindliche Angriffe aus dem Hinterhalt. Wer diese Dinge begreift, dem wird keiner Widerstand leisten können.“

KAPITEL IV

EINE ERÖRTERUNG DES GENERALSTANDES

ABSCHNITT I

1. Wu Qi sprach: „Ein Heerführer muss zivilen und kriegerischen Scharfsinn in sich vereinen. Der Krieg verlangt Entschlossenheit und Belastbarkeit.

Wenn die Menschen über Generäle sprechen, so berücksichtigen sie allgemein nur deren Mut. Mut ist jedoch nur eine von vielen notwendigen Stärken eines Generals. Ein mutiger Mann zieht gewiss unbedacht, ohne die Vorteile zu begreifen, in den Kampf. Das reicht nicht aus.

Es gibt fünf Dinge, auf die ein General Wert legen muss. Erstens Verwaltung; zweitens Bereitschaft, drittens Entschlossenheit; viertens Vorsicht; und fünftens Mäßigkeit. Verwaltung bedeutet, viele zu lenken, als wären es wenige. Bereitschaft bedeutet, dass er ausrückt, als würde er den Feind jederzeit erwarten. Entschlossenheit bedeutet, dass er nicht um sein Leben fürchtet, wenn er dem Feind begegnet. Vorsicht bedeutet, dass er so handelt, als würde er gerade den Kampf beginnen, obwohl er schon erobert hat. Mäßigkeit bedeutet, mit Gesetzen und Befehlen zu sparen, damit diese nicht lästig sind.

Seine Befehle zu erhalten und nicht zu verweigern; erst dann von Rückkehr zu sprechen, wenn der Feind geschlagen wurde; das ist das richtige Verhalten eines Heerführers. Daher trägt er von dem Tag an, an dem er mit seiner Armee ins Feld zieht, die Ehre des Todes und nicht die Schande des Lebens im Geiste."

2. Wu Qi sprach: „Im Einsatz von Truppen gibt es vier Arten von Potenzial. Die erste betrifft die Moral; die zweite das Terrain; die dritte die Situation; die vierte betrifft die Stärke. Was in der Vielzahl der drei Armeen, einem Heer von einer Million, zählt, ist die Verantwortung eines Mannes. Das nennt man das Potenzial bezüglich der Moral. Gelände mit verengten und gefährlichen Wegen, berühmte Berge und Engpässe, die zehn Männer so verteidigen können, dass tausend nicht passieren können, dies nennt man das Potenzial bezüglich des Terrains.

Setzt Spione und Spitzel klug ein. Spaltet die Feinde mit leichten Truppenmanövern. Bringt Zwietracht zwischen Herrscher und Minister und Unfrieden zwischen seine Beamten. Dies ist das Potenzial hinsichtlich der Situation. Haben die Wagen starke Achsen und Bolzen, die Schiffe gute Riemen und Ruder, sind die Truppen gut in Kampfmanövern geschult und die Pferde zu rascher Verfolgung fähig, nennt man dies das Potenzial hinsichtlich der Stärke. Wer diese vier Dinge eingehend versteht, kann zum General ernannt werden. Dennoch müssen seine Würde, Tugend, Menschlichkeit und Mut genug ausgeprägt sein, um alle, die unter ihm stehen, zu führen und die Massen friedlich zu halten. Er schreckt den Feind und macht ihn fassungslos. Wenn er Befehle erteilt, wagt keiner, nicht zu gehorchen, und wo immer er hinkommt, wagen die Aufständischen nicht, sich ihm entgegenzustellen. Erwirbt ein Herrscher einen General wie diesen, so ist das Land stark; verlässt er einen, schwindet das Land. Das nennt man einen exzellenten General."

ABSCHNITT II

1. Wu Qi sprach: „Man setzt große Trommeln, Tamburins, Glocken und Glocken mit Klöppel ein, um die Ohren zu beeindrucken, und Fahnen, Banner und Wimpel, um die Augen zu beeindrucken. Verbote und Bestrafung von Verbrechen beeindrucken das Herz. Werden die Ohren von den Klängen beeindruckt, so können sie nicht anders, als sie zu verstehen; werden die Augen von Farben beeindruckt, so können sie nicht anders, als sie zu unterscheiden; wird das Herz von Strafen beeindruckt, dann kann es nicht anders, als beherrscht zu sein.

Sind diese drei Dinge nicht gründlich eingeführt, so wird ein Land von seinen Feinden geschlagen werden. Daher heißt es: Wo die Banner des Generals sind, gibt es niemanden, der nicht folgen würde; wohin der General zeigt, gibt es niemanden, der nicht im Angesicht des Todes vorrücken würde."

2. Wu Qi sprach: „Eine der wichtigsten Angelegenheiten im Krieges ist, Wissen über die feindlichen Generäle zu erwerben und deren Fähigkeiten im Umgang mit den Umständen zu überprüfen. Dann kann man, ohne sich selbst zu verausgaben, die Dinge vorantreiben.

Ist der feindliche General dumm und setzt sein Vertrauen in andere, dann kannst du ihn täuschen und in Fallen locken. Ist er habgierig und sorgt sich nicht um seinen Ruf, dann kannst du ihn bestechen.

Ist er unentschlossen und planlos, kannst du ihn ermüden und auslaugen.

Sind die Vorgesetzten reich und hochmütig und die Untergebenen arm und aufgebracht, kannst du sie spalten und aufsplittern.

Zögert der General mit dem Angriff oder Rückzug, so werden seine Truppen ihm nicht vertrauen und können in Schrecken versetzt und in die Flucht getrieben werden. Verachten ihn seine Offiziere und wollen heimkehren, versperre ihnen die einfachen Wege und eröffne ihnen die schwierigen. Dann kannst du sie abfangen und ergreifen.

Wenn er auf einem leichten Weg herankommt und sein möglicher Rückzugsweg schwierig ist, könnt Ihr ihn herankommen lassen. Wenn er sich auf einem gefährlichen Pfad nähert und sein Rückzugsweg leicht ist, könnt Ihr an ihn heranrücken und angreifen.

Lagert er auf tief gelegenem, sumpfigen Gelände, das keine Abflussmöglichkeiten aufweist, und fließt der Regen in Strömen, so könnt Ihr ihn überfluten und ertränken. Lagert er im verödeten Sumpfland oder an einem windigen Ort, könnt Ihr Brand legen und ihn verbrennen.

Falls er lange an einem Ort bleibt, werden die Generäle und Offiziere träge und nachlässig, und seine Armee wird nicht vorbereitet sein, wenn Ihr euch anpirscht und zuschlagt.“

ABSCHNITT III

1. Der Marquis fragte: „Wenn die gegnerischen Truppen einander gegenüberstehen, wir nichts über den feindlichen General wissen und ich seine Eigenschaften bestimmten möchte, in welcher Art könnte ich dies bewerkstelligen?“

Wu Qi antwortete: „Schicke Banditen unter dem Befehl einiger Elitetruppen aus, um ihn zu prüfen. Ihr einziges Ziel ist, zu fliehen und nichts zu erreichen, doch sie dienen der Beobachtung, wie der Feind sich verhält. Sind seine Manöver einstimmig, seine Disziplin gut und tut er bei der Verfolgung so, als könnte er nicht aufholen, indem er vorgibt, einen Vorteil, den er sieht, nicht zu erkennen, dann ist der General klug und du solltest nicht gegen ihn ins Gefecht ziehen.

Doch grölt und johlt das feindliche Heer, sind seine Fahnen und Banner nicht klar angeordnet, laufen die Truppen ohne Befehle herum und halten ihre Waffen einmal da und dann dort hin; können sie bei der Verfolgung nicht aufholen und einen Vorteil, der sich ihnen zeigt, nicht ergreifen, dann ist der General dumm, und Ihr könnt ihn ergreifen.“

KAPITEL V

DER UMGANG MIT LAGEVERÄNDERUNGEN

ABSCHNITT I

1. Der Marquis fragte: „Wenn die Wagen gut gebaut, die Pferde schnell, die Generäle tapfer und die Truppen stark sind und man unerwartet auf einen Feind trifft, die eigenen Streitmächte in Unordnung verfallen und die Schlachtreihen sich auflösen, was ist zu tun?“

Wu Qi antwortete: „Bei Tag werden die Schlachtmanöver durch Banner, Flaggen und Wimpel geregelt, bei Nacht durch Trommeln, Glocken, Pfeifen und Flöten. Weisen die Wimpel nach ‚Links', dann bewegen sich die Truppen nach links; weisen sie nach ‚Rechts', dann bewegen sich die Truppen nach rechts. Bei Trommelwirbel rücken sie vor; beim Erklingen der Glocken halten sie. Beim ersten Pfiff bilden sie Schlachtreihen; beim zweiten sammeln sie sich. Jene, die diesen Befehlen nicht gehorchen, sind zu bestrafen.

2. So die gesamte Armee derartig der Obrigkeit unterworfen ist und Offiziere und Männer ihr Bestes geben, kann Euch in der Schlacht niemand abwehren und bei Eurem Angriff keine Formation fest genug sein, um Euch standhalten zu können."

ABSCHNITT II

1. Der Marquis fragte: „Wenn ein stark überlegener Feind meine schwächeren Truppen angreift, welche Abhilfe gibt es dagegen?"

Wu Qi antwortete: „Auf leichtem Gelände ist er zu meiden; auf engen Pässen, tritt ihm entgegen. Denn es heißt, wenn einer zehn angreift, ist nichts besser als ein Engpass; wenn zehn hundert angreifen, ist nichts besser als eine steile Stelle. Wenn tausend zehntausend angreifen, ist nichts besser als ein Bergpass. Wenn Ihr mit einer kleinen Truppe den Feind plötzlich auf einem schmalen Pfad mit lauten Gongs und wirbelnden Trommeln angreift, so wird sein Heer, so groß es auch ist, aufschrecken.

Daher heißt es, dass man mit großen Truppen nach leichtem Gelände trachtet und mit einer kleinen Mannschaft verengtes Gelände vorzieht."

ABSCHNITT III

1. Der Marquis fragte: „Nehmen wir an, vor uns steht eine gewaltige Armee mit hoher Kampfmoral und Mut. Hinter ihr sind enge Pässe, zur ihrer rechten Gebirge, zu ihrer linken ein Fluss. Sie ist gut durch tiefe Gräben und hohe, mit Armbrustschützen bemannte Schanzen geschützt. Ihr Abrücken gleicht einem wandelnden Berg; ihr Vorrücken einem Schneesturm. Es ist schwierig, solch eine Armee aufzuhalten. Wie ist hier zu handeln?"

Wu Qi antwortete: „Eine gute Frage! In dieser Situation hängt der Ausgang nicht von der Stärke der Streitwagen oder der Kavallerie ab, sondern von den Plänen eines weisen Mannes. Lasst tausend Streitwagen und zehntausend Reiter gemeinsam mit dem Fußvolk aufstellen und teilt diese in fünf Kolonnen auf, die sich auf fünf Wegen nähern. So wird der Feind sicher fassungslos sein und nicht wissen, wie er damit umgehen soll.

Wenn der Feind eine starke Verteidigungsposition eingenommen hat, um seine Truppen neu aufzustellen, sind rasch Aufwiegler und Spione zu entsenden, um seine Pläne in Erfahrung zu bringen. Falls er auf deren Vorschläge hört, könnte er sich zurückziehen. Falls nicht, wird er die Gesandten töten und Eure Briefe verbrennen.

Dann schicken wir die fünf Truppen gleichzeitig ins Gefecht. Sind sie siegreich, verfolgen wir sie nicht; sind wir nicht erfolgreich, ziehen wir uns rasch zurück und täuschen Flucht vor. Wir marschieren stetig, doch sind immer kampfbereit. Eine Kolonne umzingelt seine Vorhut, während eine andere seine Nachhut abschneidet. Dann greifen zwei Kolonnen schnell und ruhig eine verletzliche Stelle an. Mal zu seiner Linken, dann zu seiner Rechten. Wenn die fünf Kolonnen ihre Angriffe aufeinander abstimmen, ist dies sicher zielführend. In dieser Art ist ein großer Feind anzugreifen."

ABSCHNITT IV

1. Der Marquis fragte: „Ist der Feind mir nahe und ich bin in Bedrängnis und will den Rückzug antreten, doch es gibt keinen Weg und meine Truppen sind verängstigt, wie kann ich Abhilfe schaffen?"

Wu Qi antwortete: „Die Taktiken, die in diesem Fall anzuwenden sind, sind folgende: Haben wir viele und der Feind nur wenige Truppen, teilen wir unsere Streitmacht und greifen an. Hat jedoch der Feind viele und wir nur wenige Truppen, müssen wir einen Weg finden, ihn zu belästigen. Indem man pausenlos seine Armee, trotz ihrer Größe, belästigt, kann man ihn überwältigen.“

ABSCHNITT V

1. Der Marquis fragte: „Wenn wir unerwartet in einer Schlucht oder einem Tal mit steil abfallenden Hängen auf einen Feind stoßen, der in großer Überzahl ist, wie ist zu handeln?“

Wu Qi antwortete: „Auf alle Fälle müsst Ihr zügig durch Gebirge, Berge, Täler und Sümpfe marschieren, um diese rasch hinter Euch zu lassen. Ihr dürft keinesfalls gemächlich gehen. Wenn Ihr im hohen Gebirge oder in tiefen Tälern auf den Feind trefft, dann müsst Ihr die Trommeln rühren, laut schreien und die Gelegenheit ergreifen, mit Bogen und Armbrust zu schießen, um einige zu verwunden und andere gefangen zu nehmen. Beobachtet genau den Zustand seiner Schlachtreihen; sollten sie in Verwirrung geraten, schlagt ohne Zaudern zu.“

ABSCHNITT VI

1. Der Marquis fragte: „Wenn sich an beiden Seiten hohe Berge befinden und ich auf verengtem Gelände unerwartet auf den Feind treffe, keinen Angriff wage, sondern mich zurückziehen will, allerdings nicht dazu in der Lage bin, was ist zu tun?“

Wu Qi antwortete: „Dies nennt man ‚Talschlacht‘. Hier bringt zahlenmäßige Überlegenheit überhaupt nichts. Ihr versammelt Eure tüchtigsten Offiziere und lasst diese mit gut bewaffneten, leichten Truppen als Vorhut anrücken. Teilt die Streitwagen und Reiterei in Gruppen und verbergt diese jeweils mehrere *Li* voneinander entfernt auf allen Seiten, sodass der Feind sie nicht erblicken kann. Der Feind wird sich gewiss verschanzen und sich weder vor- noch zurückwagen. Daraufhin hebt Ihr Banner und Wimpel hoch, zieht aus dem gebirgigen Gelände und lagert dort. Der Feind wird sicherlich ängstlich sein. Reizt ihn mit Euren Wagen und lasst ihm weder Rast noch Ruh. Das ist die richtige Art, in Tälern zu kämpfen.“

ABSCHNITT VII

1. Der Marquis fragte: „Nehmen wir an, ich begegne dem Feind in einem überschwemmten Sumpfgebiet. Die Wagenräder versinken im Schlamm, die Achsen tauchen unter und das Wasser überflutet Wagen wie Reiter. Wir sind nicht mit Booten und Rudern ausgerüstet und kommen weder vorwärts noch rückwärts. Was kann man hier tun?“

Wu Qi antwortete: „Dies nennt man ‚Wassergefecht‘. Wagen und Kavallerie sind hierbei nutzlos. Ihr müsst sie zur Seite lassen. Steigt auf eine Anhöhe, um das Gebiet in allen vier Richtungen zu überblicken. Von dort könnt Ihr sicher das Ausmaß und die Tiefe des Wassers ausmachen. Dann könnt Ihr einen ungewöhnlichen Plan erstellen, um den Feind zu bezwingen. Überquert der Feind einen Fluss, wartet, bis die Hälfte seiner Truppen übergesetzt hat; dann greift an.“

ABSCHNITT VIII

1. Der Marquis fragte: „Wenn es unaufhörlich regnet, die Pferde im Schlamm einsinken, sich die Wagen neigen, der Feind uns von allen Seiten angreift, meine Truppen verschreckt und ängstlich sind, was kann Abhilfe schaffen?“

Wu Qi antwortete: „Gewöhnlich setzt man bei Nebel und dunstigem Wetter keine Streitwagen ein, doch sie könnten bei freundlichem und trockenem Wetter losgezogen sein. Dann sind Anhöhen vorzuziehen und Niederungen zu meiden. Hetzt Eure besten Streitwagen voran. Beim Vorrücken oder Halten folgt Ihr den Wagenspuren. Bewegt sich der Feind, müsst Ihr ihm nachsetzen.“

ABSCHNITT IX

1. Der Marquis fragte: „Nehmen wir an, wilde Aufständische kommen, um das Land zu plündern und das Vieh zu rauben, was ist zu tun?"

Wu Qi antwortete: „Wenn wilde Banditen einfallen, müsst Ihr Vorkehrungen gegen sie treffen. Es ist besser, auf Verteidigung zu setzen und ihnen nicht zu begegnen. Wenn sie in der Abenddämmerung schwer mit Beute beladen abziehen, sind sie sicher bange, da ihr Rückzug über weite Strecken führt und sie schnell sein müssen. Gewiss hinken manche hinterher. Folgt ihnen und schlagt zu, so könnt Ihr sie niederschmettern."

ABSCHNITT X

1. Wu Qi sprach: „Gewöhnlich attackiert und belagert man Städte folgendermaßen: Sobald die Mauern der Städte des Feindes aufgebrochen sind, dringt in seine Kriegslager ein und übernehmt seinen Besitz und seine Ämter, seine Tiere und seine Gerätschaft.

Wo die Armee im Feld lagert, darf sie weder Bäume umschneiden, noch Behausungen zerstören, noch Feldfrüchte rauben, das Vieh schlachten, noch die Kornkammern verbrennen.

So zeigt Ihr dem Volk, dass Ihr nicht den Wunsch habt, es zu unterdrücken. Jene, die wollen, können sich ergeben und in Frieden leben."

KAPITEL VI

ERMUTIGUNG DER OFFIZIERE

ABSCHNITT I

1. Der Marquis fragte : „Reichen strenge Strafen und vernünftige Belohnungen aus, um einen Sieg zu gewährleisten?"

Wu Qi antwortete: „Was die Strenge der Strafen und eine vernünftige Handhabung der Belohnungen trifft, so bin ich nicht in der Lage, dies in seiner Gesamtheit zu erfassen. Man kann sich allerdings nicht allein darauf verlassen. Anweisungen öffentlich zu machen und Befehle zu erteilen, die die Truppen gerne einhalten; die Armee aufzustellen und das Volk in einer Weise einzuziehen, sodass die Männer kämpfen wollen, und wenn diese im Kampf die Schwerter kreuzen, sie unerschrocken in den Tod gehen zu lassen, dies sind die drei Dinge, auf in die der Herrscher sein Vertrauen legt."

2. Der Marquis fragte: „Wie ist dies zu erreichen?"

Wu Qi antwortete: „Wenn der Herrscher jene höher stellt, die Verdienste errungen haben, und diese bewirtet und so jene ermuntert, die sich noch keine Verdienste errungen haben."

3. Daraufhin ließ der Marquis ein Bankett in den Hallen seines Palastes aufsetzen und drei Tischreihen vorbereiten, um die noblen und tüchtigen Offiziere zu bewirten.

Die verdienstvollsten Gäste saßen in der vordersten Reihe. Ihnen wurden verschiedene Fleischsorten und Leckereien in den wunderschönen Gefäßen dargereicht. Die nächsten in der Verdienstreihe saßen ihn der mittleren Reihe. Ihnen wurden nicht ganz so feine Speisen serviert. Die keine Verdienste vorzuweisen hatten, saßen ganz hinten. Ihnen wurden Leckereien in sehr kleinen Portionen vorgesetzt.

Nachdem das Festmahl vorbei war und die Gäste gegangen waren, wurden außerhalb des Palastes Geschenke an die Väter, Mütter, Frauen und Kinder der verdienstvollen Männer verteilt und dabei die gleiche Unterscheidung wie zuvor getroffen. Jedes Jahr sandte man Boten mit Dankesworten und Geschenken zu den Eltern der im Krieg Gefallenen, um zu bezeugen, dass man sie in Erinnerung behielt.

Nachdem diese Politik drei Jahre verfolgt worden war, rückte das Volk von Qin mit seiner Armee an und näherte sich dem Westufer des Flusses. Als die Offiziere von Wei dies hörten, legten viele, ohne die Befehle der Behörden abzuwarten, ihre Rüstung an und griffen die mehrere zehntausend Mann starke Armee von Qi an.

4. Der Marquis zitierte Wu Qi zu sich und sprach: „Nun sehen wir die Folgen deiner Lehren."

Wu Qi antwortete: „Ich habe gehört, dass manche Männer begabter sind, andere weniger; dass der Kampfgeist manchmal hoch und dann wieder gedrückt ist. Wenn Ihr nun einen Versuch machen wollt und fünfzigtausend verdienstlose Männer hinausschicken wollt, so bitte ich darum, sie gegen den Feind führen zu dürfen. Sollte ich nicht gewinnen, so bin ich das Gespött aller Feudalherrscher und werde mein Ansehen im gesamten Reich verlieren. Nehmen wir an, es gibt einen hoffnungslosen Banditen, der im Gebüsch lautert, und man setzt tausend Männer auf seine Verfolgung an. Der Grund dafür, warum ihn alle jagen wie einen Wolf, ist, dass jeder Angst hat, von ihm angefallen und verletzen zu werden. Darum reicht ein Mann aus, der dazu bereit ist, sein Leben wegzuwerfen, um tausend Männer in Angst und Schrecken zu versetzen.

Wenn ich nun ein Heer von fünfzigtausend leite und jeder sich wie dieser hoffnungslose Bandit fühlt und ich sie zum Angriff gegen die Truppen von Qin führe, so können diese sicher nicht standhalten."

5. Der Marquis folgte seinem Rat und er besiegte mit fünfhundert Wagen und dreitausend Reitern die Armee von Quin von einer halben Million. Dies zeigt die Wirksamkeit der Ermutigung von Offizieren.

6. Einen Tag vor der Schlacht erteilte Wu Qi der Armee mit den folgenden Worten ihre Befehle: „Alle Beamten und Offiziere folgen nach und ergreifen die gegnerischen Streitwagen, Reiterei und Fußvolk. Wenn die Wagenlenker keine Streitwagen erbeuten, die Reiter weder die Kavallerie noch das Fußvolk die Infanterie bezwingen, so wird keiner, selbst die feindliche Armee, zerstört oder irgendwelche Verdienste erringen." Daher waren am Tag der Schlacht seine Befehle spärlich, doch sein Ruhm erfüllte das Land.

兵法

KURZBIOGRAPHIEN DER KOMMENTATOREN

Cao Cao (155–220 v. Chr.) wurde 216 n. Chr. vom Kaiser Xian Di der Han-Dynastie zum König von Wei ernannt. Er starb 220 n. Chr. und ging 237 n. Chr. als „Kriegskönig" in den Kanon ein. Danach ernannte sich sein Sohn Cao Pi Kaiser und der Titel wurde dann auf „Kriegskaiser" mit der Tempelbezeichnung Tai Zi oder „Berühmter Gründer" (der Wei-Dynastie). Seine Biographie gemäß der Geschichte der Wei-Dynastie (Wei *Shu)* wird in der *Chronik der drei Reiche* wiedergegeben:

Tai Zi hatte, seit er in seinem Reich herrschte, einige Schurken niedergemäht. In seinen Kampfmaßnahmen folgte er den Grundtaktiken von Sun Zi und Wu Zi. Im Einklang mit den verschiedenen Situationen entwickelte er raffinierte Listen; er gewann, indem er den Feind täuschte; er wechselte seine Taktiken auf dämonische Art und Weise ab und schrieb selbst ein Buch über Kriegsführung, das weit über 100.000 Zeichen umfasste. Wenn seine Generäle einen neuen Feldzug planten, so folgten sie diesem neuen Buch. Und er gab ihnen bei jeder Gelegenheit persönliche Anweisungen; jene, die sie befolgten, siegten, die anderen wurden geschlagen. Er blieb auf dem Schlachtfeld angesichts des Feindes gelassen, als hätte er nicht die Absicht zu kämpfen, wenn er jedoch die Gelegenheit packte, rang er voll Kampfgeist um den Sieg. Das ist der Grund, warum er überall, wo er kämpfte, gewann und kein einziger seiner Erfolge allein dem Glück zugeschrieben werden konnte. Er kannte die Menschen und konnte sie gut beurteilen; er ließ sich nur schwer durch äußeren Anschein täuschen. Er wählte Yu Jin und Yue Jin aus seinen Kampfreihen und Zhang Liao und Xu aus den geschlagenen Streitmächten; alle wurden seine Unterstützer und erwarben sich hohe Verdienste als Generäle. Außerdem lässt sich die Zahl derer, die aus bitteren und unbedeutenden Positionen erwählt und die schließlich zu Provinz-Gouverneuren und Präfekten aufstiegen, nicht gezählt werden. In dieser Weise legte er die Grundfeste seines großen Werks. Er pflegte sowohl die Kunst des Friedens und die Kunst des Krieges: Während der etwa dreißig Jahre, die er Truppen befehligte, gab er seine Bücher niemals aus der Hand. Tagsüber kümmerte er sich um militärischen Angelegenheiten, nachts widmete er seinen Geist den Klassikern und deren Kommentaren. Beim Erklimmen von Anhöhen pflegte er Verse zu verfassen. Sobald er ein neues Gedicht geschrieben hatte, vertonte er es zu einem wundervollen Lied. Seine Fähigkeiten und Stärken waren unübertreffbar; er vermochte mit seinen eigenen Händen die Vögel im Flug zu treffen und wilde Tiere lebend fangen. Einst schoss er in Nanpi 63 Fasane an nur einem Tag nieder. Beim Bau von Palästen und der Instandsetzung von Geräten setzte er Regeln fest, die sich wunderbar bewährten. Er war von Natur aus mäßig und genügsam und gab sich nicht Prunk und Pracht hin. Die Damen in seinem Harem trugen keine bestickten Gewänder und seine Bediensteten besaßen nur ein Paar Schuhwerk. Als seine farbenprächtigen Vorhänge und Windsegel zerrissen, ließ er sie flicken. Seine Decken diente nur dazu, ihn warmzuhalten und entbehrten jegliche Ornamente. Des Weiteren verteilte er all die schönen und noblen Dinge, die er in besetzten Städten und Festigungen erbeutet hatte, unter denen, die große Verdienste gezeigt hatten. Tausend Goldstücke waren ihm als Anerkennung und Belohnung für verdienstvolle Männer nicht zu viel, doch für jene, die ohne Leistung aus seiner Großherzigkeit Nutzen ziehen wollten, hatte er nichts übrig. Die Geschenke, die er aus allen vier Himmelsrichtungen bekam, teilte er mit seinen Untergebenen. Er fand, dass die Bestattungsweise seiner Zeit zu verschwenderisch und nutzlos wäre und der Pöbel es bis zum Exzess trieb; daher setzte er vertraglich fest, dass bei seiner Beerdigung nicht mehr Gewänder, als vier Körbe fassen, mit ihm begraben werden sollten.

Anderswo wird er nicht in demselben günstigen Licht dargestellt:

. . . In der Handhabung des Rechts war er barsch und penibel. Wenn irgendeiner seiner untergeordneten Generäle im Krieg besseren Rat wusste, fand er gewiss eine Gelegenheit, ihn unter gesetzlichem Vorwand hinzurichten; und keiner seiner früheren Gefährten und Freunde, die seinen Groll auf sich zogen, blieben am Leben. Wenn er einen Menschen hinrichten ließ, pflegte er ihn anzusehen, zu weinen und wehzuklagen, doch er würde ihn nie begnadigen.

The Chronicle of the Three Kingdoms (Chronik der drei Reiche) Band i, S. 1, 15, 16, 17.

Du You (735–812 n. Chr.) stammte aus Wannien in Shaanxi, wo er zu einem hohen Beamten und zum Militärberater, dem „Großen Beschützer", aufstieg. Er stellte das *Tong Dian* zusammen, eine Enzyklopädie, die in acht Abschnitte unterteilt ist: Politikwirtschaft, Prüfungen und Grade, Regierungsämter, Bräuche, Musik, Kriegskunde, Geographie und Staatliche Verteidigung. Er wurde Fürst von Qi-Guo und ging nach seinem Tod in den Kanon ein.

Li Quan schrieb in der Tang-Zeit über Militärstrategie. Seine Hauptwerke sind das *Tai Bai Yin Jing* und *Jing Lüe,* welche beide erhalten sind.

Du Mu (803–852 n. Chr.) stammte aus Wannian und graduierte um 830 als *jin shi.* Er machte Karriere als Sekretär des Großen Rates. Er war als hervorragender Poet berühmt und man sprach von ihm oft als dem Jüngeren Du, um ihn von Du Fu zu unterscheiden. Seine Biographie ist der seines Großvaters in der Geschichte der Neuen Tang-Dynastie in Kapitel 166 angefügt.

Mei Yaochen (1002–1060 n. Chr.) stammte aus Wan-Ling in Anhui und war ein berühmter Poet der Song-Zeit. 1056 wurde er an die Kaiserliche Akademie berufen und stieg zu einem Sekretär zweiten Grades auf. Auf Grund seines Werks über die Tang-Dynastie wurde er in die Kommission aufgenommen, um die Neue Geschichte dieser Zeit vorzubereiten, starb jedoch, bevor er sie vollenden konnte. Zusätzlich zu seinem Kommentar zu Sun Zi schrieb er einige Abhandlungen über das Buch der Lieder. Nach seinem Tod verfasste der Dichter und Kritiker Ouyang Xiu eine Grabinschrift oder Lobrede. Seine Biographie scheint in der Geschichte der Song-Dynastie in Kapitel 443 auf.

Wang Xi stammt aus Taiyuan in der jetzigen Provinz Shanxi. Er war ein Gelehrter der Hanlin (Kaiserlichen Akademie) und ein Regierungsbeamter. Sein literarisches Hauptinteresse galt den Frühlings- und Herbstannalen, über die er einige kritische Abhandlungen verfasste.

Zhang Yu Ein Historiker und Kritiker der späten Song-Dynastie. Sein Hauptwerk war das *Bai Jiang Zhuan*: *Die Biographien von einhundert Generälen.* Mehr weiß man von ihm nicht.

Über die Laufbahn der früheren Kommentatoren, die Chen Hao, Jia Lin und He Yanxi oder einfach „Herr“ Meng heißen, ist leider nichts bekannt.

BIBLIOGRAPHIE

I

BÜCHER IN ENGLISCH

Aston, W.G. *The Nihongi.* Transactions and Proceedings of the Japan Society, Supplement I. London, 1896. Kegan Paul.

de Bary, William Theodore, and others. *Sources of Chinese Tradition.* New York, 1960. Columbia University Press.

Baynes, Cary F. *The I Ching, or Book of Changes.* The Richard Wilhelm Translation. London, 1951. Routledge & Kegan Paul Ltd.

Calthrop, Captain E.F. *The Book of War.* London, 1908. John Murray.

Carlson, Evans F. *Twin Stars of China.* New York, 1940. Dodd, Mead & Co.

Cheng, Lin. *The Art of War.* Shanghai, China, 1946. The World Book Company Ltd.

Dubs, Professor Homer H. (trans.) *History of the Former Han Dynasty.* (3 vols.) Baltimore, Maryland, 1946, 1955. The Waverly Press.

— *Hsün Tze, The Moulder of Ancient Confucianism.* London, 1927. Arthur Probsthain.

— *The Works of Hsün Tze.* London, 1928. Arthur Probsthain.

Duyvendak, J.J.L. *Tao Te Ching. The Book of the Way and Its Virtue.* London, 1954. John Murray.

— *The Book of Lord Shang.* London, 1928. Arthur Probsthain.

Fitzgerald, C.P. *China, A Short Cultural History.* (rev. ed.) London, 1950. The Cresset Press Ltd.

Fung, Yu-lan. *A History of Chinese Philosophy.* (trans. Bodde) Princeton, 1952. Princeton University Press.

Gale, Esson M. (trans.) *Discourses on Salt and Iron.* Sinica Leidensia, vol. ii. Leiden, 1931. E. J. Brill Ltd.

Giles, Lionel. (trans.) *Sun Tzu on the Art of War.* London, 1910. Luzac & Co.

Granet, Marcel. *Chinese Civilization.* London, 1957. Routledge & Kegan Paul Ltd.

Legge, James. *The Chinese Classics.* London, 1861. Trubner & Co.

Liang, Ch'i-ch'ao. *Chinese Political Thought.* London, 1930. Kegan Paul; Trench, Trubner & Co. Ltd.

Liao, W.K. (trans.) *The Complete Works of Han Fei-tzu* (2 vols.). London, 1939 (vol. I); 1959 (vol. II). Arthur Probsthain.

McCullogh, Helen Craig. (trans.) *The Taiheiki. A Chronicle of Medieval Japan.* New York, 1959. Columbia University Press.

Machell-Cox, E. *Principles of War by Sun Tzu.* Colombo, Ceylon. A Royal Air Force Welfare Publication.

Mao Tse-tung. *Selected Works.* London, 1955. Lawrence & Wishart.

— *Strategic Problems in the Anti-Japanese Guerrilla War.* Peking, 1954. Foreign Language Press.

Mei, Y.P. *Motse, the Neglected Rival of Confucius.* London, 1934 Arthur Probsthain.

— *The Ethical and Political Works of Motse.* London, 1929. Arthur Probsthain.

Müller, Max F. (ed.) *The Sacred Books of the East* (vol. XV): *The Yi King.* (trans. Legge) Oxford, 1882. The Clarendon Press.

Murdoch, James. *A History of Japan.* (3rd impression) London, 1949. Routledge & Kegan Paul Ltd.

Payne, Robert. *Mao Tse-tung, Ruler of Red China.* London, 1951. Secker & Warburg.

Sadler, Professor A.L. *The Makers of Modern Japan.* London, 1937. George Allen & Unwin Ltd.

— *Three Military Classics of China.* Sydney, Australia, 1944. Australasian Medical Publishing Co. Ltd.

Sansom, George B. *A History of Japan to 1334.* (San II) London, 1958. The Cresset Press.

— *Japan, A Short Cultural History.* (2nd impression, revised) (San I) London, 1952. The Cresset Press Ltd.

Schwartz, Benjamin I. *Chinese Communism and The Rise of Mao.* (3rd printing) Cambridge, Massachusetts, 1958. Harvard University Press.

Snow, Edgar. *Red Star over China.* (Left Book Club Edition.) London, 1937.

Victor Gollancz Ltd.
Tjan Tjoe Som (Tseng, Chu-sen). *The Comprehensive Discussions in The White Tiger Hall.* Leiden, 1952. E. J. Brill.

Tsunoda, Ryusaka; de Bary, William Theodore; and Keene, Donald. *Sources of Japanese Tradition.* New York, 1958. Columbia University Press.

Waley, Arthur. *The Analects of Confucius.* London, 1938. George Allen & Unwin Ltd.

Walker, Richard L. *The Multi-State System of Ancient China.* Hamden, Connecticut, 1953. The Shoe String Press.

Watson, Burton. *Ssu-ma Ch'ien, Grand Historian of China.* New York, 1958. Columbia University Press.

II

MONOGRAPHIEN UND ARTIKEL IN ENGLISCH

Bodde, Dirk. *Statesman, Patriot and General in Ancient China.* New Haven, Connecticut, 1943. A Publication of the American Oriental Society.

Chang, Ch'i-yün. *China's Ancient Military Geography.* Chinese Culture, vii, no. 3. Taipei, December 1959.

Extracts from China Mainland Magazines. "Fragmentary Notes on the Way Comrade Mao Tse-tung Pursued his Studies in his Early Days."
American Consulate General. Hong Kong, 191, 7 December 1959.

Lanciotti, Lionello. *Sword Casting and Related Legends in China, I, II.* East and West, Year VI, N. 2, N. 4. Rome, 1955, 1956.

Needham, J. *The Development of Iron and Steel Technology in China.* London, 1958. The Newcomen Society.

North, Robert C. "The Rise of Mao Tse-tung." *The Far Eastern Quarterly,* vol. XI, no. 2, February 1952.

Rowley, Harold H. *The Chinese Philosopher Mo Ti* (reprint from *Bulletin of the John Rylands Library*, vol. XXXI, no. 2, November 1948). Manchester, 1948. The Manchester University Press.

Selections from China Mainland Magazines. 'Comrade Lin Piao in the Period of Liberation War in the Northeast.' American Consulate General, Hong Kong, 217, 11 July 1960.

Teng, Ssu-yü. *New Light on the History of the T'aip'ing Rebellion.* Cambridge, Massachusetts, 1950. Harvard University Press.

Van Straelen, H. *Yoshida Shoin.* Monographies du T'oung Pao, vol. II. Leiden, 1952. E. J. Brill.

III

BÜCHER, MONOGRAPHIEN UND ARTIKEL IN WESTLICHEN SPRACHEN(AUSSER ENGLISCH)

Amiot, J.J.L. *Mémoires concernant l'histoire, les sciences, les arts, les moeurs, les usages, etc. des Chinois.* Chez Nyon l'aîné. Paris, 1782.

Ashiya, Mizuyo. *Der Chinesische Kriegsphilosoph der vorchristlichen Zeit.* Wissen und Wehr, 1939, S. 416–427.

Chavannes, Edouard. *Les Mémoires historiques de Se-ma Ts'ien.* Paris. Ernest Leroux.

Cholet, E. *L'Art militaire dans l'antiquité chinoise.* Paris, 1922. Charles-Lavauzelle.

Cotenson, G. de. 'L'Art militaire des Chinois, d'après leurs classiques.' *Le Nouvelle Revue.* Paris, August 1900.

Gaillois, Brig.-Gen. R. *Lois de la guerre en Chine.* Preuves, 1956.

Konrad, N.I. *Wu Tzu.* Traktat o Voennom Isskusstve. Moscow, 1958. Publishing House of Eastern Literature.

— *Sun Tzu.* Traktat o Voennom Iskusstve. Moscow, 1950. Publishing House of the Academy of Science USSR.

Maspero, Henri. *La Chine Antique.* (Nouvelle éd.) Paris, 1955. Imprimerie Nationale.

Nachin, L. (ed.) *Sun Tse et les anciens Chinois Ou Tse et Se Ma Fa.* Paris, 1948. Editions Berger-Levrault.

Sidorenko, J.I. *Ssun-ds' Traktat über Die Kriegskunst.* Berlin, 1957. Ministerium Für Nationale Verteidigung.

IV

WERKE IN CHINESISCH

Zhao Guo Shi.
戰國史
„A History of the Warring States." Yang Kuan. People's Press. Shanghai, 1956.

Zhao Zhu Sun Zi Shi San Pian.
趙註孫子十三篇
„Chao (Benxue's) Commentary on the Thirteen Chapters of Sun Tzu." Chao Benxue. Peiyang Military Academy Press. Beijing, 1905.

Chin Yi Yin Pian Sun Zi Bing Fa.
今譯新編孫子兵法
„A Modern Translation of Sun Tzu's Art of War with New Chapter Arrangement." Guo Hua-jo. People's Press. Beijing, 1957.

Chin Ding Gu Jin Tu Shu Ji Cheng.
欽定古今圖書集成
Short Title: *Tu Shu.* „Photographic reproduction of the Palace Edition of 1731. Chapter 83 „Military Canon". Zhong Hua Shu Ju. Shanghai, 1934.

Zhong Guo Bing Qi Shi Gao.
中國兵器史稿
„A Draft History of Chinese Weapons." Zhou Wei. San Lien Shu Dian. Beijing, 1957.

Gu Jin Wei Shu Kao Bu Zheng.
古今僞書考補証
„A Further Inquiry into Apocryphal Books both Ancient and Modern." Huang Yun-mei. Shantung People's Press, 1959.

Bei Tang Shu Chao.
北堂書鈔
„Selected Passages Transcribed in the Northern Hall." Yu Shinan (558–638).

Shi Ji Xuan.
史記選
„Selections from the Historical Records." Wang Po-hsiang. People's Literary Press. Beijing, 1958.

Sima Fa.
司馬法
„The Art of War of Ssu-ma Jang-chiu." *Ssu Pu Pei Yao* ed. Zhong Hua Shu Ju. Shanghai.

Sun Zi Shi San Pian Jiao Jian Ji Yao.
孫子十三篇校箋舉要
„Notes on the Collation of Sun Tzu's Thirteen Chapters." Yang Pingan. *Beijing University Journal of the Humanities,* Nr. i, 1958.

Sun Zi Ji Jiao.
孫子集校
„A Collated Critical Study of Sun Tzu." Yang Pingan. Zhong Hua Shu Ju. Shanghai, 1959.

Sun Zi.
孫子
The Sun Zi with Commentaries. Sun Xingyan. *Si Bu Bei Yao* ed. Zhong Hua Shu Ju. Shanghai, 1931.

Sun-Wu Bing Fa.
孫吳兵法
„The Arts of War of Sun (Zi) and Wu (Qi)." Da Zhong Shu Ju. Shanghai, 1931.

Tai Ping Yu Lan.
太平御覽
Li Fang, 3rd series. *Ssu Pu Tsung K'an,* chs. 270–359. Commercial Press. Shanghai, 1935.

Tong Zhi.
通志
Zheng Chiao. Facsimile Reproduction of Palace ed. of 1859, ch. 68.

Tong Dian.
通典
Tu Yu. Facsimile Reproduction of Palace ed. of 1859, chs. 148–62.

Wei Shu Tong Gao.
僞書通考
„A Comprehensive Study of Apocryphal Books" (rev. ed.). Zhang Xing-zheng. Commercial Press. Shanghai, 1957.

Wu Qi Bing Fa.
吳起兵法
„The Art of War of Wu Ch'i." *Si Bu Bei Yao* ed. Zhong Hua Shu Ju. Shanghai, 1931.

Wu Jing Zong Yao.
武經總要
„Essentials of the Martial Classics." Zeng Kung-liang. *Si Ku Chuan Shu* ed.

BILDNACHWEISE

Bildnachweise
Der Herausgeber dankt folgenden Personen, Museen und Fotoarchiven für ihre Erlaubnis der Reproduktion ihres Materials. Copyright-Inhaber wurden mit der größten Sorgfalt recherchiert. Sollten wir dennoch jemanden übersehen haben, ersuchen wir hiermit um Entschuldigung. Sobald wir Kenntnis davon erlangen, werden wir dies bei künftigen Auflagen berücksichtigen.

Abkürzungen: AA = Art Archive, London; BAL = Bridgeman Art Library, London; BL = British Library, London; BM = British Museum, London; und Christie's = Christie's Images, London.

Seite 90 BL; **94** BAL/Musée Guimet, Paris; **101** Corbis/Keren Su; **104** BAL/Oriental Museum, Durham University; **108** BAL/Bibliothèque Nationale, Paris; **112** Corbis/Burstein Collection; **114** BL; **119** BL; **126** Christie's; **130** John Bigelow Taylor, Highland Falls, NY; **134** Christie's; **138** Christie's; **143** Corbis/Christie's; **144** BL; **149** BL; **154** Christie's; **159** Corbis/Burstein Collection; **162** Christie's; **164–165** Photolibrary.com; **170** BL; **174** Corbis/Robert van der Hilst; **177** BM; **180** Powerstock/AGE Fotostock; **185** Getty/Image Bank/China Tourism Press; **188–189** Christie's; **194** AA/National Palace Museum Taiwan/Harper Collins Publishers; **199** Corbis/Craig Lovell; **202** Corbis/Marc Garanger; **206** AA/National Palace Museum Taiwan; **210** AA/Nelson Atkins Museum, Kansas/Harper Collins Publishers; **216** Robert Harding Picture Library, London/ Genius of China Exhibition; **221** Corbis/Archivo Iconografico, S.A.; **224** Christies; **226–227** BM; **228** BL; **230** Christie's; **234** Christie's

Informationen:
Seite 90: Ein chinesischer Admiral aus einem Bericht der Seefahrten von Zheng He (1371–1433). **94:** Abbildung zweier Reiter aus der Tang-Zeit. **101:** Verteidigungsturm und -mauer Jiayuguan auf der Seidenstraße. **104:** Eine Specksteinabbildung von Guan Di. **108:** Verschiedene Güter, die zum Kaiser gebracht werden, aus dem 17. Jh. *Geschichte des Kaisers von China* (Farbe auf Seide). **112:** Ein Detail, das knieende Gefangene zeigt, aus *Der Erste Kaiser der Han-Dynastie beim Einmarsch in Guan Dong von* Zhao Bo-zhu. **114:** Handgemalte Landkarte, die Wege, Wachposten und strategische Punkte in den Befestigungen von Canton und Teilen der Provinzen Zhejiang und Jiangsu zeigt. **119:** Ein chinesischer General tritt 1618 die mineralreiche Stadt Funshun ab, aus einer Faksimile-Ausgabe von 1781 des *Manzhou shilu* von Men Yingzhao. **126:** Truppenparade auf einer Schriftrolle aus dem 18. Jh., Tinte, Farbe und Gold auf Seide. **130:** Bronzene *Kui* Dolchklinge aus dem östlichen Zhou, Streitende Reiche, verziert mit einem reliefartigen *taotie*-Ungeheuerkopf und geometrischen Mustern. **134:** Albumblatt, das hohe Ozeanwellen zeigt, 13. Jh., Tinte auf Seide. **138:** Bronzespiegel aus der Han-Dynastie, die Verzierungen zeigen die Allverbundenheit der kosmischen Energien. **143:** Zwei tönerne Wachsoldaten aus der nördlichen Wei-Dynastie. **144:** Berittene Krieger in der Schlacht, aus dem *San Guo Zhi Zhuan* (*Roman der Drei Reiche*), der im 2. Jh. n. Chr. spielt. **149:** Ein chinesischer Soldat in voller Rüstung; 19. Jh. **154:** Eine Reiterparade auf einer Schriftrolle aus dem 19. Jh. **159:** Das Gefolge des Ersten Kaisers auf der Reise über das Gebirge. **162:** Eine Gruppe von *Sancai*-Tonfiguren aus der Tang-Dynastie, die berittene Musiker darstellen. **164–165:** Eine Befestigung an der Großen Mauer bei Sonnenuntergang. **170:** Karte der befestigten Stadt Jiujiang und Umgebung, 19. Jh. **174:** Schindeldächer der Altstadt von Pingyao. **177:** Abbildung eines Heerführers–eventuell der legendäre Gelbe Kaiser (Huang Di). **180:** Terracotta-Krieger auf dem Grab des Ersten Kaisers in Xi'an. **185:** Ein Wasserfall des Zhenzhu in Sichuan. **188–189:** Krieger auf dem Weg in die Schlacht, Gemälde aus dem 18. Jh. **194:** *Landsitz in den Bergen des Paradieses,* Schriftrolle von Tung Yuan, 10. Jh. **199:** Fruchtbare Terrassen in Westchina. **202:** Berglandschaft in Anhui. **206:** *Die Reise von Kaiser Ming Huang nach Shu*, Nördliche Landschaft. **210:** Detail aus *Abschiednehmen von Xun Yang* von Jiu Ying 1494–1552. **216:** Bronzener Pferdewagen mit Kutscher, östliche Han-Dynastie, 2. Jh. n. Chr., **221:** Soldaten und Ratgeber eines mächtigen Herrschers. **224:** Das mächtige Herrschaftssymbol des Drachens umgeben von Blitzen. **226–227:** Schriftrolle aus dem 11. Jh., die den Kampf der göttlichen Mächte Huang Di und Ji You mit Feuer und Wind zeigt. **228:** Brandpfeile von *Wubeizhi* (*Über den Krieg*) von Mao (Yuanyi), aus einem Buch über chinesische Kriegskunst, 18.–19. Jh. **230:** Männer im Gespräch auf einem engen Pfad, in Seladon geschnitzt. **234:** Eine Szene aus dem *San Guo Zhi Zhuan* (*Roman der Drei Reiche*), der im 2. Jh. n. Chr. spielt.